Jörg Ewertowski

Blindgeboren

Jörg Ewertowski

Blindgeboren

Zwischen Fundamentalismus und Relativismus

Verlag Freies Geistesleben

Jörg Ewertowski, geboren 1957 in Zweibrücken, absolvierte eine Ausbildung zum Goldschmied und arbeitete in diesem Beruf, bevor er in Frankfurt am Main Philosophie, Germanistik, Theologie und Kunstgeschichte studierte. Seit 1994 leitet er die Bibliothek des Rudolf Steiner Hauses in Stuttgart. Er promovierte 1997 über F. W. J. Schelling. Im Verlag Freies Geistesleben erschien 2007 von ihm bereits *Die Entdeckung der Bewusstseinsseele – Wegmarken des Geistes.*

1. Auflage 2024

Verlag Freies Geistesleben
Landhausstraße 82, 70190 Stuttgart
www.geistesleben.com

ISBN 978-3-7725-1416-6

Umschlaggestaltung: Thomas Neuerer
unter Verwendung einer Radierung
von Rembrandt Harmenszoon van Rijn
Druck: Friedrich Pustet GmbH & Co. KG, Regensburg
Printed in Germany

Inhalt

1. Einleitung

Eine Geschichte vom Sehen und Verfehlen

Die Geschichte beginnt mit der Frage der Jünger, warum der Bettler, der vor ihnen sitzt, blind geboren wurde, ob seine Sünde oder die seiner Eltern der Grund dafür sei. Sie bekommen aber keine direkte Antwort, vielmehr weist ihr Meister sie mit einer rätselhaften Aussage zurück: «Es hat weder dieser gesündigt noch seine Eltern, sondern dass die Werke Gottes offenbar würden an ihm.» Ehe die Jünger nachfragen können, beginnt Jesus den Blinden zu heilen. Im weiteren Gang der Handlung wird die Frage nach dem Grund der Blindheit nicht nochmals aufgegriffen. Es geht im Fortgang der Geschichte weder darum, wie sich ein bedrückendes Schicksal mit der Gerechtigkeit Gottes vereinbaren lässt, noch um eine mögliche Schuld des Mannes, der im Mittelpunkt der Erzählung steht. Dafür erlebt der Leser, wie die auf merkwürdigem Weg vollzogene Heilung des Mannes zu einer Reihe von Auseinandersetzungen zwischen ihm und einer Gruppe von Schriftgelehrten und Pharisäern führt, in der es um die Bezichtigung Jesu und schließlich des ehemals Blinden als Sünder geht. Die Pharisäer fordern nämlich von diesem, dass er den, der ihn geheilt hat, zum Sünder erklärt. Weil er sich weigert, wird er schließlich selbst als Sünder aus der Gemeinschaft ausgestoßen. Dann aber begegnet er dem, der ihn geheilt hat, wieder und erkennt in ihm den von den Propheten verheißenen «Menschensohn».

Von diesem mächtigen Wesen («gleich eines Menschen Sohn») hat Henoch erwartet, dass er am Ende der Zeit vom Himmel kommen und die Menschheit richten werde. Parallel dazu erwarteten andere Propheten den Messias, den Sohn Davids. Der Rabbi, dem am Anfang der Geschichte die Lehrfrage nach dem Sündengrund der Blindheit des Bettlers vorgelegt wurde, erklärt nun, dass er zum Gericht in die Welt gekommen sei, «auf dass» die, die nicht sehen, sehend werden, und die, die sehen, blind. Die Schriftgelehrten und Pharisäer, die das hören, spotten darüber und fragen, ob sie denn auch blind seien. Das ist die zweite Frage, die Christus in dieser Geschichte gestellt wird. Die Antwort hierauf ist wiederum unerwartet, aber weniger rätselhaft als die Antwort auf die Frage der Jünger: Weil sie sich für sehend halten, «bleibe» ihre Sünde. Das ist das Ende der Geschichte.

Worte wie «Sünde» bilden eine Grenzscheide. Leicht können sie als Merkmal für die Sprache einer Gläubigkeit gehalten werden, die jemanden, dem diese Sprache fremd ist, abschreckt. Aber der Begriff der Sünde gehört unverzichtbar in eine ernsthafte Anthropologie und Bewusstseinsgeschichte. Er spricht gegenüber dem Begriff des Makels oder der befleckten Ehre von einem neuen Ich-Bewusstsein, einem Bewusstsein der (eigenen) Schuld, einer dadurch aufgekommenen Eigenständigkeit der Persönlichkeit, die jetzt aus dem Gruppenzusammenhang herausgetreten ist.[1] Der Begriff der Sünde beinhaltet eine neue Stufe der Selbsterfahrung als Individuum, das sich aus der

1 «Ihrerseits aber korrigiert, ja revolutioniert die Sünde eine archaische Schuldauffassung, die vom ‹Makel› der nach Art eines den Menschen von außen her beschmutzenden Fleckens begriffen wird.» Paul Ricœur: *Symbolik des Bösen. Phänomenologie der Schuld II*, Freiburg, München 2002, S. 14.

Familie oder dem von Rudolf Steiner so beschriebenen Generationen-Ich herausgelöst hat und in einen direkten, persönlichen Gottesbezug eingetreten ist. In den Empfindungsseelenkulturen gibt es demgegenüber noch gar kein Schuldbewusstsein, sondern stattdessen ein Schambewusstsein. Hier geht es nicht um Schuld, sondern um Befleckung, die darüber hinaus meist von außen verursacht wird. Die Aufgabe ist das Reinwaschen und das Wiederherstellen der Ehre, die primär die Ehre der Familie ist. Das ist die Grundlage für die Blutrache. Der Begriff der Sünde hingegen beinhaltet eine ganz eigene, im einzelnen Menschen liegende Gottesbeziehung. Wer getötet hat, der hat sich nicht allein an dem Getöteten und an dessen Angehörigen schuldig gemacht, sondern auch an Gott und an sich selbst. Er hat sich von sich selbst entfremdet, und er hat sich Gott entfremdet. Die Überwindung dieser doppelten Entfremdung nennt die religiöse Sprache «Erlösung».

Worum geht es in dieser Geschichte? Geht es um die Frage der Jünger nach der Instanz im Menschen, die sündigt und sühnt? Dann wäre im Horizont der Anthroposophie die naheliegende Antwort, dass es der Mensch selbst war, der gesündigt hat, aber in einer früheren Inkarnation. Aber verneint Christus nicht die Sünde als Grund und verweist auf die Zukunft? Ist das Zukunftskarma gemeint? Aber können wir dem Johannesevangelium ansinnen, dass es *das* seinen damaligen Lesern sagen oder andeuten wollte? Und wie passt der weitere Gang der Geschichte zu dieser Vermutung? Oder berichtet die Geschichte einfach nur ein Heilungswunder, dessen Bezeugung Glauben an Christus wecken soll? Das wäre zu schlicht und geradezu anstößig. Und dann gibt es ja auch noch den eigenartigen Weg, den der Blindgeborene durch die Inquisition der Pharisäer hindurch beschreitet, um schließlich als einer der ersten Menschen in Jesus von Nazareth den verheißenen Menschensohn zu erkennen. Ist diese Gotteserkenntnis nicht viel wichtiger als ein Heilungswunder? Oder geht es letztendlich vor allem um das eigenartige Gericht, von dem der Menschensohn spricht, also um die Scheidung von Licht und Finsternis, bei der die Blinden sehend und die Sehenden zu Blinden werden?

Wenn wir darüber nachdenken, kommt unweigerlich unser Vorverständnis als anfängliche Weichenstellung ins Spiel: Glauben wir an Wunder? Suchen wir in Krankheit und Leid einen erklärbaren Sinn? Betrachten wir Jesus als Inkarnation des Logos, als Repräsentant Gottes oder nur als den Stifter des Christentums? Sehen wir mit Friedrich Wilhelm Joseph Schelling und Rudolf Steiner das Christentum als eine grundlegende Umwandlung der alten Mysterienreligionen an? Gehen wir mit Steiner davon aus, dass ein Wissen um die Seelenwanderung in den Mysterien verbreitet war und dass der Evangelist selbst ein Eingeweihter war, der im Evangelium zu allen Menschen gesprochen hat?

Rudolf Steiner hat in mehreren Vorträgen Ansätze zu einer Interpretation der Geschichte vom Blindgeborenen entwickelt. Diese Ansätze sind eng mit grundlegenden Darstellungen dessen verflochten, was er später Anthroposophie nannte, was damals aber noch als Theosophie firmierte. Wenn wir diese Ansätze als Ansätze zum Verstehen der Geschichte vom Blindgeborenen lesen wollen, können wir die Darstellung der Grundgedanken der Anthroposophie nicht ausblenden. Aber unter dieser Leseperspektive müssen wir die Weichenstellung mit zum Thema machen. Denn es haben sich auch andere Interpreten mit dieser Geschichte beschäftigt, die durch andere Weichenstellungen hindurchgegangen sind. Das zu ignorieren und die Geschichte jeweils für die eigene Welt in Besitz zu nehmen wäre problematisch. Zudem versteht es sich auch nicht von selbst, dass Rudolf Steiners vergleichsweise wenige und knappe Ausführungen zu dieser Geschichte auch innerhalb einer anthroposophischen Weichenstellung die Geschichte ausschöpfen.

Diese Situation stellt uns eine vielschichtige Aufgabe: Wir wollen die Geschichte als solche verstehen, und wir wollen Rudolf Steiners Interpretation der Geschichte verstehen – und beides soll sich gegenseitig befruchten, aber nicht miteinander vermischen. Dazu kommt, dass wir, um Steiners Interpretation der Geschichte verstehen zu können, uns auch mit seinen jeweiligen grundlegenden Darstellungen der Anthroposophie befassen müssen, in die diese Ausführungen eng eingebettet sind. Die Weiche, von der wir gesprochen haben, kann also nicht einfach nur in eine Richtung durchlaufen werden; sie darf nicht vergessen werden, und wir müssen auch wieder hinter sie zurückgehen, um andere Interpretationen angemessen nachvollziehen zu können. Es kann ja keine spezifisch anthroposophische Wahrheit geben, keine speziell anthroposophische Interpretation der Geschichte, sondern auch als Anthroposophen sollten wir zu einer übergeordneten und weiteren Perspektive auf die Geschichte finden können, innerhalb derer dann jeder Einzelne auch seine Entscheidungen treffen kann.

Wunderglaube und Hermeneutik

Im ganz frühen Urchristentum haben Wundererzählungen die Glaubwürdigkeit der Messianität Jesu gestützt, aber in neueren Zeiten sind sie eher zu Einwänden gegen die Wahrheit der Evangelien geworden. Die Wundererzählungen erzeugen nicht mehr den Glauben daran, dass Jesus von Nazareth der Sohn Gottes ist, sondern sie stellen einen umgekehrt vor die zweifelnde Frage, ob man sie denn glauben muss, wenn man an Christus glaubt. In der katholischen Theologie gibt es sogar eine Debatte darüber, ob denn für den Christen das Grab Jesu wirklich leer gewesen sein muss.[2] Die daran beteiligten Theologen nehmen die Rede von der Auferstehung ernst, ziehen aber in Erwägung, dass es sich bei den Begegnungen mit dem Auferstandenen um eine Erscheinung gehandelt haben könnte, deren Realität nicht an ihrer materiellen Körperlichkeit hängen muss, weshalb diese durchaus auch im Grab verwest sein darf, ohne der Berechtigung einer Rede vom Auferstandenen Abbruch zu tun.[3] Berichte von Wundern jeglicher Art machen ihre Leser oder Hörer unfrei. Die einen werden «über-zeugt» und haben dann ihre geistige Freiheit verloren, und die anderen wenden sich ab, um genau das zu vermeiden. Damit scheiden sich exemplarisch die Verhaltensweisen des Fundamentalisierens und Relativierens, mit denen wir uns im Folgenden immer wieder beschäftigen werden (vgl. auch das einführende Kapitel «Fundamentalismus und Relativismus», S. 27ff.).

Wenn man sich von keiner dieser beiden Verhaltensweisen

2 «Ob das Grab Jesu leer gefunden wurde, ist historisch umstritten (wenn, dann war es kein Beweis für Auferstehung; denn ein Grab kann aus verschiedenen Gründen leer sein: Umbettung, Diebstahl, Verwechslung). Die entscheidende Frage ist: Musste das Grab Jesu leer sein?» Hans Kessler: Jenseits von Fundamentalismus und Rationalismus. Versuch über Auferstehung Jesu und Auferstehung der Toten, in: Hans Kessler (Hrsg.): *Auferstehung der Toten. Ein Hoffnungsentwurf im Blick heutiger Wissenschaften*, Darmstadt 2004, S. 296.

3 Vgl. hierzu auch Jörg Ewertowski: Das Osterrätsel. Vom leeren Grab als Teil der Erlösung, in: *Die Christengemeinschaft*, April 2020.

vereinnahmen lassen will, gilt es ein Bewusstsein für die Tätigkeit des Interpretierens zu entwickeln. Sowohl das unmittelbare Verständnis von Geschehnissen wie auch das Verstehen ihrer jeweiligen Darstellung fordert Interpretation. Was heißt «Auferstehung», was heißt «leiblich»? Wer ist der, dem die Auferstehung zugesprochen wird, und was heißt es, wenn er von sich sagt, dass er das Licht der Welt ist? – Wenn wir solche Fragen stellen und um ihre Antworten ringen, bewegen wir uns nicht im Gebiet von Fragen wie «War das wirklich so?» oder «Wie können wir den Vorgang erklären?», sondern in dem Bereich des Sinn-Verstehens. Hier liegt die Landschaft der «Hermeneutik», in deren neuem, im 20. Jahrhundert entwickelten Feld wir im Folgenden Fuß fassen. Sie war lange Zeit unerkundet, noch nicht einmal ein weißer Fleck auf einer Landkarte, hat sich aber im frühen Christentum vorbereitet.

Wer Jesus war, stand ihm nicht ins Gesicht geschrieben. Auf die Frage des Täufers, ob er der verheißene Messias sei, verwies er auf die Zeichentaten, die er verrichtet hat. Jeder zeitgenössische Leser des Johannesevangeliums wusste, dass diese als Erfüllung der Prophezeiungen interpretiert werden können, denn verheißen war, dass mit seinem Kommen Lahme gehen und Blinde sehend würden. Es geht also bei diesen «Wundern» nicht einfach nur um einen Erweis spektakulärer göttlicher Macht, auch nicht nur um eine Legitimation dieses Wanderpredigers als Messias, sondern um das Verständnis von dessen Wesen anhand der prophetischen Verheißungen und zugleich kehrseitig um ein neues Verständnis der überlieferten prophetischen Texte anhand ihrer (möglichen) Erfüllung. Die Verheißungen bildeten den Horizont, innerhalb dessen Jesus als der erwartete Messias Gestalt annehmen konnte. Innerhalb des Johannesevangeliums schafft zudem der Prolog einen darüber hinausgehenden Horizont, vor dem der Leser die Gestalt Jesu nicht nur als die des verheißenen Messias, sondern auch als die des fleischgewordenen Gottes selbst verstehen kann. Im Prolog ist vom Logos die Rede, der bei Gott war, durch den die Welt geschaffen wurde, der als Licht in die Finsternis schien und schließlich «Fleisch wurde». Die im Evangelium anschließend erzählten Geschichten und Reden wollen vom Leser in Beziehung dazu gesetzt, interpretiert werden.

Der Akt des Interpretierens besteht im Knüpfen einer Verbindung zwischen einem Vorverständnis und einer sich ereignenden Geschichte und ist das Urphänomen einer Hermeneutik, die über das bloße Allegorisieren, über die sinnbildliche Auslegung des Buchstäblichen oder Historischen hinausgeht. Christus verhält sich nicht nur als der geistige Sinn zum Buchstaben des Gesetzes. Er wurde als der, der er ist, auch dadurch sichtbar, dass sich in ihm die Verheißung anders als erwartet erfüllt hat.

Es gab nebeneinander drei ganz unterschiedliche und sich ausschließende Verheißungen: den vom Himmel herabsteigenden «Menschensohn» (kein Mensch, sondern «gleich eines Menschen Sohn»), den Messias als Sohn Davids, als dessen Nachfahre, und den rätselhaften Gottesknecht, von dem es bei Jesaja heißt, dass er «unsere Sünden» trägt und der Allerverachtetste sei.[4] Vom Messias heißt es hingegen, dass er ein zum Sohn Gottes gesalbter König aus der Nachkommenschaft Davids sein wird. Und der Menschensohn sollte als ein göttliches Wesen vom Himmel herabsteigen, und alle irdischen Machthaber und Reiche sollten mit seinem Kommen zugrunde gehen.

4 Vgl. Ruth Ewertowski: Was war denn zu erwarten? Christus, Gottesknecht und Menschensohn, in: *Die Christengemeinschaft*, Dezember 2021.

Von keiner der drei Gestalten wurde erwartet, dass sie sterben und auferstehen würde, sondern mit dem Kommen des Menschensohnes sollten sich die Gräber auftun und die Verstorbenen zum endzeitlichen Gericht versammeln. Und niemand hatte die drei Verheißungen so interpretiert, dass alle zusammen von ein und derselben Wesenheit sprechen würden. Die Verheißungen scheinen das umgekehrt sogar geradezu auszuschließen.

Die drei Verheißungen sind also alle anders eingetreten als erwartet, aber sie waren deshalb als solche nicht falsch. Man hatte sie nur noch nicht angemessen zu interpretieren gewusst. Das war erst möglich, nachdem mit der Menschwerdung, der Passion, dem Tod und der Auferstehung des Christus der Boden für eine Neuinterpretation bereitet war. Christus hat also nicht nur die Verheißung erfüllt, sondern er hat sie durch sein Wesen und Handeln in der Erfüllung zugleich völlig neu interpretiert. Das Christentum beinhaltet wesenhaft eine lebendige und wechselseitige Beziehung zwischen dem Alten und dem Neuen. Sowohl Paulus wie auch Rudolf Steiner haben das so gesehen. Rudolf Steiner knüpft nicht nur an die Paulinische Rede vom alten und neuen Adam an, sondern legt eine ähnliche Beziehung zwischen den alten und den neuen Mysterien dar wie Paulus zwischen dem Alten und dem Neuen Testament. Darin unterscheidet Steiner sich grundlegend von H. P. Blavatsky und Annie Besant, den Ahnherrinnen aller heutigen «Esoterik».

Wir führen das hier an, weil die angedeutete Wechselbeziehung zwischen Vorverständnis und Erfüllung – auch über alle christlichen Inhalte hinaus – zum Prinzip der modernen philosophischen Hermeneutik wurde. Und wir führen es deshalb an, weil wir das mangelnde Bewusstsein für das Erfordernis des Interpretierens als problematische Gemeinsamkeit sowohl des fundamentalisierenden wie des relativierenden Verhaltens unserer Zeit ansehen – innerhalb und außerhalb des Christentums wie auch innerhalb und außerhalb der Anthroposophie.

Werke werden nicht erkannt, sondern interpretiert

Im Christentum spricht man oft betont vom Glauben und in der Anthroposophie viel vom Erkennen. Beides ist einleuchtend, aber beide Schwerpunkte drohen sich auch jeweils zu verselbstständigen. Sowohl das Bekenntnis des Glaubens wie auch der Anspruch der Erkenntnis kann in eine Sackgasse führen. Als meine Frau und ich auf einer Wanderung in ein unerwartet intensives und persönliches Gespräch mit einem völlig unbekannten anderen Paar gerieten und wir – gefragt nach unseren literarischen Interessen – auch von den Evangelien sprachen, fühlten wir uns durch die freundliche Rückfrage, ob wir «gläubig» seien, nicht richtig verstanden. Das anschließende Bekenntnis, dass wir uns nicht nur mit dem Christentum beschäftigen, sondern auch mit der Anthroposophie, hat dann zu unserer Überraschung keine vergleichbar prägnante Reaktion hervorgerufen; wir wurden nicht gefragt, ob wir denn all das «glauben», was man bei Steiner lesen könne. Aus vielen anderen Begegnungen klingen mir jedoch Reaktionen im Ohr, die in diese Richtung gehen. Aber das nachtodliche Dasein, die Präexistenz des Menschen und das Leben zwischen Tod und neuer Geburt, die geistige Welt der Hierarchien und die Anthropologie der Wesensglieder sind definitiv keine Glaubensinhalte. Wenn ich gefragt würde, ob ich daran «glaube», so würde ich das verneinen, aber nachschieben, dass ich nicht daran zweifle, dass es sich so verhält. Aber wie erkläre ich das, und wie erkläre ich die existenzielle Bedeutung, die diese Inhalte für mich erlangt haben?

Rudolf Steiners vielfältige Erläuterungen seiner Erkenntnismethoden waren wichtig für meine Orientierung in der Erstbegegnung mit seinem Werk. In den rund dreißig Jahren der anschließenden Beschäftigung damit sind sie für mich jedoch in den Hintergrund getreten. Das Werk und die genannten Inhalte einschließlich Steiners durchaus eigenwilliger Interpretationen der Evangelien haben sich als wichtiger denn die Frage nach der Entstehung erwiesen, als wichtiger denn die Frage: «Woher weiß der das?»

Solange ich der Frage der Entstehung eines Werkes nachsetze, suche ich es zu erklären. Mir geht es aber um die Inhalte dieses Werkes, die ich zu verstehen suche. «Verstehen» ist kein Überprüfen von Richtigkeit und kein Nachvollzug seiner Entstehung, denn die Inhalte sind für mich keine Wissensinhalte. Verstehen ist nicht Wissensaufnahme, sondern Sinnerfahrung. Es sucht und schafft Zusammenhänge innerhalb des Werks und zwischen den Werken des einen Autors und den Werken anderer Autoren. Weil das Verstehen produktiv ist, mündet es in das, was man auch «Interpretation» nennt. Es geht also um ganz anderes als um das Aufnehmen von Informationen oder «Forschungsergebnissen».

Kein Werk ist der direkte Spiegel der Erkenntnisse seines Autors. Wer ein Werk mit den *Erkenntnissen* seines Autors kurzschließt, blendet zusammen mit der schöpferischen Tätigkeit seines Autors auch die eigene schöpferische Tätigkeit des Verstehens aus, nämlich den geheimnisvollen Vorgang des *Interpretierens*. Leicht glaubt er dann, selbst erkannt zu haben, während er nur bewusstlos verstanden hat. Das fordert gerade im Fall des Steinerschen Werkes mit seinen «hohen» Inhalten andere, die das bemerken, dazu heraus, für einen Ausgleich zu sorgen. Deshalb entsteht dann das Bedürfnis, die Ansprüche des Autors zu demaskieren, indem man die Entstehung seiner Inhalte reduktionistisch zu «erklären» sucht. Wo das Sinnverstehen sich bewusstlos vollzieht und sich als Erkenntnis darbietet, wo es die hermeneutischen Aufgaben versäumt, ruft es eine *Verdachtshermeneutik* auf den Plan. Wir werden uns später im Kapitel «Die Einwände Helmut Zanders» im Kontext des Karmaverständnisses damit näher befassen. Es ist wichtig, der Verdachtshermeneutik ein Gegengewicht in Form einer anderen Hermeneutik gegenüberzustellen, die sich als Hermeneutik besser versteht als die Verdachtshermeneutik und sich deshalb nicht als Erkenntnis ausgibt.

Wenn ich ein Werk aufnehme, «erkenne» ich das Werk nicht, sondern ich suche es zu verstehen. Verfährt dieses Verstehen im oben beschriebenen Sinn hermeneutisch, dann führt es über das Nach-Denken des Vorgedachten hinaus. Es setzt auseinanderliegende Inhalte zueinander in Beziehung und versucht, sich vor allem die Handlungen des Autors in seiner Darstellung dieser Inhalte bewusst zu machen, den dramatischen oder epischen Charakter des Gedankenganges zu erfassen.

Verstehen heißt nicht, über die mutmaßlichen oder expliziten Absichten des Autors zu spekulieren. Es geht nicht darum, die Entstehung eines Werkes zu erklären, sondern darum, den Wirkungen auf seine Leser, den Erfahrungen des Lesens nachzuspüren. Auch das gehört zum Interpretieren.

Das Interpretieren wird manchmal unbedacht als subjektiv oder relativierend aufgefasst. Dann hält man ihm das Erkennen entgegen. Manchmal wird auch daran erinnert, dass Erkenntnis die Verbindung von Wahrnehmung und Begriff sei und daraus abgeleitet, dass wir zwar Steiners (übersinnliche) Wahrnehmungen höchstens ansatzweise reproduzieren, aber wenigstens die begriffliche Hälfte seiner Erkenntnis *denken* können, wodurch wir immerhin eine halbe Erkenntnis der geistigen Sachverhalte erlangen könnten.[5]

Abgesehen davon, dass die Rede von der Erkenntnis als Synthese von Wahrnehmung und Begriff auf Kant zurückgeht, hilft sie nicht beim Umgang mit solchen Werken wie etwa dem *Symposion* oder der *Politeia* Platons, nicht beim Lesen des *Johannesevangeliums* oder eben den *Werken* Steiners. Wer all diesen Werken gegenüber das Erkennen an die Stelle des Verstehens rückt, der überspringt die Schwelle zwischen den Erkenntnissen des Autors und deren Darstellung in seinem jeweiligen Werk. Dabei wird der in meinen Augen kaum hoch genug einzuschätzende Rang des Steinerschen Werks empfindlich irritiert, je länger und je häufiger es als Sammlung von Erkenntnissen genommen wird, die gelernt, aber nicht interpretiert werden sollen. Es wird damit zur Lehre herabgesetzt.

5 Vgl. beispielsweise: «Das Denken ist also das vermittelnde Organ für denjenigen, der zwar nicht die übersinnliche Wahrnehmung hatte, dennoch aber das Ergebnis verstehen kann. Allerdings nur dann, wenn es der Geistesforscher in eine entsprechende Gedankenform umgesetzt hat.» Heinz Zimmermann: *Anthroposophie studieren. Zum selbstständigen Umgang mit dem Werk Rudolf Steiners in Einzelstudium und Gruppen*, Dornach 1998, S. 14.

Die Hermeneutik des Ich bin

Es geht beim Lesen des Steinerschen Werkes weder um das Lernen des «Systems» Anthroposophie noch um eine Interpretation dieses Werkes in den Formen allgemeiner historischer Kritik oder literaturwissenschaftlichen Erschließens, sondern es geht um das Verstehen der Inhalte und ihrer Wirkung. Dabei begegnet als Erstes die Frage, als was wir denn diese Werke lesen. Die Anthroposophie ist in den herkömmlichen Kategorien von Kunst, Wissenschaft und Religion nicht leicht unterzubringen. Das hat sie ein Stück weit mit der Philosophie gemeinsam, und mit dieser teilt sie auch ihre Beziehung zur vorchristlichen Mysteriengeschichte. Von der buddhistisch stimulierten angelsächsischen Theosophie eines Henry Olcott und einer H. P. Blavatsky unterscheidet sie sich dabei genauso wie von der heute so populären Esoterik, und zwar durch ihren zentralen Bezug auf die Menschheitsgeschichte und das Christentum. Darauf hatten wir im Zusammenhang mit der Entstehung der Hermeneutik im Christentum bereits hingewiesen. Steiners erstes Buch nach der Jahrhundertwende trägt den Titel *Das Christentum als mystische Tatsache,* und weder aus den Rhythmen des Grundsteinspruchs der Weihnachtstagung von 1923/24 noch aus den Meditationen der sogenannten «Klassenstunden» lässt sich der Bezug auf Christus wegdenken.

Als was lesen wir also die Werke Steiners? So zu fragen heißt, aus verschiedenen Gewohnheiten herauszutreten, was hundert Jahre nach der Weihnachtstagung und bald hundert Jahre nach dem Tod des Begründers der Anthroposophie schlichtweg angesagt ist. Wir orientieren uns auf der Suche nach einer der Anthroposophie angemessenen Hermeneutik bewusst nicht am Selbstverständnis Steiners. Seinem beeindruckenden Werk stehen wir als Leser des 21. Jahrhunderts gegenüber, die sich ihren eigenen Weg des Verstehens erschließen müssen, wenn sie im Verhältnis zu ihren Zeitgenossen nicht zu einem Anachronismus werden wollen. Steiners Selbstverständnis ist durch die Welt des späten 19. und frühen 20. Jahrhunderts geprägt und auf die Menschen dieser Zeit und ihrer Bildung zugeschnitten. Sein Werk aber reicht weit über diese Zeit hinaus. Diese Potenz heute zu entbinden erfordert Methoden und Bewusstseinshaltungen, die erst nach Steiners Tod entwickelt wurden. Deshalb fragen wir: Als was lesen wir eine Vortragsreihe wie die im Mai 1908 unter dem Titel «Das Johannes-Evangelium» gehaltene oder ein Buch wie *Das Christentum als mystische Tatsache*?

Wenn wir unser Lesen bewusst und wissenschaftlich praktizieren wollen, dann können wir die Frage auch so stellen: Welche Form des Verstehens wollen wir praktizieren, an welche schon vorliegenden Erfahrungen wollen wir anschließen? Die hermeneutischen Formen des Verstehens haben wir oben anzudeuten versucht. Das Wort «Hermeneutik» ist ein vor wenigen Jahrhunderten geprägten Kunstwort, in dem der Götterbote Hermes steckt, der die Schwelle zwischen der göttlichen und der menschlichen Welt auf seinen Flügelschuhen schon seit Jahrtausenden immer wieder in beide Richtungen gekonnt überschreitet.[6] Wir nehmen diese mythische Reminiszenz als ein gutes Omen, ist doch diese Schwelle, als Geburts- und als Todesschwelle ebenfalls ein Inhalt, der aus der Anthroposophie nicht wegzudenken ist. Mehr als ein gutes Omen ist jedoch die Einsicht, dass die Hermeneutik sich über die ansonsten weit

6 Vgl. dazu auch Jörg Ewertowski: Rudolf Steiner immer wieder neu sehen lernen. Geschichtlicher Abstand als Chance, in: Ulrich Meier (Hrsg.): *Christentum in Entwicklung. Anstöße zum Dialog über eine permanente Reformation*, Stuttgart 2013.

auseinanderfallenden Gebiete von Kunst, Wissenschaft und Religion erstreckt. Deshalb bietet sich ein hermeneutischer Zugang zur Anthroposophie an, denn deren charakterisierendes Merkmal ist, dass sie in sich die Wesenszüge von Kunst, Wissenschaft und Religion enthält und umgreift.

Innerhalb des hermeneutischen Raums gibt es nun einen besonderen Ansatz, der sich auf eine ganz erstaunliche Weise dafür anbietet, den Zugang zum Werk Steiners zu befruchten. Das ist die *Hermeneutik des Ich bin* des im Jahre 2005 verstorbenen französischen Philosophen Paul Ricœur. Weil die Rede vom *Ich bin* auch im Mittelpunkt von Steiners christologischem Ansatz steht, weckt das die Frage, ob Ricœurs Ideen nicht einen guten Ausgangspunkt für die Aufgabe zur Entwicklung einer anthroposophischen Hermeneutik bilden könnten.

Ricœur sieht in der Zeit der ersten Konzeption seiner hermeneutischen Philosophie in den 60er-Jahren des 19. Jahrhunderts zwei große und gegensätzliche Geistesströmungen am Werk: die auf Descartes zurückgehende Suche nach der Selbstvergewisserung im Ich-denke und die auf Sigmund Freud aufbauenden kulturphilosophischen Strömungen. Die gemeinsame Zielrichtung dieser letzteren Strömungen ist die Demaskierung des unmittelbaren menschlichen Selbstverständnisses. Das Grundprinzip des gewöhnlichen Bewusstseins ist Freud zufolge die Verdrängung des Niederen im Menschen, das Grundprinzip der Kultur ist dann die Sublimation des Niederen.

Descartes' Leistung ist die Entdeckung des Ich-denke als Grundlage der Wissenschaft; Freuds Leistung ist die Entdeckung, dass der Mensch mehr umfasst, als er von sich weiß. Einseitig und letztlich unhaltbar an der durch Descartes begründeten Strömung ist die Verselbständigung und Selbstüberhebung der Gewissheit gegenüber der Wahrheit. Einseitig und letztlich unhaltbar an der von Freud in Bewegung gebrachten Kulturphilosophie ist die Reduktion des Menschseins auf die Verdrängung und die Reduktion der Kultur auf die Sublimation des Niederen. Descartes' Ansatz der rein denkenden Selbstvergewisserung führt in die Aporie, dass dem Ich, das sich durch die Selbstwahrnehmung im Akt des Denkens begründet, kein Sein außerhalb des Denkens mehr zukommt, das seine Identität über den Schlaf hinwegträgt. Umgekehrt mindert der Ansatz Freuds das Ich als solches unangemessen und droht es aufzulösen. Aber zu den Innovationen Freuds gehört die Entdeckung der Verbindung zwischen den Symbolen und ihren Kraftwirkungen sowie der Unumgänglichkeit, die Symbole zu interpretieren. Diese Arbeit verquickt sich jedoch unglücklich mit einer verschatteten Form des Denkens, einem Denken, das das Höhere nicht anders angehen kann als dadurch, dass es beginnt, es auf ein Niederes zurückzuführen und damit zu relativieren.

Freud ist ein Vertreter der Verdachtshermeneutik. Verkürzt gesprochen: Descartes und Freud verhalten sich zueinander wie die Selbstüberhebung im Gewissheitsanspruch zur Selbstüberhebung im Relativierungsdrang. Wir stehen vor zwei Formen der Vermessenheit, in denen aber jeweils auch etwas Berechtigtes verborgen ist. Und so will Ricœur das im Ich gelegene *Sein*, das über das *Bewusstsein* des Ich-denke hinausgeht, auf dem hermeneutischen Weg der Interpretation mit einem «horchenden» Denken verbinden, um so einen Weg zum Höheren im Menschen zu beschreiten, der weder auf neuer Verdrängung beruht noch in Selbstvermessenheit mündet.

Für uns als Interpreten Steiners bildet Ricœurs Hermeneutik des Ich bin somit einen Schlüssel, weil es Steiner im Kontext seiner Auffassung von der Geschichte des Blindgeborenen ebenfalls um das Ich bin geht, um die Unterscheidung zwischen einem gewöhnlichen und einem höheren Bewusstsein. Ferner erlaubt sie uns, das Problem der Verdachtshermeneutik auf eine sachliche Grundlage zu stellen, die über die Anthroposophie hinaus Bedeutung hat. Im Sinne einer solchen Hermeneutik des Ich bin können wir den allgemeinen geisteswissenschaftlichen Entwicklungen der letzten hundert Jahre Rechnung tragen, die uns von der Zeit der Entstehung des Steinerschen Werkes trennen. Konkret bedeutet das: Auf dem Weg des Verstehens und der Interpretation begegnet uns das Werk Steiners nicht als eine Summe von Erkenntnissen, die überprüft werden müssten. Es ist unabhängig von der Anerkennung der Steinerschen Erkenntnistheorie und stellt sich dem Streit der Interpretationen, deren Maßstab nicht die Richtigkeit, sondern die Angemessenheit in der Beziehung zu anderen Werken und auch die Wirkung auf den Leser ist.

Dazu kommt ein Weiteres. Wir befinden uns heute gesamtgesellschaftlich in einer Polarisierung fundamentalisierender und relativierender Kräfte, die eine Verwandtschaft mit den philosophischen Polaritäten aufweisen, zwischen die sich Ricœur in der Mitte und der zweiten Hälfte des letzten Jahrhunderts gestellt sah. Wir kennen innerhalb der Anthroposophie den Gegensatz dieser Kräfte als Polarität der luziferischen und ahrimanischen Abweichungen. Sowohl Christus als auch das Ich des Menschen stehen in der Mitte dieser Kräfte – mit der Aufgabe, sie auszugleichen.

Beide Dimensionen des Ich, die des göttlichen Ich-bin, das am Dornbusch zu Mose gesprochen hat, und die Dimension des Menschen-Ichs, verbinden sich in Steiners Interpretationen der Geschichte vom Blindgeborenen. Dabei geht es besonders auch um die anthropologischen Voraussetzungen der von

Steiner ins Spiel gebrachten besonderen Reinkarnations- und Karmaperspektive. In Ricœurs Hermeneutik des Ich bin werden wir auch hierzu Anregung und Unterstützung finden.

Was es mit den Kräften der Fundamentalisierung und der Relativierung auf sich hat, lässt sich am besten im Blick auf die Bibelauslegung erläutern. Das Phänomen dieser Polarität begegnet uns heute zwar gesamtgesellschaftlich und keineswegs auf die Religion beschränkt. Aber verstehen, was es damit auf sich hat, lässt es sich am besten durch einen Rückblick auf die Entstehung des Fundamentalismus im Amerika des beginnenden 20. Jahrhunderts.

Fundamentalismus und Relativismus

Selbstverständlich war Descartes kein Vorläufer des Fundamentalismus, und der Kulturpessimismus Freuds lässt sich nicht als Zeugnis eines bloßen Relativismus abtun. Doch hat sowohl der Fundamentalismus als auch die Cartesische Philosophie eine starke Affinität zur Gewissheit, wenngleich sie auf sehr unterschiedlichen Wegen gesucht wird. Und auf der anderen Seite gibt es eine Verwandtschaft zwischen Freuds Kulturphilosophie und diversen relativistischen Strömungen. Freuds Menschenbild und Kulturdeutung ist ihrerseits eine der drei großen Kränkungen des menschlichen Selbstverständnisses, von denen Freud spricht, nämlich die Kränkung durch die Einsicht, dass das Ich nicht Herr in seinem eigenen Haus ist. Zuvor gab es die kosmologische Kränkung durch Kopernikus und die biologische durch Darwin. Vor allem die Letztere stimuliert die fundamentalisierende Gegenbewegung des christlichen Kreationismus. Es wird nun darauf ankommen, dass die Anthroposophie nicht mit einer vergleichbaren fundamentalisierenden Gegenbewegung zu der «psychologischen» und der kosmologischen Kränkung verwechselt werden kann beziehungsweise sich tatsächlich zu einer solchen entwickelt. Dazu ist ein Verständnis für das Phänomen des Fundamentalismus erforderlich.

In den Jahren von 1910 bis 1915 ist in Chicago die Schriftenreihe *The Fundamentals. A Testimony to the Truth* veröffentlicht worden. Mit den Fundamenten, die ein Zeugnis für die Wahrheit bilden sollen, sind grundlegende Inhalte des Christentums angesprochen, die durch die Leben-Jesu-Forschung, die sogenannte «liberale Theologie» und die historisch-kritische Methode der Bibelauslegung bedroht wurden. Genannt werden die Irrtumslosigkeit und Autorität der Bibel, die Schöpfung der Welt durch Gott, die Gottheit Jesu Christi, die Jungfrauengeburt, die Wunder Jesu und seine leibliche Auferstehung. Wir finden in zwölf Bänden auf fast 2000 Seiten einen umfangreichen Katalog bedrohter biblischer Wahrheiten, die damals gleichsam unter Artenschutz gestellt wurden. Manche dieser Wahrheiten sind Teil des allgemeinen christlichen Credos, aber das Zentrum aller der hier formulierten Wahrheiten ist es nicht, und das ist die Behauptung, dass die Bibel buchstäblich das Wort Gottes ist. Indem die «wortwörtliche» Wahrheitsautorität der Bibel zu einer Sonne wird, um die alle anderen Inhalte interpretationslos wie Planeten kreisen, entsteht der Fundamentalismus.

Während die presbyterianische Kirche im Jahr 1893 noch erklärt hatte, dass die Bibel nach Abzug aller Überlieferungs- und Übersetzungsfehler das wirkliche Wort Gottes sei, hält L. W. Munhall, einer der Autoren der Schriftenreihe, in seinem Beitrag zum Thema Inspiration dagegen, dass alle Worte, die die Bibel bilden, direkt von Gott eingegeben wurden. Er sucht das mit Paulus zu begründen und beruft sich dazu auf dessen zweiten Brief an Timotheus.[7] Abgesehen davon, dass die von ihm angeführte Aussage dort lediglich einen Nebensatz bildet, handelt es sich hier um eine Begründung, die das, was sie beweisen will, bereits voraussetzt: Die einer Schriftstelle entnommene Aussage wird als Selbstverständnis der Bibel gelesen, das seinerseits dann vom Autor als allgemeiner Anspruch geltend gemacht wird. Bezeichnend ist, dass er dabei die Metonymie «Heilige Schrift» (hierà grámmata) wörtlich nimmt und daraus ableitet, dass die Bibel nicht nur vom Heiligen Geist inspiriert, sondern «buchstäblich» wahr ist. Eine Metonymie ist eine rhetorische Figur, in der ein Wort nicht in seiner eigentlichen Bedeutung, sondern in einem übertragenen Sinn gebraucht wird. Die Sprache lebt in ihren rhetorischen Figuren, die Kraftwirkungen erzeugen können und die Darstellung dessen erlauben, für das es keine eindeutigen Begriffe gibt. Das Überspringen der sprachlichen Darstellung zugunsten einer behaupteten Wörtlichkeit ist ein Charakteristikum fun-

7 «Wir meinen mit Inspiration, dass die Worte, die die Bibel bilden, von Gott eingegeben wurden (are God-breathed). Wenn dies nicht der Fall ist, dann ist die Bibel überhaupt nicht inspiriert, da sie nur aus Worten besteht: ‹Alle Schrift wird durch Inspiration Gottes gegeben› (2. Tim. 3,16). Das verwendete Wort für ‹Schrift› ist ‹graphè›. Es bedeutet Schreiben, alles Geschriebene. Das Schreiben besteht aus Wörtern. Was ist das anderes als verbale Inspiration? ... Prof. Gaussen sagt: ‹Die Theorie einer göttlichen Offenbarung, in der man die Inspiration der Gedanken hätte, ohne die Inspiration der Sprache, ist so unweigerlich irrational, dass sie nicht aufrichtig sein kann, und erweist sich selbst für diejenigen, die sie vorschlagen, als falsch.›» L. W. Munhall: Inspiration, in: *The Fundamentals. A Testimony to the Truth*, Volume VII, Chicago o.A. (ca. 1910), S. 22f.

damentalisierender Autoren, das in einer anderen Form auch in den philosophischen Strömungen der Reflexionsphilosophie und der Logik auftaucht.

Die sprachliche Darstellung des Gotteswortes und sein Inhalt oder Gedanke wurden von den genannten amerikanischen Autoren somit gänzlich zusammengeworfen und damit die Möglichkeit oder Notwendigkeit einer Interpretation prinzipiell verworfen. Es geht dabei um mehr als um die Frage, ob in der Überlieferung der Bibelworte Entstellungen und Verzerrungen möglich sind. Es geht um die Auffassung, dass das Wort direkt schon der Gedanke ist. Das direkte Gegenbild ist die Voraussetzung, der zufolge die Sprache auf «Schrift» reduziert wird, der eine bloße Zeichen- oder Vermittlungsrolle zukommt.

Auf der Gegenseite praktizierte die Leben-Jesu-Forschung einen radikal historischen und relativierenden Umgang mit den Evangelien. Sie war für das Christentum etwas Ähnliches wie der historistische Zugriff eines Helmut Zander auf das Werk Rudolf Steiners. An der Geschichte des christlichen Umgangs mit der Bibel können wir für die Anthroposophie durchaus lernen. Auch hier polarisieren sich nämlich unterschiedliche Haltungen. So wie der historisch-kritische Umgang mit der Bibel als Gegenreaktion die Fundamentalisierung hervorgerufen hat, so ruft der historisch-kritische Umgang mit dem Werk Steiners ebenfalls tendenziell eine Fundamentalisierung hervor. Und so wie im christlichen Kontext die Fundamentalisierung darin besteht, die «Bibeltreue» zu praktizieren, die Bibel bis in den Wortlaut hinein als Produkt des inspirierenden Heiligen Geistes aufzufassen und teils aggressiv zu behaupten, so entsteht im anthroposophischen Kontext etwas Vergleichbares, wenn auf die Anerkennung der von Steiner beschriebenen Methoden zur Gewinnung höherer

Erkenntnis mit einer Eindringlichkeit gepocht wird, die sich vor die Inhalte schiebt, um die es geht. Dabei droht Steiners Selbstverständnis zum Maßstab einer «richtigen» Auslegung seines Werkes gemacht zu werden, was letztlich zu einer Isolierung des Werkes führen müsste.

Die Schwellenvergessenheit

Die «Fundamente» des Christentums, die in Amerika Anfang des 20. Jahrhunderts aufgelistet wurden, beinhalten viele zentrale Themen. Aber das Problem liegt weniger in den Inhalten als in der Art und Weise ihrer Behauptung durch die Absolutsetzung der Bibel. Dass es unterschiedliche Wege zu deren Verstehen geben könnte, unterschiedliche Maßstäbe ihrer Interpretation, fällt weg. Die Bibel wird nur vermeintlich zu ihrem eigenen Maßstab, in Wahrheit aber wird ihr der Maßstab einer bewusstlosen Interpretation übergestülpt. Dadurch wird die Bibel selbst zum Glaubensinhalt gemacht, statt dass sie solche Inhalte vermittelt.[8] Man könnte sagen: Wer die Bibel oder ein anderes großes Werk der Geistesgeschichte auf solche Weise liest, gleicht einem Kinobesucher, der, nachdem er die Türschwelle des Kinosaals überschritten hat, sogleich vergisst, dass er einen Film sieht. Oder er gleicht einem Internetnutzer, dem das Bewusstsein für die Virtualität abhandengekommen ist.

8 Vgl. dazu auch Hansjörg Hemminger über die erste Chicago-Erklärung von 1978. Hansjörg Hemminger: Christlicher Fundamentalismus. Der Traum von der ‹societas perfecta›, in: *Loccumer Pelikan,* 4/2013, S. 153f.

Der dazu komplementäre Vorgang wäre hingegen eine Bühneninszenierung, die das Drama so zur Darstellung bringt, dass es die Besucher zwar durchaus «packt» und gefühlsmäßig aufrüttelt, der es dabei aber dennoch gelingt, gleichzeitig bewusst zu machen, dass die Bühne nicht die Wirklichkeit, sondern der Ort der Darstellung von Wirklichkeit ist.[9] Ein Kunstwerk macht auf diesen Unterschied aufmerksam und arbeitet damit. Aber es fordert auch von seinem Betrachter die Fähigkeit, dieses Bewusstsein zu entwickeln. Wenn wir nun am Ende unserer Geschichte mit dem Satz vom Sehendwerden der Blinden und dem Blindsein der Sehenden konfrontiert werden, dann handelt es sich um ein «Sehen», das dieser Bewusstseinsfähigkeit entspricht.

Vorauszusetzen, dass ein historischer Jesus diesen Satz gesprochen hat, nachdem er das Wunder einer Blindenheilung historisch vollbracht hat, wäre ähnlich wie das Vergessen der Virtualität oder der Inszenierung, wäre die ihrer selbst unbewusste Verkehrung der Bibel in ein Fantasy-Epos, das sein Geschaffensein überblendet und sich naiv mit der Wirklichkeit gleichzusetzen versucht. Aber diejenigen, die umgekehrt die Geschichte vom Blindgeborenen ausdrücklich als Fiktion oder fromme Legende betrachten, denken keineswegs anders, sondern genauso. Sie befinden sich nur in einem ganz anderen Kino, nämlich in der Vorstellung von der Wirklichkeit ihrer skeptischen Weltsicht, im Vergleich mit der alles andere nur Fiktion sein kann. Hier herrscht jeweils eine spezifische Form der Schwellenvergessenheit.

9 Darstellung ist keine Abbildung oder Nachahmung, sondern immer Hervorbringung, schöpferische Entbergung. Der Schauspieler ahmt den König Lear nicht nach, sondern stellt ihn dar, das heißt, er verkörpert ihn, er lässt ihn anwesend sein. Vgl. Georg Picht: *Kunst und Mythos*, Stuttgart 1986, S. 149ff.

Dass die von Geburt an Sehenden sich als Blinde für das Licht erweisen, das am Anfang als Logos bei Gott war, das zum Leben der Menschen wurde und als Licht in die Finsternis scheint und das nun «fleischgeworden» in der Welt ist, schafft am Ende das eigenartige Gegenbild zur angeborenen Blindheit des Bettlers in der Blindheit der Pharisäer. Damit verwandelt sich die Ausgangsfrage der Jünger nach dem Grund für die angeborene Blindheit des Bettlers zur neuen Frage nach dem Grund für die bleibende Blindheit der Pharisäer. Es sind zwei verschiedene Formen des Sehens, die hier eigenartig fließend ineinander übergehen, aber dennoch ihren Unterschied behalten. Es geht um das Sehen der vom Licht beleuchteten Dinge der Welt und um das Sehen des Lichts selbst. Die Geschichte spricht subtil und dezent von einer Schwelle: von der Schwelle zwischen dem Licht und der Welt, die es sichtbar macht.

Weil wir diese Sprache der Schwelle in der Geschichte ernst nehmen, steht der Titel «Blindgeboren» über diesem Buch nicht nur für das 9. Kapitel des Johannesevangeliums, sondern zugleich auch für den Unterschied und die Beziehung zwischen Natur und Geist, für den Unterschied und die Beziehung zwischen der Welt der Dinge und der Welt des Lichts. Die Grenze zwischen der sinnlichen und der geistigen Blindheit ist dabei im Horizont der Anthroposophie zugleich die Grenze zwischen der Welt unserer Geburtlichkeit und dem Vorgeburtlichen, zwischen der Welt unserer auf die Geburt folgenden Sterblichkeit und dem Nachtodlichen.

Unsere angeborene Blindheit für diese Schwelle, unsere sehende *Lichtvergessenheit*, stellt uns heute im 21. Jahrhundert vor wachsende Probleme. Die Bibelauslegung überspringt diese Schwelle, wenn sie der Gravitation des Fundamentalismus-Poles nachgibt, und sie zementiert sie zu einer unüberwindlichen

Mauer, wenn sie sich dem Pol einer «liberalen» Auslegung hingibt, die blind für die geistige Dimension der Wirklichkeit ist, die sich in den Evangelien darstellt. Die Philosophie hingegen kennt diese Schwelle schon seit Platons *Politeia* und deren Rede von der Beziehung zwischen der Sonne und der Idee des Guten und deren Darstellung in dem Höhlengleichnis. Besonders einprägsam spricht Johann Gottlieb Fichte in der Einleitung zur letzten Fassung seiner *Wissenschaftslehre* von 1813 von dieser Schwelle, wenn er sich eingesteht, dass sein Werk fast überhaupt nicht verstanden wurde. Das liegt daran – so sieht er jetzt erst –, dass für diese Art von Philosophie ein neuer Sinn erforderlich ist, der zwar in jedem Menschen veranlagt, aber nur in wenigen ausgebildet ist. Er bekennt, dass er sich in dem wiederholten und erfolglos gebliebenen Versuch, Philosophie zu lehren, wie jemand verhalten hat, der Blinden vom Licht spricht, ohne zu bedenken, dass diese gar nicht wissen, dass sie blind sind. Fichte sieht nun, dass er es versäumt hat, seinen Lesern zunächst ihre angeborene Blindheit bewusst zu machen. Als er dies 1813 schrieb, konnte er nicht wissen, dass er ein Jahr später über die Todesschwelle gehen und sein Versäumnis nicht mehr nachholen können würde.

2. Welche Wahrheit kommt dem Evangelium zu?

Die Wahrheit, die keine Abbildung ist

Wo heute aggressiv Faktenwahrheit beansprucht wird, besteht oft eine fundamentalisierende Tendenz. Wo hingegen der Unterschied zwischen Wahrheit und Unwahrheit, zwischen Fiktion und Wirklichkeit preisgegeben wird, da wird relativiert. In keinem der beiden Einzugsbereiche gibt es Kunst. Das ist die Gemeinsamkeit von Fundamentalismus und Relativismus. Joachim Daniel hat einmal in einem Vortrag der Kunst die Aufgabe zugesprochen, Wahrheit zu enthüllen, und die neuzeitliche Wissenschaft als eine Kunst bezeichnet, die vergessen hat, dass sie eine Kunst ist.[10] Für ihn geht es also primär in der Kunst und sekundär in der Wissenschaft um Wahrheit.

Kunst arbeitet bewusst mit dem Unterschied zwischen dem, was sie zeigen will, und dem, was sie ist. Aber das heißt nicht, dass Kunst nachahmt oder abbildet. Sie überträgt nicht einfach das, was in der Wirklichkeit für das Auge wahrnehmbar ist, auf ein Medium, das sichtbar ist, wie beispielsweise die Leinwand. Sie macht vielmehr etwas sichtbar, was in der Welt unserer Wirklichkeit so gar nicht sichtbar ist. Das bedeutet jedoch nicht, dass der Künstler mit hellsichtigen Augen in die geistige Welt schaut und für die Blinden tastbar macht, was sie nicht

10 Joachim Daniel: *Die Sprache des Mythos*, Basel 2012 (DVD).

sehen können, oder dass er durch unterschiedliche Schraffurtechniken für Farbenblinde die Farbunterschiede sichtbar macht. Ein Kunstwerk bildet nicht sichtbare Wirklichkeit in einem Medium – der Leinwand eines Malers oder der eines Kinosaals – ab, so wie es ist, sondern es projiziert das Unsichtbare, das es darstellt, in ein Medium, und das kann für Sichtbares auch die Sprache sein, oder für Unsichtbares ein Bild. Das Dargestellte ist auf diese Weise im Medium, aber prinzipiell verändert.[11] Und es geht darum, dass der, der mit einem Werk verstehend umgeht, sich durch das Werk auf den Unterschied zwischen dem Dargestellten und der Darstellung aufmerksam machen lässt. Dadurch wird er dazu stimuliert, in die Tätigkeit des Verstehens, in die Aktivität des Interpretierens einzutreten. Diese Aktivität des Interpretierens verwandelt die für die Kantische Philosophie grundlegende Differenz zwischen Ding an sich und Erscheinung vollständig. Mit dem Unterschied zwischen der Darstellung und dem Dargestellten ziehen wir kei-

11 «Wenn das, was als der Gehalt des Hamlet hinter dem Text verborgen liegt, zur Erscheinung gelangen soll, muss es durch die Aufführung in den Darstellungsraum der Bühne projiziert werden. Anders bekommt man es gar nicht zu sehen; denn auch der Leser des Textes wird den ‹Hamlet› nur verstehen, wenn er in seiner Phantasie eine unsichtbare Bühne aufbaut. Die Projektion der Darstellung ist nötig, weil ohne eine solche Projektion der Gehalt in der Dunkelheit des total Unbekannten und total Unsichtbaren verborgen bliebe. Durch die Projektion in einen Darstellungsraum wird der Gehalt überhaupt erst zugänglich und erfahrbar. Der ‹Trick›, den wir verwenden, um Unsichtbares durch Projektion sichtbar zu machen, wird dadurch möglich, dass der Darstellungsraum eine andere Struktur und Beschaffenheit hat als die Sphäre, in welcher der dargestellte Gehalt beheimatet ist. Der Maler projiziert eine Landschaft auf die zweidimensionale Fläche des Bildes.» Georg Picht: *Kunst und Mythos*, a.a.O. (Anm. 9), S. 152f.

ne Erkenntnisgrenze, sondern machen für das Verstehen eine Schwelle produktiv. Fundamentalismus führt in die Schwellenvergessenheit, Relativismus zu einer Grenzziehung. Wenn wir das Johannesevangelium in diesem Sinn als Darstellung und als Kunstwerk nehmen, heißt das nicht, dass es nicht auch noch als etwas anderes genommen werden könnte. Aber es heißt, dass wir ihm Wahrheit zusprechen, die nicht mit Historizität oder Faktizität verwechselt werden darf, sondern erst aus einem aktiven Interpretieren heraus offenbar werden kann. Wir nehmen das Evangelium als Werk und nicht als Bericht.

Vorgriff und Rückblick im Erzählen

Das Johannesevangelium ist wie alle Evangelien natürlich erst nach Tod und Auferstehung Christi geschrieben. Mehr als die Synoptiker reflektiert sein Autor diese Tatsache und entwickelt sie zu einer nachösterlichen Erzählperspektive, wie sie beispielsweise in der Geschichte von der Tempelreinigung besonders auffällig wird: Nach der Vollmacht gefragt, nach einem «Zeichen» für seine Berechtigung, die Tische der Händler umzustürzen, antwortet Christus mit der absurden Aufforderung: «Brechet diesen Tempel ab, und am dritten Tage will ich ihn aufrichten.» Man wendet ein, dass es unmöglich sei, diesen Tempel in drei Tagen neu zu errichten. An dieser Stelle der Geschichte schaltet sich der Erzähler ein und kommentiert die in der erzählten Zeit der Geschehnisse für alle Anwesenden unverständlichen Worte durch einen Vorgriff auf das, was erst noch kommen wird, und einen Rückblick von dort aus: «Er aber redete von dem Tempel seines Leibes. Da er nun auferstanden war von den Toten, gedachten seine Jünger daran, dass er dies gesagt hatte, und glaubten der Schrift und der Rede, die Jesus gesagt hatte.» (Joh 2,18-22) Wenn Jesus tatsächlich so gesprochen haben sollte, so hätte keiner der Anwesenden es verstehen können, auch der Evangelist nicht, sofern er als Zeuge dabei gewesen sein sollte. Die Jünger, die es am Abend ihren Freunden erzählt hätten, hätten nur ihrer Verwunderung darüber Ausdruck verleihen können. Der Hinweis, dass der Evangelist – wie die anderen Jünger auch – das Rätsel dieser Aufforderung nach Ostern lösen konnte und zum besseren Verständnis seiner Leser zur Erläuterung einfügt, bleibt trivial. Der Autor des Evangeliums führt seinen Lesern das Interpretieren vor, und dabei eröffnet er einen dafür wichtigen Raum. Es ist der Zeitraum zwischen Anfang und Ende. Er spannt das Bewusstsein seiner Leser über diesen Raum hin auf. Das Erzählen einer Geschichte ist viel mehr als das Durchlaufen einer Reihe von Ereignissen auf einem linearen Zeitpfeil aus der Vergangenheit in die Zukunft.

Es geht dem Johannesevangelium also nicht darum, historisch Vorgefallenes «richtig» zu überliefern. Die rätselhafte Aufforderung, den Tempel abzureißen, und die Behauptung, ihn in drei Tagen wieder aufbauen zu können, sollten wir also nicht unbedingt als ein Wort Jesu nehmen, das der Evangelist dem Leser, der womöglich noch nicht weiß, wie die Geschichte ausgegangen ist, freundlich erläutert. Dieses Wort wird weniger von der Auferstehung her verständlich, als dass die Erzählung dieser Szene umgekehrt Tod und Auferstehung Jesu in ein bestimmtes Licht stellt. Mehr noch: Der, der die Passion, den Tod und die Auferstehung durchlaufen hat, wird hier als jemand dargestellt, der bereits am Anfang seines Wirkens darum wusste und darauf zugegangen ist. Der zeitliche Raum, den der Erzähler in einem solchen Kommentar eröffnet, gehört in die Rhetorik der Erzählung. Das Erkennen, das der Verfasser seinem Leser ermöglichen will, sucht er nicht durch einen Bericht dessen zu vermitteln, was war, sondern dadurch, dass er ihn mithilfe des gestalteten Erzählers in die Dramaturgie und damit in die zeitliche Erstreckung einer Geschichte verwickelt. Dazu gehört, dass er seinem Leser auch in Richtung auf die Vergangenheit einen Verständnishorizont in Form des Prologs eröffnet. Das «Erkennen» des Lesers ist deshalb ein in Zeiträume aufgespanntes und diese durchlaufendes Geschehen, kein bloßes Aufnehmen einer Information, keine rückblickend-erinnernde «Schau» dessen, was war, sondern ein Ergreifen von weiten Zusammenhängen, ein *Verstehen*.

In diesem Sinn genommen vollzieht sich das Lesen und Verstehen nicht vor dem Hintergrund der Frage, ob es sich wirklich so abgespielt hat, wie es die Geschichte erzählt und wie es erklärt werden kann. Nur für eine fundamentalisierende, wörtliche Lesart würde es primär darauf ankommen, dass ein solches Wort gesprochen oder ein solches Wunder sich historisch tatsächlich vollzogen hat. Und eine relativierende Lesart wie etwa aus dem Umfeld der Leben-Jesu-Forschung wird es auf der Gegenseite als fromme Legende abtun. Dazwischen aber liegt, nicht irgendwo in der Mitte, sondern als ein Dreieckspunkt, der die lineare Polarität flächig aufbricht, das Lesen, das beim Eintritt in die Geschichte nicht die Schwelle vergisst, so wenig wie der wache Kinobesucher beim Eintritt in den Kinosaal vergisst, dass er jetzt aus seinem Alltag herausgetreten ist. Unser Lesen wird bewusst zu beobachten versuchen, wie der Autor die Erzählung gestaltet hat, wie der Regisseur das Stück inszeniert hat. Und mit der Entwicklung dieses Schwellenbewusstseins üben wir uns für den Umgang mit jener anderen Schwelle, die wir Geburt und Tod nennen und die geistige Welt mit der irdischen Welt ebensowohl verbindet, wie sie beide Welten auch schützend auseinanderhält. Denn nachtodlich werden wir – so erzählt es Rudolf Steiner – das Drama unseres eigenen Lebens schauen.

Der Weg des Blindgeborenen

Die Geschichte beginnt szenisch. «Und Jesus ging vorüber und sah einen, der blind geboren war. Und seine Jünger fragten ihn und sprachen: Meister, wer hat gesündigt, dieser oder seine Eltern, dass er ist blind geboren?» Die Jünger fragen nicht ergebnisoffen nach dem Grund der Blindheit dieses Menschen, sondern sie geben ihrem Rabbi gleich die für sie einzig denkbare Alternative zweier Antworten vor. Christi Antwort ist jedoch schwer verständlich:

> Es hat weder dieser gesündigt noch seine Eltern, sondern dass die Werke Gottes offenbar würden an ihm. Ich muss (Wir müssen ...) wirken die Werke des, der mich gesandt hat, solange es Tag ist; es kommt die Nacht, da niemand wirken kann. Dieweil ich bin in der Welt, bin ich das Licht der Welt. (Joh 9,3-5)

Aber noch ehe die Jünger oder die Leser darüber rätseln können, was ihnen jetzt gerade mit dieser Antwort widerfährt und was denn mit den «Werken Gottes» gemeint sein könnte, ist die Geschichte schon weitergegangen und lässt alle Beteiligten einschließlich ihres Lesers, des Lesers, der sie erstmals liest, die Frage vergessen.

Der Blinde wird von Christus mit einem Brei aus Speichel und

Erde auf den immer noch blinden Augen zum See «Siloah» geschickt, um sich diesen Brei dort wieder abzuwaschen. Es ist nicht davon die Rede, dass Christus ihn begleitet hätte. Es ist auch nicht davon die Rede, dass er gleich zu ihm zurückgekommen wäre, um sich bei ihm zu bedanken, denn nach dem Abwaschen des Breies, das gar nicht erzählt wird, sieht der Mann erstmals und wirft jetzt für die Umstehenden die Frage auf, ob dieser Sehende wirklich der blindgeborene Bettler ist. All das wird mit unüberbietbarer Schlichtheit ganz lakonisch erzählt:

> Da ging er hin und wusch sich und kam sehend. Die Nachbarn und die ihn zuvor gesehen hatten, dass er ein Bettler war, sprachen: Ist dieser nicht, der da saß und bettelte? Etliche sprachen: Er ist's, etliche aber: er ist ihm ähnlich. Er selbst aber sprach: Ich bin's. Da sprachen sie zu ihm: Wie sind deine Augen aufgetan worden? Er antwortete und sprach: Der Mensch, der Jesus heißt, machte einen Brei und schmierte meine Augen und sprach: Gehe hin zu dem Teich Siloah und wasche dich! Ich ging hin und wusch mich und ward sehend. (Joh 9,7-11)

War der Blindgeborene – so unterstellt man – an der Inszenierung eines Schein-Wunders beteiligt? War der Wanderprediger Jesus gottlos und mit dem Bösen im Bunde? Man fordert von dem ehemals Blinden, den, der ihn geheilt hat, als «Sünder» zu verurteilen. Er erkennt ihn aber mutig und öffentlich als einen Propheten an, der nur mit Gott und nicht mit dem Satan im Bunde stehen kann. Gesehen hat er ihn bis dahin jedoch nicht. Am Ende dieser Diskussionen wird der Geheilte, der sich im Verhör ganz zurückhaltend, aber völlig aufrecht behauptet hat, aus der Gemeinschaft ausgestoßen.

Jetzt tritt Christus erneut auf ihn zu. Vollzieht sich in dieser zweiten Begegnung ein Wiedererkennen? Bedankt sich der

Geheilte bei seinem Wohltäter? – Der ehemals Blinde sieht ihn nun erstmals, und keiner von beiden spricht von der ehemaligen Blindheit und der erstaunlichen Heilung. Dass der Mann den, der ihn geheilt hat, an der Stimme wiedererkennen könnte, wäre natürlich denkbar. Aber so bekommen wir die Geschichte vom Evangelisten nicht dargestellt. Warum erzählt Johannes die Geschichte so, dass das Öffnen der Augen erst am See stattfindet? Weil es eben nun mal so stattgefunden hat? Oder weil dadurch etwas deutlich wird? Der ehemals Blinde antwortet kurz und bündig auf die unvermittelte Frage Christi, ob er an den Menschensohn glaube, mit der Gegenfrage: «Herr, wer ist's?» Erst als er hört, dass der, der vor ihm steht und ihn fragt, der Menschensohn ist, erst daraufhin erkennt er ihn als solchen an. So, wie die Geschichte erzählt wird, sagt sie uns nicht, dass der ehemals Blinde in Christus den Menschensohn als seinen Wundertäter erkannt hätte. Rudolf Frieling ist auch dieser Auffassung, will aber zwischen der Heilung und der Christuserkenntnis dennoch eine enge Beziehung herstellen. Er versteht deshalb die sehende Christusbegegnung am Ende der Geschichte als Vollendung der Heilung.[12]

12 «Denn Christus selber hat sein neu geöffnetes Auge noch nicht erblickt. Erst wenn das geschieht, wird die Blindenheilung im tieferen Sinne vollständig sein. Dann bleibt es nicht nur bei dem, dass der Christus den Menschen ‹ersieht›, sondern der schöpferische Lichtstrahl aus dem Christus-Auge erfährt in dem Angeblickten nunmehr seine Umkehrung, er kehrt vom Menschen zum Gott zurück. Darauf beruht letzten Endes alles Erkennen, dass das dem Menschen eingestrahlte Urlicht im Seh-Strahl des Menschen zu dem Gotte zurückgetragen wird. ‹Erkennen, gleich wie ich erkannt bin.› Zu Anfang sah Christus den Blinden, am Ende wird der Geheilte den Christus sehen.» Rudolf Frieling: Die Heilung des Blindgeborenen. Ein Licht-Finsternis-Drama im Johannes-Evangelium, in: *Die Christengemeinschaft*, Oktober 1968, S. 290f.

Jesus heilt den, der beinahe zum Fallbeispiel eines Lehrgesprächs über seine Sünde geworden wäre. Diese Heilung lässt sich als szenische Handlung und als Zeichentat wie eine indirekte Antwort auf die Frage der Jünger lesen. Denn nach der vollzogenen Heilung erübrigt sich die Frage nach dem Grund der angeborenen Blindheit und dem Sünder. Die Heilung hilft dem, der blind geboren wurde – und sie konsterniert rückblickend nochmals die Frage der Jünger. Diese Frage jetzt zu wiederholen wäre ziemlich unpassend. Von Sünde ist in Bezug auf den Blindgeborenen dann aber später wieder die Rede, als gegen Ende der Geschichte die wieder auf den Plan tretenden Pharisäer ihn als Sünder beschimpfen. Der Grund dafür liegt freilich nicht in dessen ehemaliger Blindheit, sondern in seiner Heilung.

Am Anfang wird unterstellt, dass der Blinde aufgrund seiner Blindheit ein Sünder sein muss, und schließlich wird er als Sünder ausgegrenzt. Denken wir die Geschichte von diesem vorläufigen Ende her zurück, bekommt die Ausgangsfrage der Jünger nochmals mehr einen eigenartigen Geschmack. Anfangs konnte die Frage, wer denn durch seine Sünde die Blindheit als göttliche Strafe verschuldet hat, uns noch als eine anthropologische Frage vorkommen, bei der es um die Persönlichkeit des Menschen geht: Ist dieser einzelne Mensch, vor dem die Gruppe der Jünger mit ihrem Meister steht, eine eigenständige Persönlichkeit, oder ist er nur ein Teil seiner Familie, seines Generationen-Ichs? Aber als Handlung hat die Frage noch eine zwischenmenschliche Seite. Versetzen wir uns in die Lage des Blinden, der sich plötzlich zum Objekt einer Lehrfrage gemacht erlebt, noch dazu mit der Schlussfolgerung von seiner angeborenen Krankheit auf eine ihm unterstellte Sünde. Sich ihm gegenüber so zu verhalten lässt sich nicht mit seiner Anerkennung als eigenständiger Persönlichkeit vereinbaren.

Hiob, das Vorspiel im Himmel und die Werke Gottes

In der Hiob-Erzählung widerfahren dem als außerordentlich gerecht dargestellten Hiob eine Reihe von schweren Schicksalsschlägen. Seine Freunde kommen und trauern etliche Tage schweigend mit ihm. Als sie zu reden beginnen, stellt sich heraus: Wie selbstverständlich gehen sie davon aus, dass er gesündigt haben muss. Er ist empört, denn er ist sich keiner Sünde bewusst, und auch seine Freunde können ihm keine nennen. Sie setzen es voraus, denn die Gerechtigkeit des allmächtigen Gottes wäre infrage gestellt, wenn er Schicksalsschläge und Krankheit grundlos verhängen oder zulassen würde. Für die Freunde Hiobs steht viel auf dem Spiel, denn ihre Vorstellung von Gott und der Welt würde zusammenbrechen, wenn Hiob unschuldig leiden würde. Leicht würde sich der (damalige) Leser auf ihre Seite schlagen wollen, aber er weiß, was weder Hiob noch seine Freunde wissen: Der Diabolos hat Gott dazu gebracht, mit ihm eine Wette um die Gottestreue Hiobs abzuschließen. Der Widersacher und Ankläger behauptet nämlich, dass Hiob nur aus Eigennutz gerecht sei, nur deshalb, weil er weiß, dass es ihm dann gut gehen wird, weil Gott ihn belohnt.

Wie anders kann Gott dem Diabolos beweisen, dass Hiob wirklich gerecht ist, als dadurch, dass er dem Ankläger gestattet, Hiob mit Schicksalsschlägen und Krankheit auf die Probe zu stellen? Damit wird aber die unterstellte gerechte Weltordnung halb aufgehoben und halb auf einem höheren Niveau erneuert. Hiob besteht die Probe, aber anders, als der Leser vielleicht erwartet hätte: Er klagt Gott der Ungerechtigkeit an, aber er sagt ihm nicht ab. Fast wirkt es so, als hätte Gott hier den Kürzeren gezogen, denn am Ende bringt er Hiob nur dadurch zum Schweigen, dass er ihm seine Allmacht und Größe aufdringlich vor Augen hält – und dann seinen Reichtum und seine Gesundheit wiederherstellt. Carl Gustav Jung hat in seiner *Antwort auf Hiob* die experimentell-ketzerische Vermutung ausgesprochen, dass nach dieser Geschichte Gott nichts anderes übrig blieb, als selber Mensch zu werden.

Den meisten frühen Lesern des Johannesevangeliums wird diese Geschichte bekannt gewesen sein. Wird das nicht zu einer skeptischen Distanz gegenüber der Jünger-Frage geführt haben – und gleichzeitig zu einer gespannten Erwartung, wie Jesus wohl darauf reagieren wird? Ähnlich wie in der vorangegangenen Geschichte mit der Ehebrecherin wird er in eine Aporie gebracht, in eine Zwickmühlensituation. Jede der beiden vorgegebenen Antworten ist falsch. Es geht deshalb darum, die Situation nicht anzunehmen, an den Voraussetzungen zu arbeiten, die ihrem Wesen nach jedoch unverrückbar zu sein scheinen. In der Hiob-Erzählung ist es das Vorspiel im Himmel, die Anklage des Diabolos, das dem Leser einen Verständnishorizont gibt, der den beteiligten Menschen der Geschichte fehlt und der die Aporie in ihren Voraussetzungen exzeptionell auflöst. Allerdings wirft diese Gotteswette sofort neue Probleme auf, wenn wir sie direkt auf die Handlungsebene herunterziehen wollten. Es kommt auch hier darauf an, sich der Schwelle zwischen dem Himmel, in dem diese Wette abgeschlossen wird, und der Erde, auf der das Hiob-Drama sich vollzieht, bewusst zu bleiben. Denn ansonsten müsste diese Wette selbst als menschenverachtendes Vorgehen, vergleichbar der Frage der Jünger in Hörweite des Blindgeborenen, aufgefasst werden.[13]

13 «Ist es nicht perfide, wenn Gott und der Satan, nur um eines Wettstreits willen, einen Menschen total unglücklich machen? Darf ein Mensch instrumentalisiert werden – nur um darzustellen, dass Gott mächtiger ist als der Teufel?» Hermann Wohlgschaft: *Und wo ist*

Etwas diesem Vorspiel im Himmel Vergleichbares, wenn auch keine Gotteswette, liegt nun auch dem Leser des Johannesevangeliums zum Verständnis des 9. Kapitels vor, denn auch dieses hat ein «Vorspiel», nämlich den Prolog. Hier ist vom Licht die Rede, das in die Finsternis scheint, und von den Menschen, die es entweder aufnehmen oder zurückweisen. Wie lesen wir vor diesem Hintergrund die Antwort Christi auf die Frage der Jünger?

> In ihm war das Leben, und das Leben war das Licht der Menschen. Und das Licht scheint in der Finsternis, und die Finsternis hat's nicht begriffen. [...] Er kam in das Eigene; und die Seinen nahmen ihn nicht auf. Wie viele ihn aber aufnahmen, denen gab er Macht, Kinder Gottes zu werden, die an seinen Namen glauben; welche nicht von dem Geblüt noch von dem Willen des Fleisches noch von dem Willen eines Mannes, sondern von Gott geboren sind. (Joh 4,5,11-13)

Der Prolog spricht davon, dass das Licht von der Finsternis nicht aufgenommen wurde, dass aber die, die es (dennoch) aufnahmen aus Gott neu geboren wurden. Der Blindgeborene wäre somit, vom Ende des 9. Kapitels her verstanden, gerade nicht als Sünder dargestellt, sondern als einer, der die Gotteskindschaft erlangt hat. So gelesen gibt es keine Antwort auf die Frage nach dem Grund der Blindheit. Stattdessen würde dem rätselhaften Wort von den Werken Gottes, die wir (die Christus – es gibt zwei Textvarianten) verrichten müssen, solange es Tag ist, mehr Aufmerksamkeit zukommen. Es geht dann nicht darum, nach den Sünden der Vergangenheit zu forschen, und schon gar nicht

Gott? Die Theodizeefrage in Dichtung und Theologie, Würzburg 2021, S. 28f., sowie Christoph Türcke: *Umsonst leiden. Der Schlüssel zu Hiob*, Springe 2017, S. 46.

darum, das bei den anderen Menschen zu tun, sondern darum, das «Werk Gottes» zu verrichten, solange es Tag ist.

Was aber können wir unter dem «Werk Gottes» verstehen?

Im 6. Kapitel des Evangeliums, unmittelbar nach der Speisung der Fünftausend, wirft Christus den Jüngern vor, dass sie nur deshalb glauben, weil sie satt geworden seien, nicht aber, weil sie das Zeichen verstanden haben. Daraufhin fragen sie ihn, was sie tun sollen, um «die Werke Gottes zu wirken», und erhalten zur Antwort, dass sie das Werk Gottes verrichten, wenn sie an ihn glauben:

> Da sprachen sie zu ihm: Was sollen wir tun, um die Werke Gottes zu wirken? Jesus antwortete und sprach zu ihnen: Das ist das Werk Gottes, dass ihr an den glaubt, den er gesandt hat. (Joh 6,28f.)

Offensichtlich hat der Blindgeborene genau dieses «Werk» verrichtet. Er hat das Licht der Welt, von dem der Prolog spricht, aufgenommen, indem er Jesus als den Menschensohn anerkannt hat. Das Wort Jesu von den Werken Gottes, das der Leser anfangs auf die Frage der Jünger zu beziehen sucht, aber so nicht verstehen kann, wird damit von diesem Ende her und durch dessen Bezug zum Prolog und dem Jesuswort (Joh 6,28f.) verständlich. Auf solche Weise lesen wir das Johannesevangelium als Darstellung und nicht als wiederholend-erinnernde Abbildung von Vorgängen und Aussagen.

Machen wir die Probe darauf. Könnte man nicht denken: Gut, wer von seiner angeborenen Blindheit geheilt wurde, der hat es leicht, den, der ihn geheilt hat, als Menschensohn anzuerkennen. Das wäre nicht das «Werk Gottes» aus dem 6. Kapitel. Eher noch könnten wir sagen: Er wurde geheilt, weil er Christus erkennen wird. Und dann ginge es weiter: Der nun

Sehende weiß ja definitiv, dass die Heilung echt war. Nur die Pharisäer zweifeln daran und unterstellen einen Betrug. Sie wollen sich nicht hinters Licht führen lassen. Könnte man sie von der Echtheit der Heilung überzeugen – würden sie dann Christus anerkennen? Diese Frage verlässt die Geschichte, weil es in dieser gerade um etwas anderes geht, nämlich nicht um ein Wunder, sondern um ein Zeichen. Als Leser müssen wir uns deshalb entscheiden, ob wir insgeheim – wie die Pharisäer – einen Beweis suchen oder ob wir, indem wir primär auf die Dramaturgie der Handlung und auf die Resonanzen der Motive im gesamten Evangelium achten, die Frage nach dem, was wirklich historisch vorgefallen ist, offen lassen. Hier geht es nicht ums Überprüfen. Wir schenken dem Johannesevangelium Vertrauen, weil seine Gestaltung, sein eigener Werkcharakter für seine ganz besondere Art der Zeugenschaft spricht.

3. Die ersten Interpreten

Auf den Spuren unserer Vorgänger

Indem wir die Geschichte vom Blindgeborenen zu verstehen suchen, bewegen wir uns in einer Landschaft, auf deren Boden sich viele Spuren abzeichnen. Da gibt es Fußspuren, fast geheime Pfade und breit ausgetretene Wege. Die Landschaft ist auch eine Zeitlandschaft, denn es handelt sich um die Wege unserer Vorgänger. Wir leben in der Zeit und befinden uns nicht im Vogelflug über ihr. Wir verdanken das, was wir sind, unseren Vorgängern. Die Fußwaschung, zu der wir uns jetzt im Folgenden vor ihnen niederlassen, versucht einen Teil der Schuld abzutragen, die wir ihnen gegenüber haben.

Wir wollen nachzuvollziehen suchen, wie andere Interpreten – zu anderen Zeiten und dann auch in unserer Zeit, aber vielleicht dennoch in anderen Verständnislandschaften als wir – das zu begreifen versucht haben, worum wir uns ebenfalls um ein Verständnis bemühen. Das ist eine wichtige Übung, um der Anziehungskraft des Fundamentalisierens standhalten zu lernen. Unvermeidlich setzen wir uns damit einer mehr oder weniger großen Dosis an Relativismus aus. Wie verschiedene Auffassungen entstanden sind, vor welchem Horizont ihre jeweilige Wahrheit sichtbar wird, auch dann, wenn es nicht unser eigener Horizont ist und nicht die von uns gesuchte Wahrheit, das könnte schließlich durchaus in einen Verlust lieb gewonnener Deutungsmuster oder gerade entdeckter neuer Verständnisperspektiven führen. Aber im Durchgang durch diese Gefahr suchen wir einen Weg aus der Schere des Relativierens und Fundamentalisierens hinaus. Sowohl der Verführung durch vermeintlich absolute Wahrheiten wie auch der Verführung zur radikalen Skepsis standzuhalten heißt, fremde Wahrheiten nicht sofort an der eigenen zu bemessen und zu beurteilen, sondern als mögliche Wahrheiten oder wenigstens Teilwahrheiten anzuerkennen.

Rudolf Steiner hat eine vergleichbare Haltung als Metamorphose des Christuswortes von dem, was wir «dem geringsten meiner Brüder» getan haben, dargelegt. Es gilt, sich ernsthaft auch für das zu interessieren, was wir für Irrtum halten. Steiners Metamorphose des Christuswortes ist erstaunlich, ja es enthält eine Zumutung ohnegleichen, sich vorzustellen, dass Christus heute spricht: «Was einer der geringsten eurer Brüder denkt, das habt ihr so anzusehen, dass ich in ihm denke, und dass ich mit euch fühle, indem ihr des anderen Gedanken an euren Gedanken abmesset, soziales Interesse habt für dasjenige, was in der anderen Seele vorgeht. Was ihr findet als Meinung, als Lebensanschauung in einem der geringsten eurer Brüder, darin suchet ihr mich selber.»[14]

14 Rudolf Steiner: *Der innere Aspekt des sozialen Rätsels. Luziferische Vergangenheit und ahrimanische Zukunft*, GA 193, Dornach 2007, 3. Vortrag in Zürich vom 11. Februar 1919.

«Möge uns Gott den Logos selbst senden, der sich selber offenbar macht, damit wir, durch des Vaters Geschenk, Betrachter seiner Tiefe werden!»[15] – Das Gebet um das «Wort Gottes» (den Logos), die Bitte darum, dass dieses Wort sich selbst offenbar macht, geht der Anstrengung der Auslegung voraus. Auch wenn die Auslegung unter der Voraussetzung angegangen wird, dass die gesamte Schrift vom Geist inspiriert ist, so identifiziert Origenes (*185, †253/254) die Bibel keineswegs mit dem Wort Gottes. Die Schrift erschließt sich keinem einfachen wörtlichen Lesen, sondern sie muss ausgelegt werden. Origenes führt sogleich in der Einleitung seines großen Hauptwerkes *Über die Grundlehren der Glaubenswissenschaft* die Auffassung der Kirche vom mehrfachen Schriftsinn als Voraussetzung seiner Auslegung an. Es gibt einen Sinn, der jedem in die Augen fällt, und einen anderen, einen «der Menge» verborgenen Sinn. Diesem verborgenen Sinn zufolge ist das Geschriebene «Zeichen und Bild» göttlicher Dinge.

Nach Origenes wird die grundsätzliche Unterscheidung dieser Sinnebenen von der Kirche gelehrt, aber die Kenntnis bildhaften Sinns wird nicht durch die Autorität der Kirche und ihrer Überlieferung vermittelt, sondern durch die Gnade des Geistes.[16] Und so beginnt seine Schrift über das Johannesevangelium mit dem angeführten Gebet um die Selbstoffenbarung Gottes, die sich nirgendwo anders als in der Arbeit des Interpreten ereignen kann – obwohl die

15 Origenes: *Das Evangelium nach Johannes*. Übersetzt und eingeführt von Rolf Gögler, Zürich, Köln 1959, S. 93.

16 Vgl. Origenes: *Über die Grundlehren der Glaubenswissenschaft (De principiis)*, Stuttgart 1835, S. 9f. (1, prooem. 8).

Schrift selbst, die es zu interpretieren gilt, vom Heiligen Geist inspiriert ist.

Dies gilt es in Erinnerung zu behalten, da wir später diverse davon unterschiedene Voraussetzungen kennenlernen werden. Auch die fundamentalisierenden Interpreten sprechen ja von der Inspiration der Schrift durch den Heiligen Geist, verstehen diese aber – anders als Origenes – als Grundlage einer wortwörtlichen Wahrheit oder Richtigkeit der Bibel.

Die Geistherkunft der Schrift manifestiert sich für Origenes nicht in ihrer wortwörtlichen Richtigkeit, sondern in ihrer Gestalteinheit. Der Interpret müsse sich dem Offenbarungstext «nahen wie einem einzigen Leib, und dürfe seine durchgehenden Gelenke, die ein harmonisches Ganzes aus ihm machen, weder zerreißen noch brechen», weil das bedeuten würde, «die Einheit des überall waltenden Geistes aufzulösen».[17] Die Voraussetzung dieser Gestalteinheit erlaubt es Origenes, den wörtlichen Sinn zu übersteigen, ohne sich der Gefahr auszusetzen, ganz willkürlich seine eigenen Vorstellungen in den Text hineinzuprojizieren. Und die diversen Brüche, Widersprüche und Unstimmigkeiten auf der wörtlichen Ebene versteht Origenes geradezu als Aufforderung zur Erhebung aus dem Wortsinn zu einem geistigen Sinn. Probleme auf der wörtlichen Ebene stimulieren den Leser zur Mühe der Erhebung in einen geistigen Sinn, helfen ihm gleichsam, die Schwere zu überwinden, die uns zunächst an die unmittelbar wörtliche Ebene bindet. Diese Verfahrensweise lässt sich an der Interpretation des Blindgeborenen exemplarisch verfolgen.

17 *Das Evangelium nach Johannes,* a.a.O. (Anm. 15), 10,13, S. 189.

Wer das Wort nicht hält, blickt in die Finsternis

Das auf der wörtlich-historischen Ebene unlösbare Problem, vor das den Leser die Frage der Jünger nach dem Grund der angeborenen Blindheit stellt, ist für Origenes eine Aufforderung, von der wörtlichen zur symbolischen Ebene des Schriftverstehen überzugehen. Christus verneint beide Antwortmöglichkeiten, die die Jünger ihm vorlegen, und nennt keine dritte Perspektive auf die Frage nach dem Grund für die angeborene Blindheit. Auf der symbolischen Ebene blickt Origenes nun – seiner Maßgabe der Gestalteinheit der Schrift folgend – zu den Worten Jesu zurück, die das 8. Kapitel unmittelbar vor der Geschichte vom Blindgeborenen erzählt.

Es hatte sich ein Streit zwischen Jesus und den Pharisäern entzündet. Die Pharisäer haben Jesus der Unwahrheit und der Anhängerschaft an den Teufel bezichtigt. Jesus widerspricht ihnen, betont seine Beziehung zum Vater und spitzt das dann zu einer ungeheuerlichen Aussage zu, die die Pharisäer noch mehr empören muss:

> Wahrlich, wahrlich ich sage euch: So jemand mein Wort wird halten, der wird den Tod nicht sehen ewiglich. Da sprachen die Juden zu ihm: Nun erkennen wir, dass du den Teufel hast. Abraham ist gestorben und die Propheten, und du sprichst: So jemand mein Wort hält, der wird den Tod nicht schmecken ewiglich. Bist du denn mehr als unser Vater Abraham, welcher gestorben ist? Und die Propheten sind gestorben. Was machst du aus dir selbst? (Joh 8, 51-53)

Dass der, der Jesu «Wort» halten wird, den Tod nicht «schmecken» kann, bedeutet in der Umkehrung, dass der, der das Wort nicht bewahrt, den Tod erleiden muss. Warum aber kann das Halten von Jesu Wort vor dem Tod bewahren? Was sagt Jesus, wenn er von denen spricht, die sein «Wort halten»?

Origenes geht davon aus, dass Jesus das Wort ist, von dem im Prolog des Evangeliums die Rede war. «Im Anfang war das Wort, und das Wort war bei Gott, und Gott war das Wort. Dasselbe war im Anfang bei Gott. Alle Dinge sind durch dasselbe gemacht, und ohne dasselbe ist nichts gemacht, was gemacht ist. In ihm war das Leben, und das Leben war das Licht der Menschen. Und das Licht scheint in der Finsternis, und die Finsternis hat's nicht begriffen.» – Christus *ist* das fleischgewordene Wort, das am Anfang bei Gott war, durch das alles geschaffen wurde. Es wurde zum «Leben der Menschen» und schien als «Licht» in die Finsternis. Die Bewahrung des Wortes ist deshalb zugleich das Bewahren des Lebens und das Fernhalten der Finsternis. Wer aber das Wort fahren lässt, der verliert nicht nur das Leben, sondern auch das Licht. Er verfällt der Finsternis, das heißt, er verliert das Sehvermögen, er erblindet. Auf der wörtlichen Sinnebene wäre das Halten oder Bewahren des Wortes Anerkennung und Erinnerung oder Überlieferung von Jesu Reden oder seiner Lehre. Auf dieser Sinnebene bewegen sich die Pharisäer, die somit glauben, dass Jesus sagen würde, dass der, der seiner Lehre folgt und sie bewahrt, nicht sterben muss. Origenes aber, der diese Rede jetzt auf den Prolog bezieht, versteht sie anders, nämlich symbolisch. Der Tod, von dem Jesus spricht, ist ein geistiger Tod.[18] Die geistige Sinnebene

18 «Mit dem Tod, den die Sünder sterben, meinte Jesus doch den Feind des Wortes, und von diesem sagte Er, er werde in Ewigkeit nicht geschaut werden von dem, der Jesu Wort bewahrt. Wer freilich der Meinung war, vom gewöhnlichen Tod sei die Rede, der konnte glauben, der da Redende sei geistig irre, da Abraham und die Propheten doch gestorben waren.» Origenes: *Das Evangelium nach Johannes*, a.a.O. (Anm. 15), S. 332.

darf dabei aber nicht mit der wörtlichen Sinnebene verwechselt oder vermischt werden. Wer jetzt jedoch die Preisgabe des Wortes als Grund dafür ansehen würde, dass dieser besondere Mensch auf der wörtlich-historischen Ebene des Textes blind geboren wurde, der würde die Interpretation des Origenes genauso verfehlen, wie die Pharisäer das Wort Jesu missverstanden haben. Es wäre ein Missverständnis, zu glauben, Origenes unterstelle dem blinden Bettler, dass er das «Wort» nicht bewahrt hat und deshalb blind ist. Die von Origenes vorgelegte Antwort bewegt sich auf einer ganz anderen Sinnebene als der, auf der die Jünger ihre beiden möglichen Antworten vorgeben.

Was macht Origenes also? Seine Begründung der Blindheit ist keine dritte Antwort, sondern eine Antwort in einem ganz anderen Verständnisraum, eine Antwort auf die Frage, warum wir Menschen im Allgemeinen zwar physisch sehend, aber zugleich geistig blind sein können. Origenes unterscheidet streng zwischen der historischen Ebene, auf der es um einzelne Menschen geht, und der geistigen Ebene, auf der es um grundlegende, alles Einzelne umgreifende allgemeine Einsichten geht. Die Antwort, dass Blindheit die Folge des Nicht-Bewahrens des Wortes ist, gilt nur, wenn wir die Schwelle zwischen der sinnlichen und der allgemein-symbolischen Ebene überschritten haben und dann aufrechterhalten. Es handelt sich also um kein allgemeines Gesetz, das im konkreten Fall des blinden Bettlers eine Anwendung finden würde. Wir müssen im Überschreiten der Schwelle die Erhebung in den geistigen Sinn so vollziehen, dass wir sie nicht mit der wörtlichen Sinnebene vermischen. Jenseits der Schwelle ist nicht länger von diesem bestimmten Bettler die Rede, der am Weg saß, als Jesus und seine Jünger gerade vorüberkamen. Es handelt sich jetzt um geistige Blindheit, und der Bettler ist ihr Sinnbild.

Dennoch unterstellt Origenes nicht, es handle sich hier um einen Mythos, der fehlgedeutet würde, wenn man ihn historisch real nehmen würde. Das Evangelium erzählt von historischen Vorgängen, aber es zielt nicht primär auf diese ab, weil sie weniger wichtig sind als die geistig-symbolische Ebene. Origenes fragt überhaupt nicht danach, was genau historisch vorgefallen ist, sondern er erlebt sich vor einer Schrift des Heiligen Geistes, die eine buchstäbliche Sinnebene und eine geistige Ebene hat. Mit diesem Ansatz wird das historische Geschehen in seiner Bedeutung herabgesetzt. Dem Historischen selbst wohnt der «Geist» nicht inne. Damit wird die geschichtliche Dimension des Menschseins in den Hintergrund gedrängt und zugleich auch die Fleischwerdung des Logos.

Diese Beurteilung entspringt natürlich einem modernen, einem geschichtlichen Denken, einer Bewusstseinsseelenauffassung, die Origenes im Zeitalter der alten Verstandesseele noch nicht hatte.[19] Das konkretisiert sich, wenn wir uns seine allegorische Deutung des Heilungsvorgangs vornehmen. So deutet Origenes Jesu Speichel als die göttlichen Worte der Schrift und die Erde, mit der er den Speichel vermischt, als die Geschichten und menschlichen Ereignisse, die in der Schrift erzählt werden. Die Geschichte vom Blindgeborenen lehrt uns somit, dass es für uns alle darum geht, von geistig Blinden zu geistig Sehenden zu werden und dabei den Weg zu durchlaufen, der in der symbolisch verstandenen Heilung beschrieben wird: Mit einer Mischung von göttlichen Ge-

19 Zur Unterscheidung einer alten und einer neuen Verstandesseele und zur Phänomenologie der Epochengestalt von Verstandes- und Bewusstseinsseele vgl. Jörg Ewertowski: *Die Entdeckung der Bewusstseinsseele. Wegmarken des Geistes: Rudolf Steiner – Augustinus – Petrarca – Heinrich von Kleist*, Stuttgart 2007.

danken und Ereignissen und Erzählungen aus der Schrift müssen die Augen der geistig Nichtsehenden bestrichen werden. Das heißt, sie müssen die Schrift lesen. Aber letztlich geht es dann darum, durch das Abwaschen des Breies von den Augen die zeitlich-geschichtliche Ebene der Worte und Handlungen Jesu zurückzulassen und sich ins Zeitlose und Übergeschichtliche zu erheben, den Erdenstoff abzuwerfen.[20]

Sollte also die ganze vom Evangelium erzählte Geschichte der Inkarnation Christi zur «Erde» gerechnet werden, die vorübergehend, mit dem göttlichen Wort vermischt, auf unsere blinden Augen aufgetragen wurde, und zum Abwaschen bestimmt sein?

20 «Ob nicht der Speichel des Herrn Symbol war für ein Wort, und zwar für das Äußerste, was es an Worten gibt, über das hinaus ein größeres Wort die menschliche Natur nicht mehr fassen kann?

Weil aber ein solches Wort nicht bar des Stoffes und bar körperlichen Ausdrucks zu den Menschen kommt, darum spuckt Jesus auf den Boden und macht eine Erdmasse an. Überlege nun, ob du nicht deutend sagen könntest, die gesamte Schrift und die Weise ihrer Verkündigung bestehe, was die göttlichen Gedanken anbelangt, aus dem Speichel Christi, was aber ihre Verkündigung in Geschichten und menschlichen Ereignissen anbelangt, aus dem Boden der Erde. So ist der ganze Buchstabe des Gesetzes, der Propheten und der übrigen Schriften von solcher Erdmasse. Mit ihr muss man die Augen der Nichtsehenden bestreichen, die dann aber hingehen müssen zum Teich Siloa des von Gott Gesandten? Durch den Teich Siloam wird gleichsam das Untertauchen im notvollen Suchen nach der Wahrheit angedeutet. ... Du wirst aber im Erdenstoff die Anfangsgründe dessen erkennen, was Gott sagt. Damit werden wir aufgezogen, wie kleine Kinder mit Milch (Hebr 5,12; 1. Kor 3,2; 13,11). Später, wenn das Kindhafte abgelegt ist, werfen wir den Erdenstoff ab (Anm. d. Hrsgs.: die irdische Erscheinungsweise, die sinnenhafte, geschichtshafte Gestalt, in die der göttliche Logos sich und seine Mysterien inkarnierte), um sehend zu Jesus zu kommen.» Origenes: *Das Evangelium nach Johannes*, a.a.O. (Anm. 15), S. 335.

Augustinus: Der Blinde ist das Menschengeschlecht

Auch für Augustinus (*354, †430) ist der Weg, den der Blindgeborene mit dem Brei auf den Augen zum Abwaschen desselben im Teich Siloah zurücklegt, ein wichtiger Teil seiner Deutung der Geschichte. Die angeborene Blindheit kann weder als Folge der persönlichen noch der familiären Sünde angesehen werden. Diesem Weder-Noch, mit dem Jesu Antwort einsetzt, stimmt Augustin zu, hält es aber für erforderlich zu betonen: Das dürfe nicht heißen, dass der Mann und seine Eltern sündlos seien. Ihre Sünden seien lediglich nicht der Grund für die Blindheit. So weit bewegt sich Augustin zunächst noch auf der wörtlichen Ebene. Aber um das nun direkt anschließende Rätselwort «Damit die Werke Gottes offenbar werden» zu verstehen, verlässt auch er diese Ebene. Der Weg vom Auftragen des Breies auf die Augen des Bettlers über dessen Gang zum Teich Siloah, dem Abwaschen des Breies und dem Sehendwerden spricht für Augustin vom Weg des Menschen zum Christwerden, vom ersten Schritt auf dem Weg zur Bekehrung und deren endgültigem Vollzug in der Taufe. Dieser Weg zur Taufe ist für ihn das Werk Gottes, das wir alle vollziehen mögen, solange es Tag ist. Die Nacht, in der Christus nicht mehr bei uns sein wird, versteht er als den Jüngsten Tag, als das endzeitliche Gericht. Der Tag, von dem hier die Rede ist, hat somit nichts mit den Bewegungen von Erde und Sonne zu tun, sondern ist genauso wie der Weg zum Teich Siloah sinnbildlich zu lesen.

Augustin bindet aber nun die wörtliche und die sinnbildliche Ebene enger aneinander, als wir das bei Origenes gesehen haben. Die verschiedenen Handlungen in der Geschichte sind als solche nicht nur Werke, sondern ihrerseits ebenfalls Worte: Auch die Handlung *spricht* zu uns, nicht nur die in der Geschichte erzählten Dialoge. Das Bestreichen mit Brei spricht von der Salbung zum Katechumeten, mit der der Anwärter für die christliche Taufe auf seinen Weg dorthin gebracht wird. Das Katechumenat ist die Zeit, die den Erwachsenen darauf vorbereitet, die Sakramente zu empfangen: Taufe und Eucharistie. Es ist eine Zeit der persönlichen Unterweisung. Eigenartig ist, dass dann aber, wenn schließlich durch das Abwaschen des Breies die Taufe vollzogen wird, der Blinde sich eigentlich selbst getauft zu haben scheint. Dieser Widerspruch veranlasst wiederum einen Schritt auf eine höhere symbolische Sinnebene. Denn der Teich Siloah heißt übersetzt «der Gesandte», und da Christus der Gesandte Gottes ist, wurde der Blindgeborene also in Christus getauft. Letztlich vollzieht sich die Taufbekehrung als Gotteserkenntnis, denn die schlussendliche Begegnung zwischen Jesus und dem ehemals Blinden ist auf der sinnbildlichen Ebene wiederum die «Taufe». Jesus gibt sich zu erkennen, wird als Menschensohn anerkannt und als Gottessohn angebetet.

Somit verstehen wir bei Augustinus von den Schlussakten der Geschichte her, was die Aufforderung, das Gotteswerk zu verrichten, besagt, nämlich Jesus als Menschensohn anzuerkennen. Die Reaktion Jesu auf die Frage der Jünger nach dem Sünder als Urheber der Blindheit, die Antwort, die keine eigentliche Beantwortung der Frage beinhaltet, die Rede von den Werken Gottes, die es am Tage zu verrichten gilt – all das wird für Augustin in der Gotteserkenntnis am Ende der Geschichte verständlich. Christus ist das Licht der Welt, ist der Tag, und dieses Licht sieht der ehemals Blinde zuletzt, indem er ihn anbetet: «Es wasche der Blinde seine Augen am Tage, damit er den Tag sehe.»[21] – Das alles gilt auf der geistigen Ebene der

21 Augustinus: *Vorträge über das Johannes-Evangelium*, übers. von Thomas Specht, Bibliothek der Kirchenväter, München 1913-1914, S. 1117.

Deutung, zu der wir in ihrer Interpretation aufsteigen. Damit läuft die Interpretation also darauf hinaus, dass Jesus weniger vom Grund der Blindheit als von der Erlösung von der Sünde spricht. Und im Vergleich mit Origenes fällt auf, dass sich Augustin nicht auf die Gestalteinheit des Evangeliums stützt, um zu dieser Deutung zu kommen, sondern dass er frei symbolisiert. Man hat auch den Eindruck, dass hier durchaus denkbar wäre, den von der Geschichte erzählten Weg des Blindgeborenen zum Teich als Darstellung einer Art Gesetzmäßigkeit zu nehmen. Eine deutliche Schwelle zwischen dem geistigen Sinn und dem wörtlichen Sinn ist hier also nicht mehr so unumgänglich aufrechtzuerhalten wie bei Origenes, wenn dieser vom Nichthalten des Wortes spricht und davon, dem geistigen Tod anheimzufallen. Ein drastisches Missverstehen wie durch die Pharisäer, die das Halten des Wortes als das Bewahren der Lehre Jesu und den Tod als das gewöhnliche Sterben auffassen, kann es hier nicht geben. Die geistige Sinnebene verhält sich zu dem, was sie besagen will, eher wie ein Allgemeines zum Besonderen.

Wie aber sieht es aus, wenn Augustin der Frage der Jünger nach dem Grund der Blindheit nachgeht? Dass die Blindheit Folge einer Sünde sein muss, setzt er genauso voraus wie die Jünger in der Erzählung. Aber nun schließt das Christuswort ebenso ausdrücklich aus, dass es die persönliche Sünde des Bettlers sei, wie auch, dass es die Sünde seiner Eltern sei. *Wessen* Sünde kann dann der Grund der Blindheit sein? Die auf der Ebene des wörtlichen, historischen Sinns einzig denkbaren Antworten sind auch für Augustin beide inakzeptabel. Wer sich nicht über die wörtliche Ebene hinaus zu erheben vermag, bleibt in der Unbeantwortbarkeit dieser Frage eingeschlossen. Wiederum stimuliert die Aporie zur Erhebung in eine geistige

Ebene. Die Antwort lautet nun bei Augustin, dass es «die Sünde des Menschengeschlechts» ist, die die Blindheit nach sich zieht, und das heißt, dass der Blindgeborene das Menschengeschlecht ist.[22]

Die Blindheit ist damit wiederum von einem physischen Nicht-sehen-Können abgehoben und zum Bild für den Verlust der ursprünglichen Verfassung Adams geworden. Wenn wir das «Von-Geburt-An» der Blindheit als menschliche Natur begreifen, dann ist die Rede von dem, was allen Menschen durch ihre Geburt innewohnt. Wenn der Bettler für das Menschengeschlecht, d.h. für uns alle, steht und wenn seine Blindheit Folge einer Sünde ist, dann steht er für eine Sünde, die uns angeboren ist. Augustin spricht deshalb davon, dass dem «Geiste nach jeder Mensch blind geboren ist».[23] Die Antwort nach dem Urheber der Sünde geht also noch weiter hinter den persönlichen Menschen zurück als die Option «Es waren die Eltern». So wie Origenes die Urheberschaft der Sünde im allgemeinen Nicht-Halten des Wortes sieht, so ist sie für Augustin auf den Sündenfall Adams bezogen.

In welcher Beziehung steht nun der Blindgeborene, wenn er – geistig verstanden – das Menschengeschlecht ist, zu Adam? Indem wir uns diese Frage stellen, bekommen wir ein merkwürdiges und für Augustin charakteristisches Phänomen in den Blick. Der deutet zwar die Geschichte vom Blindgeborenen geistig – aber nicht die Geschichte vom Sündenfall. Bei dieser bleibt er auf der Ebene des buchstäblich-historischen Verstehens stehen. Er liest die Sündenfallerzählung wie eine historische Geschichte und nicht als Aufforderung zur Erhebung in eine geistige Sinndeutung und auch nicht als mythisches Sinn-

22 Ebd., S. 1146.
23 Ebd., S. 1112.

bild für ein geistiges Geschehen. Das wird darin deutlich, dass er seine Interpretation damit begründet, dass die Blindheit im «ersten Menschen» durch die Sünde entstand und wir von diesem ersten Menschen «nicht bloß den Tod, sondern auch die Sünde geerbt haben». Der Blindgeborene als Menschengeschlecht hat seine angeborene Blindheit von Adam *geerbt*. Das Vererbungsverhältnis verläuft aber nun innerhalb der physisch-geschichtlichen Welt, es kennt keine Schwelle, wie sie bei Origenes zwischen der geistigen und der wörtlichen Sinnebene liegt. Dazu gehört noch, dass Augustin in seiner Auslegung der Schöpfungsgeschichte im *Gottesstaat* (entstanden zwischen 413 und 427) eigens betont: Gott hat alle anderen Lebewesen in der Mehrzahl geschaffen, aber den Menschen als Einzelwesen.

Damit erzeugt Augustin selbst nun eine aporetische Frage, fast vergleichbar der Jünger-Frage, nämlich: Wie kann eine Sünde denn «vererbt» werden? Mit anderen Worten: Während bei Origenes die Antwort auf die Jünger-Frage nach dem Urheber der Sünde einen Schritt über die Schwelle zwischen der historisch-wörtlichen und der geistigen Sinnebene erforderlich macht, hält Augustin die Beziehung zwischen uns und Adam durch keine solche Schwelle auseinander, denn sie vollzieht sich in der Vererbung. Und wenn der Blindgeborene die Menschheit symbolisiert, dann ist die Beziehung zwischen dieser und uns einzelnen Menschen nur die Beziehung zwischen der Gattung und ihren Exemplaren.

Für Augustin bleibt Adam «selbst» als Urheber der Sünde ein einzelner Mensch. Aber der Blindgeborene steht einfach für alle Menschen, nicht für das Urbild des Menschen, sondern für den Gattungsbegriff. Würde Augustin Adam als geistiges Urbild der Menschheit betrachten, dann würde das, was für Adam gilt, sich auf alle Menschen so beziehen lassen, wie sich ein Urbild in allen seinen Abbildern geltend macht oder das Wesen in allen seinen Erscheinungen. Aber für Augustin ist es die Vererbung, die die Sünde des einzelnen Menschen Adam auf alle anderen einzelnen Menschen überträgt.

4. Jenseits des mehrfachen Schriftsinns

Das Johannesevangelium fragt nach dem inkarnierten Logos und entwickelt dabei Elemente eines neuen christologischen Verständnishorizontes. Zu diesen Elementen gehören Motive wie Präexistenz, Licht und Finsternis, Wiedergeburt und Fleischwerdung. Sie werden im Prolog exponiert und in den Erzählungen des Evangeliums durchgeführt. Die Geschichte vom Blindgeborenen ist eine solche Durchführung. Ihre Subtilität liegt darin, dass der Blindgeborene den Leser des Evangeliums repräsentiert, obwohl er sich drastisch von ihm unterscheidet. Ähnlich, wie er dazu kommt, in Jesus den verheißenen Menschensohn zu «sehen», soll der Leser des Evangeliums dazu kommen, im irdischen Jesus den präexistenten Logos zu sehen. Der Verständnishorizont des Blindgeborenen ist die in der hebräischen Bibel, dem Tanach, überlieferte Verheißung des kommenden Menschensohns. Der Verständnishorizont des Lesers des Johannesevangeliums ist (darüber hinaus) der Prolog. Er eröffnet eine geschichtliche Perspektive der produktiven Erinnerung. Obwohl der Blindgeborene den Prolog nicht gelesen hat, erkennt er in Jesus den Menschensohn. Und durch die Erzählung vom Blindgeborenen kann der Leser des vierten Evangeliums den Verheißungshorizont des Tanach mit dem Fleischwerdungshorizont des Evangeliums «verschmelzen».

Die historisch-kritische Methode und ihre Wirkungen

Die kritische Bibellektüre begann mit den von Lessing 1778 herausgegebenen Fragmenten des Hermann Samuel Reimarus. Die Evangelien wurden hier erstmals als historische Quellen betrachtet wie andere Dokumente und auf Plausibilität und innere Widersprüchlichkeit hin untersucht, darauf, ob es denn wirklich so gewesen sein konnte. Es wurde nach natürlichen Erklärungen der Wunder gesucht, oder sie wurden als fromme Legenden genommen.

Am Anfang des 20. Jahrhunderts war von Christus nicht viel übrig geblieben. Man setzte darüber hinaus voraus, dass er nur Mensch war und nicht «wahrer Mensch und wahrer Gott». Die eigenartige Spannung des Johannesevangeliums zwischen religiöser Lehre und sehr konkreten geschichtlichen Erzählungen, die die eines Augenzeugens zu sein scheinen, wurde in dieser Forschungsströmung dadurch gelöst, dass die geschichtlichen Erzählungen als bloß fiktive Träger der johanneischen Lehre aufgefasst wurden. Geschehnisse wie die Hochzeit zu Kana, das Nikodemus-Gespräch, die Brunnenbegegnung mit der Samariterin, die Heilung des Blindgeborenen, die Auferweckung des Lazarus wurden als unhistorisch gewertet. Aber auch die unter den Synoptikern verbleibenden Widersprüche machten jede echte historische Rekonstruktion des Lebens Jesu so schwer, dass schließlich gar keine konkrete menschliche Gestalt übrig blieb.

Die Theologie des 20. Jahrhunderts hat sich damit von Rudolf Bultmann über Karl Barth zu Gerhard Ebeling und vielen anderen auseinandergesetzt und den Abgrund, der zwischen Glauben und wissenschaftlicher Forschung aufgebrochen ist, durch die Unterscheidung zwischen der historisch bedingten äußeren Gestalt der Evangelien und der in ihnen verborgenen Botschaft («Kerygma», Wort Gottes, Offenbarung) zu lösen versucht.

Zuvor aber entstand am Anfang des 20. Jahrhunderts vor allem in Amerika die genannte Bewegung, die in der Gegenreaktion auf die Relativierung der christlichen Inhalte nach den «Fundamenten» des Glaubens suchte. Als unumstößliche Grundlagen wurden hier die Irrtumslosigkeit und Autorität der Bibel, die Gottheit Jesu Christi, die Jungfrauengeburt und die Wunder Jesu und die Auferstehung angeführt. Schließlich erhielt darunter die Schöpfung der Welt und des Menschen durch Gott noch eine besondere Bedeutung, da der Darwinismus populär wurde und mit ihm sogar die Existenz Gottes infrage gestellt wurde. Als ausgesprochene Gegenbewegung stellte der Fundamentalismus somit einen Katalog bedrohter biblische Wahrheiten auf, die gleichsam unter Artenschutz gestellt wurden. Dazu gehört auch der Wunderglaube, der interessanterweise in keiner der verschiedenen Fassungen des Credos erwähnt wird – im Unterschied zu der Schöpfung, der Menschwerdung, der Auferstehung. Von einem bloßen Dogmatismus unterscheidet sich der Fundamentalismus nämlich dadurch, dass es ihm primär um die Bibeltreue geht.

Man kann dieses Christentum aber erst dann richtig verstehen, wenn man sich des relativierenden Gegenpols bewusst ist, auf den es reagiert. Fundamentalismus und Relativismus bilden ein Paar. Aber am Ende des 19. und am Anfang des 20. Jahrhunderts finden wir im Umfeld des Schaffens von Rudolf Steiner und seiner Auseinandersetzung mit den Evangelien eine Reihe von Theologen, die noch versuchen, ohne die aufkommenden Extreme zu erahnen, den Strom des theologischen Verstehens einfach nur schiffbar zu erhalten.

Von Bernhard Weiss zu Fritz Tillmann: Das Sinnbildliche im Wörtlichen

1834 ist der Johanneskommentar des Berliner Theologen Bernhard Weiss erstmals erschienen. 1880 wurde er völlig umgearbeitet und 1886 nochmals neu bearbeitet. Uns liegt die 9. Auflage von 1902 vor, die also zeitgeschichtlich im Hintergrund von Rudolf Steiners Auseinandersetzungen mit dem Johannesevangelium stand. Schelling hatte 1841/42 in Berlin seine Philosophie der Offenbarung vorgetragen. Die Leben-Jesu-Forschung war zwar schon im Gange, hat aber noch keineswegs die Theologie verändert.

Als mögliche Antwort auf die Frage der Jünger in der Geschichte des Blindgeborenen kommt für Weiss eigentlich nur die Sünde der Eltern infrage, aber er weist darauf hin, dass prinzipiell auch an die Präexistenz der Seele zu denken sei, denn dieser Gedanke sei bei Philo und den Essäern, bei Rabbinen und in der Kabbala ein unbestreitbares Lehrstück. Gleichwohl ist Weiss der Auffassung, dass Seelenwanderung oder Präexistenz den Jüngern und dem Volk fernlagen. Christus verneint aber entschieden die Sünde der Eltern wie auch die des Mannes selbst, «weshalb auch im Gegensatz nur gesagt wird, dass etwas ganz anderes als Bestrafung einer Sünde der Zweck sei, zu dem er blind geboren ward».[24] Sollte für Weiss etwa der Zweck der Blindheit in der Heilung liegen?

Während Origenes und Augustin mit der Unterscheidung der Sinnebenen die Antwort Jesu von der historisch-wörtlichen Ebene abkoppeln, bleibt Weiss im Verstehen der Rede von den

24 Bernhard Weiss: *Das Johannes-Evangelium. Kritisch-exegetischer Kommentar*, Göttingen 1902, S. 299.

Werken Gottes im geschichtlichen Bereich. Direkt nach der rätselhaften Antwort heilt Jesus den Blinden. Das ist für Weiss jedoch nicht das Werk Gottes im Sinne des Jesuswortes. Der physische Vorgang der Blindenheilung eröffnet lediglich die Möglichkeit, das geistige Werk der Erleuchtung der Welt in einem sinnenfälligen Werk *wahrzunehmen*. Während Origenes die *Schrift* als ein Werk des Heiligen Geistes interpretiert, das darauf angelegt ist, dass dessen Interpret sich von der wörtlichen zur geistigen Sinnebene erhebt, geht Weiss von einem historischen Geschehen aus, das vom Evangelisten erzählt wird. Jesus selbst gibt dieser Erzählung zufolge mit seinem Wort von den Werken Gottes den Verständnishorizont für sein eigenes Handeln vor, nämlich das «Licht-in-die-Welt-Bringen» aus dem Prolog. Die Umstehenden, d.h. die Jünger, sind angesprochen; sie sollen das geistige Werk Gottes durch die Heilung, die sich direkt in ihrem Beisein vollzieht, erkennen lernen. Die Werke Gottes, von denen Jesus spricht, sind geistige Wirkungen, die unsichtbar sind, sich aber an sinnenfälligen Heilungswundern zeigen.[25] Die geistige Tat des Lichtbringens ist kein symbolischer Sinn, sondern stattdessen soll die physische Heilung das reale geistige Werk verständlich werden lassen.

Jesus hat die Blindheit des Mannes also nicht benötigt, um durch ein beeindruckendes Wunder weitere Anhänger zu gewinnen. Hat er sie *benötigt*, um das Wirken des Lichtes in der Welt symbolisch darstellen zu können? Oder hat er nur die Gelegenheit genutzt, das über den Blinden «verhängte» Lei-

25 «Die Werke Gottes sind Werke, die Gott wirkt, und zwar durch Christum. Gemeint sind seine geistigen (und daher unsichtbaren) Wirkungen, welche in solchen sinnenfälligen Heilwundern (symbolisch) sich darstellen und dadurch kund machen.» Ebd., S. 299.

den auf diese Weise zum Guten zu wenden?[26] Wenn Weiss von einem göttlichen Zweck spricht, der durch die Blindheit des Bettlers verwirklicht werden kann, dann unterstellt er nicht, dass die Blindheit um der Heilung willen verhängt wurde, sondern dass die unabhängig von diesem Geschehen «verhängte» Blindheit durch die Heilung der Darstellung des eigentlich unsichtbaren göttlichen Werkes dienen konnte. Er legt dabei Wert darauf, dass die Symbolisierung der Werke Gottes nicht das einzige Motiv Jesu zur Heilung war. Weiss betont, dass es sich nicht zieme, nach den Absichten Gottes zu fragen.

Auch Theodor Zahn hebt 1908 zunächst die «Werke Gottes» ähnlich entschieden von dem Verständnis einer Wunderheilung ab. Zahn spricht zwar vom «Zweck» der angeborenen Blindheit, setzt die Blindheit aber nicht als Bedingung dafür an, dass *ein* Werk Gottes (etwa die Heilung) an ihm geschehe, sondern sieht den Sinn des Geschehens, d.h. der Geschichte im Ganzen, darin, dass das allgemeine Wirken Gottes, das ansonsten «für Menschenaugen» verhüllt ist, zur Erscheinung kommt.[27]

26 «Wenn aber Jesus in diesem speziellen Falle erkennt, dass die Werke Gottes an dem Blindgeborenen (hen auto) offenbar werden sollen, so sieht er, der sonst in Jerusalem keine Wunder that, im vorliegenden Falle die Aufforderung, durch die Heilung des Blinden sein Werk der Erleuchtung der Welt kund zu machen. Daß das über den Blinden verhängte Leiden diesem göttlichen Zwecke dient, schliesst natürlich nicht aus, daß es damit und dadurch auch ihm selbst zum Segen werden kann ... ‹wie gerade der Fortgang dieser Geschichte zeigt›.» Ebd., S. 299.

27 «Als Zweck derselben [der angeborenen Blindheit, JE] nennt Jesus aber nicht, wie von altersher mißdeutet worden ist, daß die Macht Gottes an ihm offenbar werde, oder daß ein Werk Gottes an ihm geschehe, sondern daß das Wirken Gottes, welches vor Menschenaugen zum größten Teile verhüllt ist, an ihm zur sichtbaren Erschei-

Die Heilung als solche ist somit das *Sinnbild* des zuvor schon im Prolog des Evangeliums dargestellten Wirkens des Lichtes, das in die Finsternis scheint. Der von Geburt an Blinde ist Bild des erlösungsbedürftigen Menschen. Insofern will die Geschichte sinnbildlich gedeutet werden, aber es gibt jetzt keine explizit verschiedenen Sinnebenen mehr, die gestaffelt wären, sondern es handelt sich nun um ein tatsächliches Geschehen, das zugleich ein Sinnbild *ist*. Es kann also eigentlich kein Widerspruch auf der wörtlichen Ebene zurückgelassen werden wie bei Origenes und Augustinus. Jesu Antwort sollte deshalb jetzt als Handlung der Zurückweisung der Jünger-Frage verstanden werden und nicht als symbolische Aussage. Origenes und Augustin konnten diesen Blick auf die Handlungsdimension des Wortes noch nicht entwickeln, da sie die Antwort auf die Jünger-Frage auf der geistigen Ebene suchten.

Der Blinde *ist* als einzelner historischer Mensch nun ein Sinnbild und zugleich ein Beispiel für alle Menschen, die der Erleuchtung durch das in Jesus erschienene Licht bedürftig sind.[28] *Beispiel* der genannten Lehrwahrheit ist der Blindge-

nung komme.» Theodor Zahn: *Das Evangelium des Johannes*, Leipzig, 1. Auflage 1908, S. 429.

28 «Der Blinde in seiner Blindheit ist ein Bild des natürlichen Menschen, welcher als solcher erkenntnisunfähig ist und der Erleuchtung durch das in Jesus erschienene Licht bedürftig ist, um zur Erkenntnis und damit zum Leben zu gelangen, ein Gedanke, welcher mit den Aussagen über die allgemeine Notwendigkeit der Wiedergeburt (3, 3–7), der Errettung und Bewahrung vor dem Untergang oder Tode (3, 14–17; 7,24. 40; 6, 27ff., 8,12. 21. 51ff.,), der belehrenden Einwirkung Gottes (6, 44f.), der Befreiung durch den Sohn (8, 31–36) auf gleicher Linie liegt; nur daß hier durch die beharrliche Betonung des Angeborenseins der Blindheit (v. 1 f., 19f., 32. 34) deutlicher ausgesprochen ist, daß alle Menschen von Geburt und Natur der zu Heil und Leben führenden Erkenntnis ermangeln. Daß sie

borene aber nicht, insofern er physisch geheilt wurde, sondern insofern er am Ende der Geschichte Christus erkennt. Diese Gotteserkenntnis kann ja ebenfalls als Werk Gottes verstanden werden – im Sinne des doppelten Genitivs: Gott als Subjekt und Gott als Objekt der Erkenntnis

Auch der katholische Theologe Fritz Tillmann spricht schließlich 1922 von einer sinnbildlichen Qualität der historisch-real erzählten Geschichte. Auch für ihn will die Heilung primär von dieser sinnbildlichen Qualität her verstanden werden – weshalb die Antwort Christi mit den «Werken Gottes» das Licht meint, das in die Welt getragen werden soll, und keinesfalls als Demonstration einer göttlichen Macht missverstanden werden darf. Zugleich nimmt Tillmann jedoch auch die Frage der Jünger ernst und erwägt, ob sie womöglich nicht auch an die Präexistenz der Seelen gedacht haben könnten. Gleichwohl versteht er aber das Rätselwort Jesu letztlich als performative Ablehnung der theoretischen Lehrfrage und als Aufforderung, stattdessen zu einem zukunftsgerichteten Handeln überzugehen.[29] Wenn Tillmann schließlich kommentiert, dass das, was

aber durch das in die Erscheinung tretende Wirken Gottes, d.h. durch das Wirken Jesu als des Lichtes der Welt, zu dieser Erkenntnis gelangen, wenn sie ihn an sich wirken lassen, stellt die Heilung des Blindgeborenen dar. Er ist jedoch in seiner Blindheit und in seiner Heilung nicht nur eine sinnbildliche Darstellung, sondern, wie sich weiterhin zeigt, zugleich ein Beispiel der Lehrwahrheit, die er darstellt.» Ebd., S. 431.

29 «Dass es eine Strafe ist, steht bei ihnen [den Jüngern, JE] fest, da sie den Zusammenhang zwischen Sünde und Krankheit nach jüdischer Denkweise für gegeben ansehen. Worüber sie sich vom Herrn Aufschluss erbitten, ist also dies, ob es eine Sünde seiner Eltern oder persönliche Sünde ist, die Unglück und Strafe verschuldet hat. (Vgl. Lk 13, 2ff.) Aus dem AT wussten sie, dass Gott die Schuld der Eltern an den Kindern rächt, Ex 20,5; 34,7; Nm 14,18: Dt 5, 9. Auf der an-

zunächst unbegreiflich und grausam wirkt – das Schicksal der Blindheit –, doch zu etwas Gutem werden *kann*, dann spricht er nicht im Blick auf einen Zweck-Mittel-Zusammenhang.

Carson: Im Einzugsbereich der Fundamentalisierung

Vor dem Hintergrund dieser Interpretationen wenden wir uns erneut den beiden Anziehungskräften von Fundamentalisierung und Relativierung zu und betrachten eine Studie von 1991 aus Amerika, die aus der evangelikalen Bewegung kommt. D. A. Carson hat einen umfassenden Kommentar des Johannesevangeliums verfasst, der ein ausführliches Kapitel über die Heilung des Blindgeborenen enthält. Carson kritisiert hier zunächst die von historisch-kritischen Theologen zu scharf gezogene Unterscheidung zwischen der Erzählabsicht der vermute-

deren Seite erscheint ihnen das Unglück des Bettlers so groß, dass sie nur in persönlicher Verschuldung eine ausreichende Erklärung finden können. Ob ihnen dabei die spätjüdische Vorstellung von dem schon dem Kind im Mutterschoß eingepflanzten und wirksamen bösen Trieb, oder gar, was noch unwahrscheinlicher ist, von einer Präexistenz der Seelen vorschwebt, oder ob sie nur an spätere Sünden denken, die ihren Schatten vorausgeworfen haben, ist nicht zu entscheiden. Jesus lehnt beides ab. ‹Quälende Rätsel des Daseins fordern zum Handeln, nicht zum Grübeln auf.› Aber der allmächtige Gott hat auch dieses furchtbare Menschenschicksal in seine ewigen Gedanken aufgenommen. So wird das, was ihnen unbegreiflich und grausam dünkt, zu einer Offenbarung der Werke, die der Allmächtige durch seinen Sohn wirkt: in dem Heilungswunder, das Jesus an ihm vollziehen wird, werden sie erkennen, dass der Sohn, der die Augen auch eines Blindgeborenen zu öffnen vermag, in Wahrheit der Welt Licht ist.» Fritz Tillmann: *Das Johannesevangelium*, übersetzt und kommentiert, Bonn 1922, S. 150.

ten «Quelle»[30] für die nur bei Johannes zu findenden Wunder und der eigentlich johanneischen Erzählabsicht. Es heißt bei vielen Theologen, dass die «Quelle» Wundertaten als Machterweis darstelle, während Johannes, indem er sie erzählerisch verarbeitet, «Zeichentaten» darstellt, die eine symbolische Bedeutung haben und letztlich von einem nichtsinnlichen Wirken Gottes handeln. So haben wir es auch bei den Theologen Weiss, Zahn und Tillmann gesehen. Sie haben damit die physische Ebene des Übernatürlichen, des Wunders in den Hintergrund gerückt. Carson hingegen hält nun dafür, dass es für Johannes dezidiert um beides gehe: die Bevollmächtigung Jesu durch einen Machterweis, der sich durch eine ausgesprochene Wundertätigkeit vollzieht, und zudem auch darum, seine Messianität durch die Symbolik der Taten zu qualifizieren.

Die Jünger gingen, so erinnert Carson, wie die meisten palästinensischen Juden ihrer Zeit davon aus, dass Sünde und Leiden eng miteinander verbunden sind. Das würden viele Bibelstellen bezeugen, nur dass es keine biblische Lehre über den konkreten Zusammenhang *bestimmter* Sünden mit *bestimmten* Krankheiten gibt. Aber die Jünger würden die engstmögliche Verbindung voraussetzen. Diese bestimmte Person leidet unter Blindheit; daher muss eine spezifische, individuelle Sünde die vorhergehende Ursache gewesen sein. Weil er blind geboren wurde, muss er entweder im Mutterleib gesündigt haben, was

30 Viele theologische Interpreten des Johannesevangeliums erklären sich die Tatsache, dass im Johannesevangelium «Zeichentaten» überliefert werden, die die Synoptiker nicht kennen, durch die Hypothese einer verloren gegangenen Textquelle, die nur der Autor des vierten Evangeliums verwendet habe. Sie wird wiederholt als «die Quelle» bezeichnet. Heute wird diese Hypothese häufig wieder fallen gelassen. Vgl. beispielsweise Jörg Frey: *Die Herrlichkeit des Gekreuzigten*, Tübingen 2013, S. 704.

einige Juden sicherlich als möglich angesehen hatten, oder ein Elternteil müsste auf irgendeine Weise gesündigt haben. Die Jünger würden auf diese Weise freilich nur «den schlechten Trost der Freunde Hiobs» wiederholen. Jesus würde die Beziehung zwischen Sünde und Leid nicht grundsätzlich bestreiten («verleugnen»), sondern im ersten Halbsatz von Vers 3 nur darauf bestehen, dass in diesem Fall weder die Sünde dieses Mannes noch die seiner Eltern Grund der Blindheit sei.

Was aber sind für Carson die «Werke Gottes», auf die Jesus im zweiten Halbsatz von Vers 3 hinweist? Spricht Jesus hier weiterhin vom Grund der Blindheit, also von einer (Zweck-) Ursache der Blindheit, oder weist er auf einen Sinn, den die Blindheit infolge der Heilung nachträglich bekommen hat? In jedem Fall verweist die Rede vom Tun der Werke Gottes direkt auf das Heilungswunder, das Jesus gleich im Anschluss vollziehen wird. Gleich, ob man sich entscheide, den zweiten Halbsatz von Vers 3 als Erklärung über eine Zweckursache der Blindheit oder als bloße Feststellung des faktisch-historisch eingetretenen Sinns zu lesen, sei festzuhalten, dass das Auftreten von Blindheit nicht außerhalb der Kontrolle und Absicht Gottes liegen könne.[31]

31 «Although Jesus does not disavow the generalizing connection between sin and suffering, he completely disavows a universalizing of particular connections. In this instance, he insists that neither this man nor his parents sinned. Rather, this happened so that the work [lit. ‹works›] of God might be displayed in his life. Formally, the concluding clause could be taken as a result clause (‹with the result that›) or a purpose clause (‹in order that›); either way, John certainly does not think that the occurrence of blindness from birth was outside the sweep of God's control, and therefore of his purpose.» D. A. Carson: *The Gospel According to John*, Leicester 1991, Chapter 2. Jesus heals a man born blind (9,3).

Die Anziehungskraft durch den Fundamentalisierungspol kommt bei Carson darin zum Vorschein, dass er dezidiert die Historizität der Geschichte in den Vordergrund rückt und Gottes Allmacht und Vorhersehung unterstreicht. Dass das eigentliche Werk Gottes geistiger Natur ist und darin besteht, Licht in die Welt zu bringen, dass die physische Heilung dafür nur das Zeichen ist, zieht er nicht in Erwägung. Darin lebt das Credo der Bibeltreue aus den *Fundamentals* von 1910, die Voraussetzung der wörtlichen Wahrheit der Bibel. Dass aber die Entweder-oder-Frage der Jünger auf dieser wörtlichen Ebene eigentlich unbeantwortbar ist, dass sie auch durch Jesu Rede von den Werken Gottes keineswegs beantwortet wird, bemerkt Carson nicht. Und er bemerkt auch nicht, dass diese Jünger-Frage in der Gegenwart des Blindgeborenen eigentlich eine Missachtung sondergleichen ist. Dass Carson die Vorwürfe der Freunde Hiobs gegenüber dessen Unschuldsbehauptung überhaupt zum Vergleich heranzieht, ist verwunderlich, ja eigentlich unverständlich. Diese Freunde kommen ja und trauern zunächst mit Hiob tagelang schweigend. Dass sie sich dann mit ihm über die Rechtfertigung Gottes angesichts des Leides streiten, nämlich darüber, dass sie eine Sünde als gerechten Grund dieses Leides schlichtweg voraussetzen, während Hiob das mit einer erstaunlichen Selbstsicherheit abstreitet, hat überhaupt nichts mit dem Verhalten der Jünger gemein. Und das Streitgespräch zwischen Hiob und seinen Freunden, das er als schlechten Trost bezeichnet, ist überhaupt nicht als Trostgespräch zu begreifen. Denn es wird ja heftig darüber gestritten, ob Hiob seine Schicksalsschläge durch eine Sünde selbst zu verantworten hat.

5. Der «persönliche Gott» und die «Idee der Menschheit»

Als vorläufiges Fazit unseres Gangs durch die ausgewählten Interpretationen zu Joh 9 von Origenes bis zu den Theologen aus der Zeit Rudolf Steiners können wir eine in der Bewusstseinsgeschichte wachsende Durchdringung des Sinnbildlichen mit dem historisch-wörtlichen Aspekt des Textes festhalten. Origenes und Augustinus folgen jeweils noch der Methode des mehrfachen Schriftsinns mit ihrer Trennung der verschiedenen Deutungsebenen. Abgehoben von der konkreten historischen Ebene machen sie jeweils die genannten spezifisch geistig-sinnbildlichen Deutungen geltend: Wer das Wort fahren lässt, der verfällt der Finsternis, das heißt, er erblindet. Der Blindgeborene repräsentiert die Menschheit; sein Weg zum Teich symbolisiert den Weg des Katechumen zur Taufe. – Die Theologen des späten 19. und frühen 20. Jahrhunderts verbinden demgegenüber die geistige Dimension direkt mit der Geschichte. So wird die Heilung des Blindgeborenen zum Hinweis auf das sich ebenso historisch-real vollziehende geistige Geschehen. Damit tritt das Wunder in den Hintergrund, ohne dass das historisch erzählte besondere Geschehen allegorisierend oder symbolisierend verallgemeinert, auf eine andere Deutungsebene gehoben würde. Im historisch Erzählten selbst vollzieht und konkretisiert sich als eigentliches Geschehen das Lichtbringen, von dem der Prolog spricht. Die Heilung vollzieht sich als Realbild des Lichtbringens. Damit wird eine Bewusstseinsentwicklung sichtbar, die von einem in der Spätantike abstrakt gewordenen Platonismus hin zu einer Auffassung der Bedeutung der geschichtlichen Wirklichkeit und der unwiederholbaren individuellen Persönlichkeit führt, die in sich selbst Bedeutung besitzt. Der Logos hat sich inkarniert.

Wir haben dann zuletzt noch eine Deutung aus dem späten 20. Jahrhundert vorgestellt, deren Wurzeln in den zuvor genannten *Fundamentals* von 1910 liegen. Hier handelt es sich um eine reaktive Gegenbewegung zu einem religiösen Relativismus, der sich mit der immer dominanter gewordenen naturwissenschaftlichen Weltanschauung am Ende des 19. und am Anfang des 20. Jahrhunderts entwickelt hatte. Der besprochene Text von Carson aus den Neunzigerjahren veranschaulicht uns beispielhaft diese Gegenbewegung des Fundamentalismus, die ihrem Wesen nach gegenüber den Positionen vom Anfang des 20. Jahrhunderts keine grundlegende geschichtliche Wandlungen aufweist. Ihr Ursprung befindet sich zeitlich-geschichtlich gesehen in der direkten Nachbarschaft zur Anthroposophie. Während sich der Fundamentalismus jedoch gegen die Evolutionstheorie wendet und demgegenüber einen bibeltreuen Schöpfungsglauben als alternative Wahrheit behauptet, bewundert Rudolf Steiner die Evolutionstheorie Haeckels und deren besonderen morphogenetischen Ansatz. Er wirft Haeckel dann lediglich eine inkonsequente Anwendung von dessen eigener morphologischer Methode im Blick auf das Christentum vor. Was Haeckel versäumt hat, will Steiner durchführen, nämlich die Entstehung des Christentums in einer Metamorphosenbewegung aus den vorchristlichen Mysterien heraus darstellen. Anders als die zeitgenössischen Religionsphilosophen will er das Christentum dabei aber nicht aus den vorchristlichen Mysterien ableiten, sondern «als selbstständige Wesenheit» verstehen. Im Vorwort zur 2. Auflage seines 1902 erschienenen Werkes über das Christentum spricht er deshalb nicht von den Mysterien als dem Quell des Christentums, sondern von einem «Quell des Christentums, der sich in den alten Mysterien seine Voraussetzungen geschaffen hat». Steiners Buch über das Christentum knüpft jedoch nicht nur an Haeckel an, sondern auch an die Lehren der angelsächsischen Theosophie. Das gilt noch stäker für das Vortragswerk. Für uns bedeutet das, dass die nächste Etappe auf unserem Weg durch eine Reihe von Interpretationen der Geschichte des Blindgeborenen eine Auseinandersetzung mit H. P. Blavatsky sein wird. Damit betreten wir eine grundlegend veränderte Verständnislandschaft, denn hier steht nicht nur der Karmagedanke im Hintergrund, sondern auch ein anderer Begriff von den Werken Gottes.

H. P. Blavatsky – Die mystische Vereinigung von Mensch und Gott

H. P. Blavatskys Auffassung der Geschichte vom Blindgeborenen aus dem 3. Band der *Geheimlehre* ist eng mit der theosophischen Anthropologie verbunden, die zum Zeitpunkt der Niederschrift der *Geheimlehre* im Entstehen begriffen war. Auf die Geschichte vom Blindgeborenen kommt sie am Ende des 5. Kapitels des 3. Bandes zu sprechen. Das Kapitel ist mit «Einige Gründe der Geheimhaltung» überschrieben, was weder die Erwartung weckt, dass es um grundlegende Aspekte der Anthropologie gehen wird, noch die Erwartung, dass am Ende des Kapitels die Geschichte vom Blindgeborenen eine wichtige Rolle bekommen könnte. Aber es kommt anders.

Dass die Geheimhaltung der okkulten Wissenschaften Misstrauen erzeugt, versteht Blavatsky und versucht das damit verbundene Problem zu erklären. So beginnt sie Grundeinsichten der alten Mysterien darzulegen, die alle um die Beziehung zwischen Mensch und Gott kreisen. Der Blick auf diese Beziehung sei in den Mysterien weniger philosophisch-mystisch als realpraktisch gewesen. Das lasse sich schon an der im Neuplatonismus praktizierten «Theurgie» erkennen, den Praktiken, mit göttlichen Wesen real in Beziehung zu treten.[32] Es gelte sogar, die im Neuplatonismus übliche Rede vom *Erscheinen* eines Gottes, der *Theophanie,* als vorübergehende Verschmelzung des höheren und niederen Selbstes des Menschen zu begreifen. Im Allgemeinen «überschatte» das höhere Selbst den Menschen nur vorübergehend zum Zweck der Belehrung. Aber es könne auch zu einer engeren und anhaltenderen Verbindung kommen. In allen Fällen jedoch wird die menschliche Seele als «Sohn» bezeichnet und das Höhere, mit dem sie sich vereinigt, als «Vater».

32 Vgl. dazu auch den Religionswissenschaftler Gustav Anrich: «Endlich hat die Verbindung des späteren Neuplatonismus mit den superstitiösen Elementen der spätheidnischen Religion noch eine ganz eigentümliche Bildung hervorgebracht. Es genügt ihm nicht mehr, die Vereinigung mit der Gottheit auf dem Wege mystischer Contemplation zu erstreben, sondern dies Verlangen führt zur Ausbildung eines Systems geheimer Praktiken, welche in rein äusserlicher, magisch-theurgischer Weise diese ‹Einigung› herbeiführen sollen. Dies [sind] die sogenannten neu-platonischen Mysterien, deren Kenntnis wir hauptsächlich dem Buche De mysteriis Aegyptiorum verdanken. Doch hängen dieselben weder mit den eigentlichen Mysterien direkt zusammen, noch sind sie eine neue Schöpfung des Neuplatonismus.» Gustav Anrich: *Das antike Mysterienwesen in seinem Einfluss auf das Christentum*, Göttingen 1894, S. 72.

Blavatsky spricht wechselnd von diesem Höheren als dem «persönlichen Gott», dem «höhere Selbst», der «Oberseele» oder «Atman-Buddhi». Da die menschliche Seele der «Spross» oder die «Ausstrahlung» ihres Gottes sei, werden in der Theurgie der «Vater und der Sohn» eins, «die göttliche Quelle fließt wie ein Strom in ihr menschliches Bett».[33] Dabei ist die ekstatische Verschmelzung eine bloß vorübergehende Einswerdung von Vater und Sohn, aber es kann sich eben auch eine anhaltende Vereinigung ereignen, eine eigentliche Inkarnation, sodass «das Wort tatsächlich Fleisch wird» und der Mensch göttlich. Der *«persönliche Gott»* dieses Menschen hat sich dann sein «lebenslängliches Tabernakel» gemacht, einen «Tempel Gottes».

Was macht Blavatsky hier? Sie beschreibt die mystische Vereinigung des Menschen mit «seinem» Gott und benutzt dabei bekannte Wendungen der Evangelien, wie «Fleischwerdung des Wortes» und das Christuswort «Ich und der Vater sind eins». Dieses Wort fällt kurz nach der Erzählung vom Blindgeborenen und im Rückblick darauf.[34] Blavatsky versteht aber

33 «The human soul, being the offspring or emanation of its God, the ‹Father and the Son› become one, ‹the divine fountain flowing like a stream into its human bed.›» H. P. Blavatsky: *The Secret Doctrine*, London 1897, reprinted 1910, 1913, 1918, S. 57.

34 «Es entstand wiederum ein Zwiespalt unter den Juden dieser Worte wegen. Viele aber von ihnen sagten: Er hat einen Dämon und ist von Sinnen; was höret ihr ihn? Andere sagten: Diese Reden sind nicht die eines Besessenen; kann etwa ein Dämon der Blinden Augen auftun? Es war aber das Fest der Tempelweihe in Jerusalem; und es war Winter. Und Jesus wandelte in dem Tempel, in der Säulenhalle Salomons. Da umringten ihn die Juden und sprachen zu ihm: Bis wann hältst du unsere Seele hin? Wenn du der Christus bist, so sage es uns frei heraus. Jesus antwortete ihnen: Ich habe es euch gesagt, und ihr glaubet nicht. Die Werke, die ich in dem Namen meines Vaters tue, diese zeugen von mir; [...] Ich und der Vater sind eins.» (Joh 10, 19-25,30).

nun unter dem Einssein von Vater und Sohn offensichtlich etwas anderes, als es die Evangelien direkt nahelegen und die christlichen Interpreten erörtern. Sie nimmt das Evangelienwort «Ich und der Vater sind eins» als Anspielung auf eine vollzogene Theurgie in den Mysterienreligionen, als Vereinigung des irdischen Menschen mit seinem höheren Selbst. An die Stelle des Gottes, der die Welt geschaffen hat und in einer persönlichen Beziehung zu allen Menschen steht, tritt für sie das einzelne «Göttliche» eines jeden Menschen; man könnte vermuten, dass es sich dabei um das höchste, das «siebente Prinzip» des Menschen handelt («Atma»). Aber diese Vermutung führt die Theosophin nur an, um sie sogleich mit der Begründung abzuweisen, dass Atman, das höchste Prinzip des Menschen, gar keine Wesenheit sei, sondern nur eine Emanation des Absoluten. Dieses Absolute bleibt also für Blavatsky als ein überpersönlicher Gott bestehen, der aber in keine Beziehung zum Menschen tritt.

Wenn Blavatsky jetzt von dem «persönliche Gott» des Menschen spricht, meint sie also etwas anderes als üblicherweise im Christentum. Es handelt sich um das höhere Wesen im Menschen, etwas, was nun keine bloße Emanation des Absoluten sein kann, weil es als Eigenwesen die Kontinuität für eine bestimmte Kette von Erdenleben bildet, neben anderen solcher Ketten. Es handelt sich also um das, was später in der weiteren Entwicklung der Theosophie als «Individualität» bezeichnet und der «Persönlichkeit» des Menschen gegenübergestellt wurde.

Weil das nun im Folgenden den Schlüssel zu Blavatskys Interpretation des Christuswortes von den «Werken Gottes» bildet und weil Steiner später diese Interpretation zuerst übernehmen, dann aber grundlegend verwandeln wird, betrachten wir hier zunächst die Entstehung dieser Unterscheidung bei Henry Olcott, einem der Mitbegründer der Theosophischen Gesellschaft, etwas näher.

Die Geburt von «Persönlichkeit und Individualität»

Weil der Buddhismus die Annahme einer Seelensubstanz ablehnt, die die Beziehung zwischen verschiedenen Erdenleben tragen könnte, stellt sich die Frage, «was» denn eigentlich geboren werde, wenn ein Mensch auf die Welt kommt. Für den Buddhismus ist es kein «Wer», kein Wesen, kein Wesenskern, keinerlei Selbst, was geboren wird, sondern das unbefriedigte Verlangen nach Dasein, das durch das Karma eines vergangenen und nicht mehr bestehenden Wesens die Geburt bewirkt. Was geboren wird, ist deshalb nichts anderes als eine neue Zusammensetzung substanzloser Eigenschaften («Skandhas») wie Stofflichkeit, Empfindungen, Ideen, mentale Kräfte, die unser Bewusstsein bilden und durch die wir in Beziehung zur Welt treten. Der damals viel gelesene Buddhismus-Forscher Thomas William Rhys Davids hat 1847 diese buddhistische Verurteilung des Glaubens an das Selbst oder die Seele deutlich als «Ketzerei der Individualität» wiedergegeben, die eine der Haupttäuschungen sei, von denen sich der Buddhist befreien müsse.[35]

35 «Dieser Glaube an das Selbst oder an die Seele gilt in so ausgesprochener Weise als Ketzerei, dass zwei in der buddhistischen Terminologie wohlbekannte Worte geprägt worden sind um ihn zu brandmarken. Das erste derselben heißt sakkayaditthi, ‹die Ketzerei der Individualität›, und dieser Name stempelt diesen Glauben an das Selbst zu einer der drei Haupttäuschungen, welche auf der allerersten Stufe des buddhistischen Freiheitspfades verlassen werden

Für den westlichen Menschen ist das schwer verständlich. Es erinnert uns bestenfalls an Heraklit, der den berühmten Spruch «Alles fließt» geprägt hat. Wie kann man die Existenz eines Selbst, eines Wesenskerns, verneinen und gleichwohl von Karma sprechen? Rhys Davids ist der Auffassung, dass das eigentlich unmöglich sei und der Buddhismus sich lediglich vor der Konsequenz gefürchtet habe, auch das Karma zur Illusion zu erklären. Die verbleibende buddhistische Vorstellung vom Karma sei deshalb eine Notlösung, eine Mystifikation, um eine moralische Weltordnung aufrechterhalten zu können.

Auch hier ist also das Kraftfeld der Skepsis und damit der Relativierungspol wahrnehmbar, von dem wir in der Einleitung gesprochen haben, und zwar sowohl im Buddhismus selbst wie auch bei seinem Interpreten Rhys Davids. Damit konnten sich die Begründer der damals entstehenden Theosophischen Gesellschaft nicht abfinden. Der amerikanische Agrar-Fachmann Henry Olcott (1832–1907), der sich als Buddhist verstand und erster Präsident der theosophischen Gesellschaft wurde, veröffentlichte 1881 einen *Buddhistischen Katechismus*, in dem ebenjene oben schon genannte Frage gestellt und beantwortet wurde – die Frage, was denn eigentlich geboren werde, wenn ein Mensch geboren wird. Die zunächst tatsächlich ganz buddhistische Antwort lautete, dass es kein Wesen sei, was geboren wird, sondern das unbefriedigte Verlangen nach Dasein,

müssen; (die zwei anderen sind der Zweifel und der Glaube an die Wirksamkeit von Riten und Ceremonien); das zweite Wort heißt attavada ‹die Lehre von der Seele oder dem Selbst›, welcher Name ihr als einem Gliede der Kette der Ursachen gegeben worden ist, die zu dem Ursprunge des Übels führen.» Thomas William Rhys Davids: *Der Buddhismus. Eine Darstellung von dem Leben und den Lehren Gautamas, des Buddhas*, 1. Aufl. englisch 1847, auf Deutsch Leipzig o. A. (1910), S. 101f.

das durch das Karma eines längst vergangenen Wesens erzeugt wurde. Was wie ein Wesen erscheine, sei nichts anderes als eine neue Zusammensetzung von substanzlosen Eigenschaften wie Stofflichkeit, Empfindungen, Ideen, mentale Kräfte, die unser Bewusstsein erzeugen und durch die wir in Beziehung zur Welt treten. Dieses Konglomerat von Eigenschaften nennt Olcott 1881 «individuality».

In der Neuauflage des *Buddhistischen Katechismus* von 1903 findet der Leser an dieser Stelle zu seiner Verblüffung den Ausdruck «individuality» durch «personality» ersetzt. Das habe den Grund, so erläutert Olcott die Veränderung, dass es erforderlich sei, die einzelnen karmischen «Lebenslinien» voneinander zu unterscheiden, innerhalb derer sich die Folge der Geburten ereignen. Was geboren wird, wird jetzt als «Persönlichkeit» bezeichnet, und für das, was die Folge der Persönlichkeiten wie ein Perlfaden verbindet und zugleich die eine karmische Lebenslinie von allen anderen unterscheidet, verwendet Olcott nun den frei gewordenen Ausdruck «Individualität». In jeder Geburt entsteht durch neue Zusammensetzung von Eigenschaften eine neue Persönlichkeit, die sich grundlegend von den Persönlichkeiten unterscheidet, die ihr auf der Lebenslinie vorausgegangen sind. Das Band aber, das eine bestimmte Reihe von Persönlichkeiten zusammenhält, wie der Faden eine Kette von Perlen, wechselt nicht, es ist «eine individuelle vitale Schwingung, die unter dem Impuls von Karma und der schöpferischen Leitung von Tanha» – dem Durst nach Dasein – «durch die objektive Seite der Natur rast und durch viele zyklische Veränderungen fortbesteht».[36]

36 «Infolge neuer Überlegung habe ich ‹Persönlichkeit› durch ‹Individualität› ersetzt, das in der Erstausgabe verwendet wurde. Das sukzessive Erscheinen auf einer oder mehreren Erden oder ‹Abstieg

Damit stehen wir vor der Geburt der Unterscheidung von Persönlichkeit und Individualität, die sich bis in die Anthroposophie hinein terminologisch erhalten hat, die dort aber, wie wir sehen werden, einen grundlegenden Bedeutungswandel durchläuft. Auch schon durch Blavatsky wurde diese Unterscheidung weiterentwickelt. Aber im 5. Kapitel des 3. Bandes der *Geheimlehre* befinden wir uns dabei noch ganz am Anfang. Später wird sie dann von der Individualität auch als von dem wahren «Ich bin Ich» sprechen, dem «Ego», das «gleich einem Schauspieler verschiedene Rollen auf der Lebensbühne spielt».[37] Es gibt aber auch dann keine andere Beziehung zwischen den verschiedenen Persönlichkeiten als die durch den

in die Generation›, der tanhaisch kohärenten Teile (Skhandhas) eines bestimmten Wesens, sind eine Abfolge von Persönlichkeiten. Bei jeder Geburt unterscheidet sich die Persönlichkeit von der vorangegangenen oder der nächstfolgenden Geburt. Karma, der Deus ex machina, maskiert (oder sollen wir sagen reflektiert?) sich selbst, jetzt in der Persönlichkeit eines Weisen, wieder als Handwerker und so weiter während der ganzen Reihe von Geburten. Aber obwohl sich Persönlichkeiten ständig verändern, verläuft die eine Lebenslinie, an der sie wie Perlen aufgereiht sind, ununterbrochen, es ist immer diese bestimmte Linie, niemals eine andere. Es ist daher eine individuelle vitale Schwingung, die unter dem Impuls von Karma und der schöpferischen Leitung von Tanha durch die objektive Seite der Natur rast und durch viele zyklische Veränderungen fortbesteht.» Henry S. Olcott: *A Buddhist Catachism*, Adyar 1903, hrsg. von Annie Besant, 1908, S. 52.

37 «Die Theosophen unterscheiden daher zwischen diesem ‹Bündel› von ‹Erfahrungen›, die wir die ‹falsche (weil sie endlich und unwesentlich ist) Persönlichkeit‹ nennen und jenem Element im Menschen, das in ihm das Gefühl ‹Ich bin Ich› hervorbringt. Dieses ‹Ich bin Ich› nennt man die ‹wahre Individualität›. Und man sagt, dass dieses ‹Ego› oder diese Individualität gleich einem Schauspieler verschiedene Rollen auf der Lebensbühne spielt ...» H. P. Blavatsky: *Der Schlüssel zur Theosophie*, Leipzig 1907 S. 31.

Schauspieler hergestellte, der in immer wieder andere Rollen schlüpft. Mit anderen Worten: So wie Macbeth, König Lear, Ariel oder Puck auf der Bühne nichts anderes verbindet als den Schauspieler, der nacheinander diese Rollen spielt, so verbindet auch die irdischen Personen ein und derselben Lebenswelle nichts Wesenhaftes miteinander. Nach dem Tode träumt der Schauspieler noch eine Weile von seiner letzten Rolle. Dass er dabei irdische Erfahrungen in sein überirdisches Dasein übernimmt, bildet die einzige Andeutung einer Beziehung zwischen der Persönlichkeit und der Individualität.[38] – In unserem Kapitel der *Geheimlehre*, von dem wir ausgegangen sind, spricht Blavatsky freilich noch nicht von «Individualität», sondern von «Kausalkörper» und «Kausalseele» und dem «persönlichen Gott» eines jeden einzelnen Menschen. Von hier aus interpretiert sie die Geschichte vom Blindgeborenen, und diese Interpretation gehört in das Vorfeld der späteren Unterscheidung von Persönlichkeit und Individualität.

Die Werke seines Gottes müssen offenbar werden

Die theosophische Idee von der Beziehung der irdischen Persönlichkeit zu ihrem ewigen Wesen ist nach Blavatsky in der gesamten mystischen Literatur des Altertums verbreitet. So deutet sie nicht nur das Worte Jesu «Ich und der Vater sind eines», sondern auch das Pauluswort «Wisst ihr nicht, dass ihr Gottes Tempel seid und der Geist Gottes in euch wohnt?» (Korinther 3,16) im Sinne der von ihr aufgefassten Mysterien-

38 Ebd., S. 136f.

religion.[39] Dabei polemisiert sie gegen die gewöhnliche christliche Auffassung dieser und ähnlicher biblischer Aussagen und kommt im Zuge dieser Polemik auf die Eingangsworte Jesu aus der Geschichte vom Blindgeborenen zu sprechen.

Die Antwort, die Jesus auf die Frage der Jünger nach dem Grund der Blindheit gibt, sei das «bedeutungsvollste von Christi Gleichnissen und dunklen Aussprüchen». Wir befinden uns somit wiederum im 3. Vers: «Weder dieser hat gesündigt noch seine Eltern, sondern dass die Werke Gottes an ihm geoffenbart würden.» Blavatsky übersetzt den griechischen Text im Sinne ihres Vorverständnisses als «die Werke *seines Gottes in ihm*», womit sie den zuvor entwickelten Mysterienglauben als Interpretament in Anschlag bringt: Jesus beantworte somit die Frage der Jünger nach dem, der gesündigt hat, mit dem Hinweis auf den «Träger» des zuvor erläuterten «persönlichen Gottes des Menschen». Dieser habe in einer früheren Inkarnation gesündigt und dadurch das Karma der Blindheit erzeugt, das nun auf diesem neuen «Tempel Gottes», dem Menschen dieser Inkarnation, liege.

> Es hat weder dieser [blinde, körperliche Mensch] gesündigt, noch seine Eltern, sondern dass die Werke [seines] Gottes offenbar würden an ihm. Der Mensch ist nur das «Tabernakel», das «Gebäude» seines Gottes; und natürlich ist es nicht der Tempel, sondern der Insasse – der Träger «Gottes» (das bewusste Ego oder das Fünfte Prinzip Manas, der Träger der göttlichen Monade oder «Gottes») – der in einer früheren Inkarnation gesündigt und

39 «Such is also the mystical sense of what was said by Paul to the Corinthians about their being the ‹temple of God›, for this meant Esoterically: Ye are the temple of [the, or your] God, and the Spirit of [a, or your] God dwelleth in you.» H. P. Blavatsky: *The Secret Doctrine*, a.a.O. (Anm. 33), S. 63.

> dadurch das Karma der Blindheit auf das neue Gebäude gebracht hat.[40]

Wer hat also gesündigt? Weder dieser Mensch noch dessen «persönlicher Gott», der ihn als seinen Tempel bewohnt, sondern der Mensch eines früheren Lebens, der damalige Tempel desselben «persönlichen Gottes«, der jetzt aber vergangen ist. Das Band zwischen beiden bildet allein der «persönliche Gott», der in beiden Inkarnationen derselbe ist. Einerseits gilt es also zwischen dem «Ego» und seinem Leib zu unterscheiden, andererseits aber auch zwischen diesem Gott und dem ganzen Menschen der jeweiligen Inkarnation, der dessen Tempel ist, weil dieser ihn wie einen Leib bewohnt. Das Ineinander einer metaphorischen und einer wörtlichen Darstellung schien dem deutschen Übersetzer missverständlich zu sein, denn er hat sich veranlasst gefühlt, den Bewohner des Tempels (Leibes) durch die in Klammern gesetzte Erläuterung «das bewusste Ego oder das Fünfte Prinzip Manas, der Träger der göttlichen Monade oder ‹Gottes›» zu präzisieren. Vielleicht hatte er Sorge, dass der Leser den persönlichen Gott als den Bewohner des Menschen mit dem Ego als dem Bewohner seines Leibes verwechseln könnte. Im englischen Original fehlt diese Erläuterung.[41]

40 H. P. Blavatsky: *Die Geheimlehre. Die Vereinigung von Wissenschaft, Religion und Philosophie,* Bd. 3, 3. Aufl., übers. von Robert Froebe, Den Haag 1907 (?), S. 1114f.

41 Vgl. den englischen Originaltext: «Master, who did sin, this man or his parents, that he was born blind? Jesus answered, Neither hath this [blind, physical] man sinned nor his parents; but that the works of [his] God should be made manifest in him. Man is the ‹tabernacle›, the ‹building› only, of his God; and of course it is not the temple but its inmate – the vehicle of God – that had sinned in a previous incarnation, and had thus brought the Karma of cecity upon the new building.» H. P. Blavatsky: *The Secret Doctrine,* a.a.O. (Anm. 33), S. 66.

Der springende Punkt ist jedenfalls, dass Blavatsky eine unübliche, aber durchaus denkbare Übersetzungsmöglichkeit des griechischen Evangelientextes aufgreift und damit eine ganz neue Perspektive eröffnet. Im Christuswort ist vom Wirken Gottes «en auto» die Rede, was gewöhnlich mit «an ihm» übersetzt wird, aber die Übersetzung «in ihm» nicht ausschließt.[42] Dass sie diese Übersetzungsmöglichkeit mit einer theosophischen Karma-Interpretation verknüpft, die der altjüdischen Vorstellung der Jünger, die Christus zurückweist, allzu sehr ähnelt, kommt dann noch dazu, ist aber nicht die notwendige Konsequenz dieser Übersetzung. Dass diese Übersetzungsmöglichkeit, der zufolge das Werk *des* Gottes *in* ihm offenbar werden soll und nicht *Gottes an* ihm, uns vielleicht auch ohne die theosophische Anthropologie und Karmadeutung sinnige Verständnisperspektiven eröffnen kann, bleibt im Auge zu behalten. Wir sollten es nicht darüber vergessen, dass Blavatsky gleich nach ihrer deutenden Übersetzung so ärgerlich bösartig über die «klerikalen Schüler» Jesu polemisiert. Seine Nachfolger hätten sich «gesträubt», die in seinen Worten liegende Weisheit zu verstehen, sie hätten stattdessen die Worte so aufgefasst, dass Jesus mit dem Satz «... sondern dass die Werke Gottes offenbar werden» den Grund für die Blindheit in folgender Weise erklärt habe: Der Zweck der Blindheit lag darin, dass sie seine Wundermacht unter Beweis zu stellen half.[43]

42 Vgl. dazu Elsbeth Weymann: Die Heilung des Blindgeborenen. Geschichte einer Ich-Geburt, in: *Die Christengemeinschaft*, September 2016, S. 12.

43 «Somit sprach Jesus die Wahrheit; aber bis zum heutigen Tage haben sich seine Nachfolger gesträubt, die Worte der ausgesprochenen Weisheit zu verstehen. Nach der Darstellung seiner Anhänger scheint der Heiland durch seine Worte und Erklärung den Weg zu einem vorher ausgedachten Programm geebnet zu haben, das zu

Blavatsky verfährt vergleichbar den Pharisäern in der Geschichte: Beide sind sie Knechte ihres Feindbildes. Die eigene Interpretation ist für die Theosophin keine Interpretation, sondern gilt ihr als direkte Abbildung der Wahrheit. Deshalb darf es für sie gar keine anderen Interpretationsmöglichkeiten geben, denn die wäre dann ja – wir befinden uns offensichtlich im Orbit des Fundamentalisierungspols – eine widersprechende Wirklichkeitsbehauptung. Somit kann es nur «Anhänger» Jesu geben, die sich gegen die theosophische Wahrheit «sträuben». Die Blindheit für das eigene Interpretieren in Verbindung mit einem Feindbild, so lässt sich hier gut beobachten, schafft aggressiven Fundamentalismus.

David Friedrich Strauß: Gott ist das Ideal des Menschen

Blavatskys polemische Unterstellung ist, was die Theologie angeht, verfehlt. Die Theosophin scheint die Evangelien ausschließlich zum Beleg ihrer eigenen Sicht zu lesen. Ihre Unterstellung hat gleichwohl einen Anhalt, und zwar bei dem Reli-

einem beabsichtigten Wunder führen sollte. Fürwahr, der Große Märtyrer ist von da an und durch achtzehn Jahrhunderte das Opfer geblieben, das täglich von seinen klerikalen Schülern und Laiennachfolgern viel grausamer gekreuzigt wird, als er von seinen allegorischen Feinden hatte gekreuzigt werden können. Denn das ist der wahre Sinn der Worte ‹dass die Werke Gottes offenbar würden an ihm› im Lichte der theologischen Auslegung, und sie ist eine sehr unedle, wenn die esoterische Erklärung verworfen wird.» H. P. Blavatsky: *Die Geheimlehre*, a.a.O. (Anm. 40), S. 1115.

gionsphilosophen David Friedrich Strauß. Strauß hatte schon 1835 vom Evangelisten selbst – und nicht erst von seinen Interpreten – behauptet, dass er mit seinen Wundererzählungen eine apologetische Absicht verfolge. Als Beispiel führt Strauß dann die Geschichte von der Heilung des Blindgeborenen an, weil diese die schlichteren Wundererzählungen und Blindenheilungen der Synoptiker ganz offensichtlich zu übertreffen suche. Das sei bezeichnend für Johannes, der durchweg Wunder erzähle, die viel unerhörter seien als die Wunder, von denen die Synoptiker berichten – so steigere er die synoptischen Erzählungen von einfachen Blindenheilungen zu der Heilung eines Blind*geborenen,* und die synoptischen Totenerweckungserzählungen steigere er zu einer Erweckung, bei der der Leichnam schon in Verwesung übergegangen ist (Lazarus).[44] Es waren dann also für Strauß nicht die christlichen Interpreten des Johannesevangeliums, die den Satz «... sondern dass die Werke Gottes offenbar werden» als tollkühnen Zweck der angebo-

44 «Was nun aber den Verfasser des vierten Evangeliums – oder die Ueberlieferung, aus welcher er schöpfte – veranlassen konnte, unzufrieden mit den Blindenheilungen, von welchen die Synoptiker berichten, die vorliegende Erzählung auszubilden, liegt schon in dem bisher Ausgeführten. Es ist bereits von Andern die Bemerkung gemacht, wie das vierte Evangelium zwar wenigere, aber um so stärkere Wunder von Jesu erzähle. So, wenn die übrigen Evangelisten simple Paralytische haben, welche Jesus heilt, hat das vierte Evangelium Einen, der 38 Jahre lang gelähmt war; wenn Jesus in jenen eben Verstorbene wiederbelebt, ruft er in diesem einen schon vier Tage in der Gruft Gelegenen, bei welchem bereits der Eintritt der Verwesung zu vermuthen war, in das Leben zurück; ebenso hier statt einfacher Blindenheilungen die Heilung eines Blindgeborenen, — eine Steigerung der Wunder, wie sie der apologetisch-dogmatischen Tendenz dieses Evangeliums ganz angemessen ist.» David Friedrich Strauß: *Das Leben Jesu, kritisch bearbeitet,* Bd. 2, 4. Aufl., Tübingen 1840, S. 74.

renen Blindheit verstanden, wie Blavatsky unterstellt, sondern der Evangelist hat es selbst so gemeint.

Stellen wir zum Vergleich einen Theologen unserer Zeit daneben: Jörg Frey liest die Wendung «sondern dass» in Vers 3 als Hinweis auf eine Art von Zweck, aber nicht als Aussage über den Zweck seiner Blindheit, sondern als Aussage über den Zweck, zu dem der Blinde «*ins Blickfeld*» kommt. Frey zeigt damit ein Bewusstsein für die «Bühne» der Erzählung, für das *Werk*, in dem das Leben Jesu vom Evangelisten gestaltet und dargestellt ist. Er identifiziert die *erzählte* Geschichte nicht naiv mit der *gelebten* Geschichte, sondern reflektiert die Schwelle, die die eine von der anderen trennt und zugleich verbindet. Jesu Antwort – «... sondern dass die Werke Gottes offenbar würden an ihm» – wird auf diese Weise als Element der *erzählten* Geschichte aufgefasst, in der die gelebte Geschichte durchscheint. Nicht Jesus hat diese Worte gesprochen, die dann erinnert und festgehalten worden wären, sondern der Evangelist hat die Erzählung und die Worte Jesu so gestaltet, um die gelebte Geschichte zu verstehen.

Frey macht folglich keinen Versuch, die gelebte Geschichte als Referenz aus ihrer erzählerischen Darstellung herauszulösen. Es gibt bei ihm keine Spekulation über das, was «tatsächlich» geschehen ist, sondern die Reflexion der *erzählten* Geschichte lässt die gelebte Geschichte schlicht und unbestimmt anwesend sein. Frey nimmt die Erzählung als Werk, das sich selbst nicht hinter einer von ihm erzeugten Illusion von Wirklichkeit vergessen machen will, sondern durch seine stimulierende Leseerfahrung bewusstseinserweiternd wirkt. Der Erzählzweck, für den die Blindheit vom Schöpfer des Werks ins Spiel gebracht wird, ist somit kein Machterweis Jesu, auch keine Lehre über die Beziehung zwischen Sünde, Krankheit und

Schicksal, sondern eine Darstellung des Wirkens Jesu seinem Wesen nach, und das heißt als *Licht der Welt.*[45] Damit befinden wir uns jenseits von Fundamentalismus und Relativismus, sofern wir Wahrheit weder mit bildhafter Übereinstimmung zwischen Erkenntnis und Wirklichkeit verwechseln noch skeptisch preisgeben.

Ganz anders verhält es sich nun bei Blavatsky und bei Strauß. Strauß liest die Geschichte unter der Maßgabe, dass sie vorgibt, ein tatsächlich Geschehenes historisch korrekt zu referieren. Dabei schneidet Johannes im Vergleich mit den Synoptikern schlechter ab, weil es bei den Letzteren eher Möglichkeiten gibt, die vermeintlichen Wunder «natürlich» zu erklären. Für den aufgeklärten Philosophen Strauß steht fest, dass es keine Wunder gegeben haben kann. Aber auch in Fragen der Zeugenschaft misst Strauß die johanneischen Darstellungen am Maßstab des Historisch-Realistischen.

45 «Doch bevor die Handlung weitererzählt wird, ist die Erzählung durch eine Jünger-Frage (V. 2) und Jesu Antwort (V. 3-5) unterbrochen. Diese retardierenden Elemente lenken das Augenmerk der Leser(innen) sofort auf Horizonte, die über die Ebene des erzählten Wunders hinausgreifen: die Frage nach dem Zusammenhang von Blindheit und Sünde (und Heilung und Vergebung bzw. Sehen, Glauben und Vergebung) und Jesu Handeln als Tun der ‹Werke Gottes› (vgl. 5,17). Jesu Antwort auf die Frage nach dem Grund der Blindheit verweist unmittelbar auf den Zweck, zu dem der Blinde überhaupt nur ins Blickfeld kommt: Es geht um das Tun der Werke Gottes, um die Offenbarung seines Heils, die im Verlauf des irdischen Wirkens Jesu erfolgt – und dieses Wirken Jesu als ‹Licht der Welt› (8,12) läuft, wie V. 4b andeutet, seinem Ende zu. Das Ende des Tages (vgl. 11,9f.), die Nacht (vgl. 13,30), rückt näher – und damit kommt sein Offenbarungswirken an ein Ende.» Jörg Frey: Sehen oder Nicht-Sehen? (Die Heilung des blind Geborenen) Joh 9,1-41, in: *Kompendium der frühchristlichen Wundererzählungen. Band I: Die Wunder Jesu*, Gütersloh 2013, S. 729.

Der Verfasser des vierten Evangeliums erzählt Sachverhalte, die ein Augenzeuge gar nicht wissen kann. Strauß bezweifelt daher, dass es sich bei ihm um den Apostel Johannes (den Jünger Johannes) handelt. Aber welcher Zeitgenosse sollte denn überhaupt bei allen Gesprächen, die der geheilte Blindgeborene mit seinen Eltern, den Pharisäern und schließlich mit Christus geführt hat, dabei gewesen sein? Dass es sich um ein Werk handeln könnte, das sich selbst durchaus bewusst halten will, kommt ihm nicht in den Sinn. Johannes erzählt «auktorial», als eine Art allwissender Erzähler. Er erzählt literarisch. Kein Chronist oder Historiker kann so schreiben. Chronisten erzählen nicht, sie referieren. «Referenz» ist das, was nachgeahmt, abgebildet oder berichtet wird. Referieren heißt zusammenfassen und aufzählen, naturgetreu wiedergeben, was war. Strauß erkennt zwar richtig, dass die Evangelien diesen Anspruch nicht erfüllen, setzt aber voraus, dass sie vorgeben, sich ihm zu unterstellen, und er hat keine Vorstellung von anderen wirklichkeitseröffnenden Darstellungsmöglichkeiten.

Der alte Orient kannte jedoch kein Wirklichkeitsverständnis, das auf der strengen Unterscheidung des Faktischen vom Zeichenhaften beruht. So spricht der Orientalist Othmar Keel von einer Osmose zwischen Tatsächlichem und Symbolischem im Alten Orient, die die spezifische Bewusstseinsverfassung des Altertums kennzeichne.[46] Für den altorientalischen Men-

46 «Für den AO weist die empirische Welt als Manifestation und Symbol über ihre vordergründige Wirklichkeit hinaus. Es findet eine ständige Osmose zwischen Tatsächlichem und Symbolischem, und umgekehrt auch zwischen Symbolischem und Tatsächlichem statt. Diese Offenheit der alltäglichen, irdischen Welt auf die Sphären göttlich-intensiven Lebens und bodenloser, vernichtender Verlorenheit hin ist wohl Hauptunterschied zu unserer Vorstellung der Welt als eines praktisch geschlossenen mechanischen Systems ... Die Welt

schen, und das heißt auch für die ersten Leser der Evangelien, sind alle Vorgänge aus sich heraus bedeutungsgeladen. Im Unterschied dazu stellen für uns Geschehnisse zunächst reine Fakten dar, die erst nachträglich Bedeutung zugesprochen bekommen.[47]

Mit Origenes und erst recht mit Augustinus ändert sich das Wirklichkeitsverständnis des alten Orients. Die Unterscheidung einer buchstäblichen und historischen Sinnebene von einer geistigen (allegorischen oder symbolischen) Ebene macht das deutlich. In ihrer weiteren Entwicklung hat die Theologie versucht, auf einer höheren Stufe der Bewusstseinsgeschichte diese Sinndimensionen zusammenzuführen. Bezeichnenderweise gehen Blavatsky und Strauß jedoch auf die Trennung der Ebenen des Schriftsinns zurück. Bei Blavatsky haben wir beobachtet, wie sie über der unmittelbar-wörtlichen Sinnebene des Evangelientextes wiederum eine höhere symbolische Bedeutung geltend macht, beispielsweise für die Rede vom «Vater» oder dem «Gott» die Bedeutung der «Individualität». Für Augustin war der Blindgeborene auf der geistigen Ebene

ist nach biblischer und AO Vorstellung auf das Über- und Unterirdische hin offen und durchsichtig. Sie ist keine tote Bühne.» Othmar Keel: *Die Welt der altorientalischen Bildsymbolik und das Alte Testament*, Neukirchen 1996, S. 47.

47 «Während nach unserem Verständnis die wahrnehmbare Welt ein mehr oder weniger geschlossenes System ist, das wir auf seine naturgesetzlichen Ordnungen hin untersuchen, während für uns Geschehnisse reine Fakten darstellen, denen wir erst nachträglich Sinn und Bedeutung geben, indem wir sie in evolutive oder historische Zusammenhänge einordnen, sind naturhafte wie geschichtliche Ereignisse für den altorientalischen und biblischen Menschen Signale, die eine Botschaft enthalten.» Gisela Kittel: Das leere Grab als Zeichen für das überwundene Totenreich, in: *Zeitschrift für Theologie und Kirche*, 96. Jahrgang, Heft 4, Dezember 1999, S. 458.

die Menschheit, die seit dem Sündenfall von Natur aus geistig blindgeboren ist. Für Origenes war er Sinnbild aller Menschen, die «das Wort nicht bewahrt haben», das mit dem Licht der Welt identisch ist.

Blavatsky setzt von der Methode her durchaus vergleichbar an. Auch Strauß geht nach seiner überaus kritischen Darstellung der Evangelien als historischer Dokumente zu einer höheren, nämlich symbolischen Sinnebene über. Er spricht den Evangelien zuletzt einen symbolischen Sinn zu, der ihren Verfassern allerdings nicht bewusst war. Für ihn geht es in der Darstellung der Gestalt Jesu symbolisch um die philosophische Idee der Einheit von Gott und Mensch. Das wahre Dasein des Geistes kann nur als Einheit von Gott und Mensch gedacht werden. Weder Gott kann für sich bestehen noch der Mensch, sondern nur beider Einheit, der «Gottmensch», hat Wahrheit.[48] Diese höchste philosophische Wahrheit, die Strauß der Philosophie Hegels entnommen hat, lebt aber nicht unmittelbar im Bewusstsein der Menschheit. Die Religion ist der Weg des Bewusstseins hin zu dieser Einsicht. Da alle Menschen zu ihr finden sollen und nicht nur die Philosophen, muss sie ganz

48 «So wenig der Mensch als bloß endlicher und an seiner Endlichkeit festhaltender Geist Wahrheit hat: so wenig hat Gott als bloß unendlicher, in seiner Unendlichkeit sich abschließender Geist Wirklichkeit; sondern wirklicher Geist ist der unendliche nur, wenn er endlichen Geistern sich erschließt: wie der endliche Geist nur dann wahrer ist, wenn er in den unendlichen sich vertieft. Das wahre und wirkliche Dasein des Geistes also ist weder Gott für sich, noch der Mensch für sich, sondern der Gottmensch; weder allein seine Unendlichkeit, noch allein seine Endlichkeit, sondern die Bewegung des sich Hingebens und Zurücknehmens zwischen beiden, welche von göttlicher Seite Offenbarung, von menschlicher Religion ist.» David Friedrich Strauß: *Das Leben Jesu, kritisch bearbeitet*, a.a.O. (Anm. 44), S. 730.

konkret gestaltet werden. Es muss ein Mensch in der Geschichte auftreten, der historisch als Gottmensch verstanden werden kann.[49]

Der Religionskritiker und Hegelianer Strauß und die «esoterisch-buddhistische» Theosophin wohnen erstaunlich nah beieinander. Auch für Strauß ist der Begriff des Gottmenschen, den Blavatsky aus der «Theurgie» des Neuplatonismus herleitet, der Schlüssel zu einem Verständnis der Religion und auch der Evangelien. Der Religionsphilosoph und die Theosophin leben nur trotz dieser erstaunlichen Nähe in unterschiedlichen Weltbildern. Beide befinden sich im Kinosaal ihrer jeweiligen Weltanschauung und haben vergessen, dass es eine Welt außerhalb gibt. In Blavatskys Film gibt es übersinnliche Kräfte und Gegebenheiten, gibt es Reinkarnation und Karma. Vor diesem Hintergrund deutet sie «die Werke des Gottes in ihm». Das gibt es im Film von Strauß nicht. In diesem gibt es aber die Philosophie Hegels, in deren Spuren Jesu Wort «Ich und der Vater sind eins» von der realen «Idee des Gottmenschen» spricht.

49 «Ist die Menschheit einmal reif dazu, die Wahrheit, dass Gott Mensch, der Mensch göttlichen Geschlechtes ist, als ihre Religion zu haben: so muss, da die Religion die Form ist, in welcher die Wahrheit für das gemeine Bewusstsein wird, jene Wahrheit auf eine gemein verständliche Weise, als sinnliche Gewissheit, erscheinen, d.h. es muss ein menschliches Individuum auftreten, welches als der gegenwärtige Gott gewusst wird.» Ebd., S. 730f.

6. Karma und Gottesverständnis

Rudolf Steiner hat keinen Kommentar zum Johannesevangelium verfasst, keine Monografie des vierten Evangeliums geschrieben. Er kommt freilich schon in seinem 1902 veröffentlichten Buch *Das Christentum als mystische Tatsache* im Rahmen einer kritischen Auseinandersetzung mit dem religionswissenschaftlichen Schriftsteller Ernest Renan auf die Geschichte von der Erweckung des Lazarus zu sprechen. In den nächsten zehn Jahren wird er dann in mehreren kleineren und größeren Vortragsreihen das Johannesevangelium immer wieder im Kontext seiner Theosophie erörtern. Bei der schon früh verbreiteten Hamburger Vortragsreihe, die unter dem Titel «Das Johannes-Evangelium» gehalten wurde, handelt es sich gleichermaßen um eine Einführung in die Theosophie/Anthroposophie wie auch um eine ungewöhnliche Interpretation des vierten Evangeliums.

Steiner war seit 1902 Vorsitzender der deutschen Sektion der Theosophischen Gesellschaft, die sich zusammen mit dem überwiegenden Teil der Mitglieder 1912 von dem angelsächsischen Teil trennte. Er begründete mit der Trennung die Anthroposophische Gesellschaft. Was er bis dahin «Theosophie» genannt hatte, wurde von nun an unter dem Namen «Anthroposophie» fortgeführt und weiterentwickelt. Steiner knüpfte mit diesem Namen an die europäische Tradition an. Er fand ihn im Titel eines Werks des Philosophen Robert Zimmermann.[50]

50 «Anthroposophie ist der Name des Buches. Die Philosophie, welche denselben wählt, will damit angedeutet haben, dass es weder

Zimmermann grenzt sich in seiner *Anthroposophie im Umriss* einerseits von spekulativer Philosophie ab, die seiner Auffassung nach auf Theosophie hinauslaufe, andererseits aber auch von «kritikloser» Anthropologie. Zimmermann will sich auf Erfahrung gründen, aber sich nicht auf sie beschränken. Seine Idee eines solchen Zwischenraumes zwischen spekulativer und mystischer Gottesweisheit und philosophischer Anthropologie scheint mir von kaum zu überschätzender Bedeutung. Es ist auch ein Zwischenraum zwischen absolutem Wissen und Skepsis.

Nun kommt für die Texte Steiners, denen wir uns im Folgenden zuwenden wollen, aber noch etwas anderes hinzu. Die mitgeschriebenen und zunächst meist von Marie Steiner und fast immer ohne Steiners Durchsicht veröffentlichten Vorträge suggerieren von ihrer Aufmachung in der Gesamtausgabe her, dass es sich um geschriebene Bücher handelt. In Wahrheit sind es freilich Momentaufnahmen einer engagierten und sich rasch entwickelnden Lehrtätigkeit an verschiedenen Orten, vor unterschiedlichem Publikum. Steiner hatte die Aufgabe, gleich-

ihr Ziel sei, wie das der speculativen Schule, Theosophie, noch ihr genüge, wie empirischer Unphilosophie, kritiklose Anthropologie zu sein. Wenn derselben – nicht zu ihrem Leidwesen – die speculativen Schwingen fehlen, um mit ikarischem Aufflug das gottgleiche Wissen des theocentrischen Standpunktes der ersteren zu erreichen, so mangelt ihr nicht weniger die in mancher Hinsicht beneidenswerthe Gabe, über die Schranken und Widersprüche, die der gemeine Erfahrungsstandpunkt in sich trägt, das kritische Auge zuzudrücken. Ihr Wunsch geht dahin, anthropocentrisch d. i. ‹Menschenwissen› und doch Philosophie d.h. von der Erfahrung aus›, aber, wenn es das logische Denken erfordert, über dieselbe hinausgehende Wissenschaft zu sein.» Robert Zimmermann: *Anthroposophie im Umriss. Entwurf eines Systems idealer Weltansicht auf realistischer Grundlage*, Wien 1882, S. VII.

zeitig sowohl zu neu hinzugekommenen Menschen zu sprechen wie auch zu langjährigen Mitgliedern, zu Menschen, die die Schriften H. P. Blavatskys und Annie Besants schon (noch) kannten, und anderen, die weniger stark zum Buddhismus hingezogen waren. Steiner knüpfte nur selten ausdrücklich an diese damals in theosophischen Kreisen bekannten Texte an, verwandelte früh deren Positionen und entfernte sich dabei fließend immer weiter davon.

Zu den grundlegenden Unterschieden gehört auch, dass Steiner, anders als Blavatsky und Besant, Sinnet, Judge und alle anderen theosophischen Autoren, sich nicht auf Mitteilungen von Mahatmas oder anderen Eingeweihten beruft, sondern sich und seinen Lesern und Hörern grundsätzlich Rechenschaft über die Methoden seiner geistigen Forschung gibt, ja eine ausgeprägte Theorie «höherer Erkenntnis» entwickelt.[51] Er vermittelt seinen Lesern ein immer wieder neu entfaltetes Konzept von «Geisteswissenschaft». So wohltuend das ist, kommt man von Blavatsky oder auch Besant her, so stellt sich doch langfristig die Irritation ein, dass keine Gemeinschaft gleichgesonnener Geisteswissenschaftler in die Öffentlichkeit getreten ist. Blavatsky und die anderen genannten Autoren der theosophischen Gesellschaft scheiden hier aus. Einzig der Außenseiter C. G. Harrison kommt vom Stil seiner Autorschaft und vieler Inhalte in seinem Werk *Das Transcendentale Weltenall* als ein solcher «Kollege» meinem Verständnis nach eingeschränkt infrage.[52] Das Pro-

51 Vgl. dazu nicht nur *Wie erlangt man Erkenntnisse der höheren Welten?*, GA 10, Dornach 2022, sondern auch *Die Geheimwissenschaft im Umriss*, GA 13, Dornach 2021.

52 C. G. Harrison: *Das Transcendentale Weltenall. Sechs Vorträge über Geheimwissen, Theosophie und den katholischen Glauben*, gehalten vor der ‹Berean Society› 1898.

blem der Steinerschen Rede von der Geisteswissenschaft, in deren Namen er immer wieder spricht, ist vor allem die Tatsache, dass uns keine sonstige Forschungsliteratur vorliegt und auch von Steiner neben den wenigen geschriebenen Büchern primär eine beeindruckende Menge von Publikumsvorträgen.[53] Selbst in so gediegenen Werken wie der *Theosophie* von 1904 und der *Geheimwissenschaft im Umriss* von 1910 fehlt ein Ansatz zu einer Auseinandersetzung mit den anderen Autoren, die inhaltlich verwandte Themen bearbeitet haben.

Das kritische Anknüpfen an David Friedrich Strauß

Der Vortrag, in dem sich Steiners früheste uns überlieferte Aussagen zur Geschichte des Blindgeborenen finden, will das Verhältnis zwischen Theosophie und Christentum erörtern. Unerwartet ist, dass Steiner den Vortrag dazu durch eine Auseinandersetzung mit der Religionsphilosophie von David Friedrich Strauß eröffnet. Ähnlich wie Strauß will er

53 Vgl. die Phänomenbeschreibung Ulrich Kaisers hierzu: «Widersprüchlich ist, dass Anthroposophie Wissenschaft sein möchte, aber sich in ihren Aussagen auf die Darstellung nur einer Person zu verlassen scheint. Und dass diese Darstellung nicht selten den Rahmen dessen überschreitet, was wir als Wissenschaft gewohnt sind anzusehen. Rudolf Steiner, diese Person, greift Themen der Esoterik in einer Weise auf, die oft den uns geläufigen Vorstellungshorizont überschreitet. Er spricht zwar öffentlich, spricht immer wieder in akademischen Kreisen, spricht aber in der Hauptsache vor seinem eigenen Publikum, Mitgliedern der Theosophischen, später Anthroposophischen Gesellschaft, ihm zugewandten Menschen.» Ulrich Kaiser: *Der Erzähler Rudolf Steiner. Studien zur Hermeneutik der Anthroposophie,* Frankfurt am Main 2020, S. 15.

in der von ihm vertretenen *Theosophie* den Wunderglauben verabschieden; ähnlich wie Strauß will er ohne Zweiteilung in Wissen und Glauben auskommen. Wie wir schon gesehen haben, problematisiert Strauß alle Wundererzählungen und darunter ganz besonders die wundersamen Geburtsgeschichten, die sich bei Lukas und Matthäus finden. Damit steht er in seiner Zeit nicht allein. Betrachtet man diese Geschichten jedoch lediglich als fromme Legenden, so wird aus Jesus aber mehr und mehr der später von Harnack so bezeichnete «schlichte Mann aus Nazareth». Strauß will aber etwas anderes, wenn er die Geburtsgeschichten symbolisch interpretiert. Das, was Lukas und Matthäus – sich widersprechend – erzählen, hat nicht stattgefunden, das steht für ihn fest. Aber diese Geschichten transportieren einen symbolischen Inhalt, der geradezu das Gegenteil einer frommen Legende ist. In diesen Geburtserzählungen wird die Gestalt Jesu als Gottmensch konkret, auch wenn das so von den Autoren selbst nicht gemeint war. Für Strauß ist Jesus als Gottmensch die «Versinnlichung» der Idee der menschlichen Gattung. Die Möglichkeit, in Jesus eine symbolische Darstellung der menschlichen Gattung als Gottmensch erkennen zu können, ist der eigentliche Sinn der wundersamen Geburtsgeschichten. Deshalb haben die Evangelien in der Religionsgeschichte eine Aufgabe erfüllt, die Strauß als «Belebung der Idee der Menschheit» beschreibt. Es geht darum, dass ihre Leser, dass alle einzelnen Menschen des «gottmenschlichen Lebens der Gattung» teilhaftig werden.

Die Idee der Menschheit wird für Strauß in Jesus damit als konkretes Individuum anschaubar.[54] Steiner hat das in seinen

54 «Dies allein ist der absolute Inhalt der Christologie: dass derselbe an die Person und Geschichte eines Einzelnen geknüpft erscheint,

Welt- und Lebensanschauungen im neunzehnten Jahrhundert, die 1900 erschienen sind, nachdrücklich herausgestellt. Strauß sei es gelungen, sowohl dem naiven Wunderglauben wie auch der von aufklärerischen Interpreten vertretenen relativistischen Auffassung zu entgehen. Diese Auffassung ging davon aus, dass es sich bei den Wundern um inszenierte Täuschungen und bei anderen Glaubensinhalten um bloße zweckdienliche Erfindungen gehandelt habe. Für Strauß aber – so betont Steiner demgegenüber – seien Tod und Auferstehung wirksame Bilder für die Erhebung des menschlichen Bewusstseins vom endlichen zum unendlichen Standpunkt. Im Mythos sei die Idee der Menschheit dichterisch gestaltet worden, noch bevor sie philosophisch erfasst werden konnte. Strauß gelinge es mit dieser Auffassung, sowohl der trivialen Unterstellung absichtlicher Täuschung zu entkommen wie auch der naturalistischen Erklärung vermeintlicher Wunder.[55]

hat nur den subjektiven Grund, dass dieses Individuum durch seine Persönlichkeit und seine Schicksale Anlass wurde, jenen Inhalt in das allgemeine Bewusstsein so zu erheben, und dass die Geistesstufe der alten Welt, und des Volks zu jeder Zeit, die Idee der Menschheit nur in der konkreten Figur eines Individuums anzuschauen vermag.» David Friedrich Strauß: *Das Leben Jesu, kritisch bearbeitet,* a.a.O. (Anm. 43), S. 735f.

55 «Die Geschichte des Gottessohnes wird so für Strauß zum Mythus, in dem die Idee der Menschheit dichterisch gestaltet wurde, lange bevor sie von den Denkern in der Form des reinen Gedankens erkannt wurde. ... Wie die Menschheit von ihren endlichen Interessen, dem Leben des Alltags, sich erhebt zu ihren unendlichen, zur Erkenntnis der göttlichen Wahrheit und Vernünftigkeit: das stellt der Mythus in dem Bilde des sterbenden und auferstehenden Heilandes dar. Das Endliche stirbt, um als Unendliches wieder zu erstehen.» Rudolf Steiner: *Die Rätsel der Philosophie,* GA 18, Dornach 1985, S. 302f.

In der stark erweiterten Neuauflage von 1914, die unter dem Titel *Die Rätsel der Philosophie* erschienen ist, interpretiert Steiner Strauß dann noch deutlicher aus der inzwischen entwickelten anthroposophischen Perspektive heraus. Strauß gründe das menschliche Selbstbewusstsein außerhalb der einzelnen Persönlichkeit in einer Art Menschheitsseele.[56] Dabei hat sich Steiner jedoch in keiner der beiden Auflagen eigens mit dem Christentum beschäftigt. Die Inhalte des Christentums tauchen bei ihm als ein besonderes Thema mit dem Eintritt in den Sprachraum der Theosophie auf, sofern man nicht das Nietzsche-Buch mit seiner vernichtenden Kritik des Christentums von 1895 mitrechnen will. Hier finden wir Nietzsches Fundamentalkritik des Christentums von Steiner erstaunlich ungebrochen und enthusiastisch referiert.[57] Wenn Steiner jetzt also im Vortrag vom 4. Januar 1904 das Verhältnis zwischen Theosophie und Christentum zu erörtern beginnt, setzt er ganz konsequent zu seiner Vorgeschichte nicht mit den theologischen Ansätzen seiner Zeit ein, auch nicht mit Blavatsky oder Besant, sondern mit David Friedrich Strauß.

Von Strauß her das Christentum positiv und neu aufzufassen ist jedoch alles andere als selbstverständlich. Es ist fast so, als würde in gut hundert Jahren der Exponent einer neuen phi-

56 «Und zugleich will er das menschliche Selbstbewusstsein in einer Wesenheit verankern, die außerhalb der einzelnen Persönlichkeit liegt, indem er die ganze Menschheit als eine Verkörperung des Gottwesens sich vorstellt. Dadurch gewinnt er für die einzelne Menschenseele eine Stütze in der All-Menschenseele, welche ihre Entfaltung in dem Verlauf des geschichtlichen Werdens findet.» Rudolf Steiner: *Die Rätsel der Philosophie,* ebd., S. 303f.

57 Vgl. David Marc Hoffmann: Rudolf Steiners Hadesfahrt und Damaskuserlebnis, in: Rahel Uhlenhoff (Hrsg.): *Anthroposophie in Geschichte und Gegenwart,* Berlin 2011, S. 106ff.

losophischen Strömung an Helmut Zanders Werk *Anthroposophie in Deutschland* anknüpfen, um anschließend ein ganz neues positives Verständnis der Anthroposophie zu entwerfen. Entgegen allen Erwartungen würde daraus – wenn wir den Vergleich ausspinnen wollen – keine doppelt kritische Darstellung der Anthroposophie hervorgehen, sondern eine Interpretation der Werke Rudolf Steiners, die zwar vielleicht viele anthroposophische Schriften der direkten «Schüler» Steiners pauschal als apologetisch und hagiografisch befangen ausklammert, aber ganz im Gegensatz zu Helmut Zander und zur großen Überraschung der zukünftigen Leser zu einer grundlegenden Anerkennung des Steinerschen Werkes und seiner geistesgeschichtlichen Bedeutung durchdringt.

Steiners Auseinandersetzung mit dem Christentum beginnt in unserem Vortrag von 1904 mit der Frage nach dem Wesen Jesu. Er zieht dazu das Johannesevangelium heran, von dem her er – anders als üblich – die Synoptiker verstehen will. Aber das leuchtet sehr ein, denn das, was im Johannesevangelium an die Stelle der Geburtsgeschichten tritt, ist der Prolog und die Taufe am Jordan. Tatsächlich konsterniert der Prolog des Johannesevangeliums ein aufgeklärtes und philosophisch gebildetes Bewusstsein viel weniger als die naiv anmutenden Geburtsgeschichten des Matthäus und des Lukas. Dass Christus kein Mensch wie andere Menschen ist, sondern ein Gottmensch, stellen Matthäus und Lukas in ihren legendenartigen Geburtserzählungen dar und das Johannesevangelium in den philosophisch anmutenden hymnischen Worten des Prologs. Der «Logos» war immer schon da, war das Leben der Menschen, und er wurde zum Licht, das in die Finsternis schien. Einzelne Menschen haben dieses Licht aufgenommen. Sie sind «nicht aus Blut, nicht aus dem Willen des Fleisches, nicht aus menschlichem Willen, sondern aus Gott geworden». – Vor diesem johanneischen Hintergrund könne man erst wirklich verstehen, so Steiner, warum das Matthäusevangelium die Geburt Jesu als eine Geburt aus Gott bezeichne. Jesus, so legt er nahe, war nämlich einer dieser im Prolog genannten wenigen Menschen, die das Licht der Welt aufgenommen haben und daraufhin nicht nur aus Blut, oder dem «Willen des Fleisches», sondern aus Gott geboren sind. Jesus war also ein Wiedergeborener, ein Eingeweihter. Das ist auch die Interpretationsperspektive der Theosophin Annie Besant in ihrem 1901 erschienenen Buch über das esoterische Christentum.[58] Steiner betont jedoch, dass ausschließlich Jesus «die ganze Fülle der Unendlichkeit des Geistes» in sich «darstellen» konnte.[59] Das unterscheidet ihn von allen anderen Wiedergeborenen, und aus diesem Grund habe gerade «diese Persönlichkeit ihre einzigartige Bedeutung für die ersten christlichen Lehrer» bekommen. – Steiner ist

58 «Die Mysterien, von denen man in der Geschichte als von den ägyptischen spricht, waren die Schatten der wahren Dinge ‹in dem Berge›, und dort empfing der junge Hebräer die feierliche Weihe, die ihn für das königliche Priestertum ausstattete, das er später erlangen sollte. ... übermenschliche Reinheit und Hingebung machten den Menschen Jesus, den Schüler, geeignet, der Tempel einer höheren Macht, einer mächtigen, innewohnenden Wesenheit zu werden.

Es war die Zeit gekommen für eine jener göttlichen Offenbarungen, die von Zeit zu Zeit stattfinden, um der Menschheit zu Hilfe zu kommen, wenn es am Vorabende einer neuen Zivilisation, zur Förderung der geistigen Entwicklung der Menschheit, eines neuen Antriebs bedarf.» Annie Besant: *Esoterisches Christentum.* Die Wahrheiten des Christentums aus esoterischer Sicht, Leipzig, 2. Aufl. 1911 (1. Aufl. 1901 engl. – 1903 dts.), unveränderter Nachdruck München 1997, S. 89.

59 Theosophie und Christentum, Vortrag vom 4. Januar 1904 in Berlin, in: *Spirituelle Seelenlehre und Weltbetrachtung,* GA 52, Dornach 1986, S. 70.

hier mit der Rede von einer «Darstellung der Unendlichkeit des Geistes» noch durchaus weit von seinen späteren Auffassungen zu dem Prozess der Inkarnation Christi entfernt. In den Vorträgen *Aus der Akasha-Forschung* von 1913/14 (GA 148) wird er diese Inkarnation als einen schmerzhaften dreijährigen Weg Gottes in dem Menschenleib beschreiben, der sich von der Taufe am Jordan bis zum Tod auf Golgatha erstreckt. Der Unterschied zwischen Jesus und den vielen Eingeweihten beschränkt sich damit nicht länger darauf, dass Letztere den Geist nur partiell darstellen, dieser aber absolut. Dieser Unterschied erweitert sich zu dem Gedanken der wirklichen und einmaligen Inkarnation des Logos, die keine mystische Wiedergeburt Jesu ist. 1904 in Berlin aber macht Steiner jedoch noch keinen grundlegenden Unterschied zwischen der Aufnahme des Lichts, die den Menschen zum Eingeweihten macht, und der Fleischwerdung des Logos.

Steiner liest Vers 14 (Fleischwerdung) als weitere Erläuterung von Verse 12 bis 13 (Wiedergeburt), das heißt, er interpretiert die Fleischwerdung als Wiedergeburt und damit Jesus als Eingeweihten:

> Was sollte kommen in Jesus Christ? Aber gleich hören wir, dass es schon da war. «Es war in der Welt. Aber die Welt hat es nicht erkannt. In die einzelnen Menschen kam es, aber die einzelnen Menschen nahmen es nicht auf. Die es aber aufnahmen, die konnten sich durch dasselbe als Gottes Kinder offenbaren. Die, die seinem Namen vertrauten, sind nicht aus Blut, nicht aus dem Willen des Fleisches, nicht aus menschlichem Willen, sondern aus Gott geworden.»
>
> Hier haben Sie in einer, wie ich glaube, einigermaßen richtigen und sinngemäßen Übersetzung die Bedeutung des Fleisch gewordenen Gottes und zu gleicher Zeit die

> Bedeutung dessen, was es heißt: «Und Christus ist nicht auf menschliche Art geboren.» Das «Wort» war immer da, und jeder einzelne Mensch sollte in seinem Inneren, in seinem Urbeginn, einen Christus gebären. In unserem Herzen haben wir alle die Anwartschaft auf Christus.[60]

Bis zum Ende des Zitates von Vers 13 («... sondern aus Gott geboren») kann man Steiners Erörterung noch so lesen, wie man es von seinen späteren Darstellungen gewohnt ist: dass das Wort, das die Welt geschaffen hat, von auserwählten Menschen aufgenommen wurde, dass der, der das Wort (das Licht) aufnahm, «wiedergeboren» wurde und dann nicht ‹aus dem Willen des Fleisches, nicht aus menschlichem Willen, sondern aus Gott geboren› war. Wer die späteren Vorträge Steiners kennt, muss freilich erwarten, dass der folgende Vers 14 («... und das Wort ist Fleisch geworden») dann von etwas qualitativ anderem spricht, nicht von der Aufnahme des Lichtes, die den Menschen zum Wiedergeborenen macht, sondern von der Inkarnation des Wortes selbst, von dessen «Fleischwerdung». Aber Steiner zieht hier jetzt schon die Verse 12 bis 13, die von der Wiedergeburt handeln, sowohl zur Erläuterung der Fleischwerdung wie auch zur Erläuterung des tieferen Sinns der legendenhaften Geburtsgeschichten von Matthäus und Lukas heran. Deren Aufgabe ist es, ein typisches Eingeweihtenleben zu beschreiben.[61]

Der uns von 1904 überlieferte Vortragstext versteht also die Fleischwerdung des Wortes in Vers 14 des Prologs als fließenden Übergang von einer allgemeinen Darstellung der Wieder-

60 Ebd., S. 69.

61 Vgl. Rudolf Steiner: *Das Christentum als mystische Tatsache und die Mysterien des Altertums,* GA 8, 9. Aufl., Dornach 1989 (1902/1910/1925), S. 111f.

geburt des Menschen zur Darstellung Jesu als eines besonderen Wiedergeborenen. Jesus hat ebenfalls das Licht aufgenommen und wurde deshalb «nicht aus dem Willen des Fleisches, nicht aus menschlichem Willen, sondern aus Gott geboren». Der Vers 14, der von der Fleischwerdung des Wortes spricht und der Ausstrahlung (Doxa: «Herrlichkeit») des eingeborenen Sohnes, der unter uns gewohnt hat, vollendet die begonnene Darstellung von der Gotteskindschaft. Jesus hat das Licht der Welt aufgenommen und hat dadurch eine mystische Wiedergeburt erfahren, in deren Folge der Gottesgeist, der die Welt geschaffen hatte, nun in ihm wohnte.

Von der Idee der Menschheit zur nathanischen Seele

Aber wer Steiners spätere Darstellungen zur lukanischen Geburtsgeschichte und zur Wesenheit des lukanischen Jesus vom September 1909 in Basel schon kennt, wird gerade durch den Vergleich mit Strauß noch etwas anderes sehen, was sich hier bei Steiner anbahnt. Bei Strauß ist es die Idee der Menschheit, die in dem von den Evangelisten erzählten Jesus als konkretes Individuum anschaubar wird. Bei Steiner stehen wir schließlich in seinen Vorträgen über das Lukasevangelium (September 1909 in Basel) und über das Matthäusevangelium (September 1910 in Bern) vor der Vorstellung, dass sich das wesenhaft inkarniert, was einem bei Strauß als bloße Idee begegnet, die «in der konkreten Figur eines Individuums» (so Strauß, siehe Anm. 54) lediglich sinnlich anschaulich wird.

Wenn wir also den 1904 einfach nur abgewiesenen Straußschen Gedanken nehmen und ihn mit Steiners fünf Jahre später vorgetragener Interpretation des Lukasevangeliums aus dem Jahre 1909 vergleichen, dann wird geradezu eine beeindruckende Metamorphose sichtbar: Der in dem nathanischen Jesus des Lukasevangeliums erstmals inkarnierte Mensch, die «nathanische Seele», ist der Urmensch vor dem Sündenfall, der unschuldige Adam. Nur dessen Schwesterseele, der sogenannte «Alte» Adam, hat den Sündenfall und die Vertreibung aus dem Paradies durchgemacht und den Weg durch seine Inkarnationen angetreten, der ihn schließlich in die Inkarnation des Täufers geführt hat.[62] Was bei Strauß ein abstrakter philosophischer Gedanke blieb, das wird bei Steiner so konkret, dass er die Erzählung des Lukasevangeliums weniger interpretiert als erweitert. Mit den Worten des berühmten «Systemfragments» gesprochen, als dessen Autor man wechselnd den jugendlichen Hölderlin, Schelling oder Hegel vermutet hat, dürfen wir diese Geschichte vielleicht als Teil der erwarteten «Mythologie der Vernunft»[63] auffassen.

62 Vgl. Rudolf Steiner: *Das Lukas-Evangelium*, GA 114, Dornach 2015, Vortrag vom 19. September 1909 in Basel.

63 «Die Poesie bekommt dadurch eine höhere Würde, sie wird am Ende wieder, was sie am Anfang war – Lehrerin der Menschheit; denn es gibt keine Philosophie, keine Geschichte mehr, die Dichtkunst allein wird alle übrigen Wissenschaften und Künste überleben. Zu gleicher Zeit hören wir so oft, der große Haufen müsse eine sinnliche Religion haben. Nicht nur der große Haufen, auch der Philosoph bedarf ihrer. Monotheismus der Vernunft und des Herzens, Polytheismus der Einbildungskraft und der Kunst, dies ist's, was wir bedürfen. Zuerst werde ich hier von einer Idee sprechen, die, soviel ich weiß, noch in keines Menschen Sinn gekommen ist – wir müssen eine neue Mythologie haben, diese Mythologie aber muss im Dienste der Ideen stehen, sie muss eine Mythologie der Vernunft werden. Ehe wir die Ideen ästhetisch, d. h. mythologisch machen, haben sie für das Volk kein Interesse; und umgekehrt, ehe die Mythologie vernünftig ist, muss sich der Philosoph ihrer schämen.

Lässt man die so angedeutete erweiterte Geburtsgeschichte aus Steiners Darstellungen aus den Jahren 1909 bis 1910 auf sich wirken, so kann der Eindruck entstehen, dass bei den Synoptikern die von Strauß geahnte «Gattungsidee» der Menschheit für Steiner nun nicht nur – wie für Strauß – vorphilosophisch als «Versinnlichung» verständlich, sondern als Inkarnation geschichtlich real wurde. Wir können deshalb in Steiners weiterer Entwicklung eine Wahrheit entdecken, die rückblickend im Grundgedanken von Strauß so etwas wie eine Teilwahrheit sichtbar werden lässt, eine Tiefendimension, die Strauß selbst natürlich nicht hatte denken wollen und können.[64]

So müssen endlich Aufgeklärte und Unaufgeklärte sich die Hand reichen, die Mythologie muss philosophisch werden und das Volk vernünftig, und die Philosophie muss mythologisch werden, um die Philosophen sinnlich zu machen. Dann herrscht ewige Einheit unter uns.» Hegel, Schelling, Hölderlin: *Das älteste Systemprogramm des Deutschen Idealismus* (1796 oder 1797), in: Georg Wilhelm Friedrich Hegel: *Werke. Band 1*, Frankfurt am Main 1979, S. 236f.

64 Zu Steiners Kritik an Strauß vgl. auch die theologische Stimme Klaus Bannachs: «Aber Steiners Kritik an der historisch-kritischen Methode der Bibelexegese bleibt nicht so ungenau und global. Sie zielt ganz präzise auf einen bestimmten Punkt. Sie zielt auf David Friedrich Strauß. Dieser habe den Anfang gemacht mit dieser Art, die Bibel zu lesen. Und das habe ihn dazu gebracht, die Menschwerdung Gottes in einem bestimmten historisch fassbaren Menschen in Abrede zu stellen und Jesus Christus als ein Symbol dafür anzusehen, dass Gott sich in der Menschheit insgesamt inkarniert habe! Damit fällt aber in den Augen Steiners die Bedeutung Christi für die menschliche Individuation dahin, für die es gerade entscheidend ist, dass sich Gott in einem historisch greifbaren Individuum offenbart, was freilich, da es Gott ist, der sich in dem historisch greifbaren Individuum offenbart, seine Konsequenz für die Menschheitsgeschichte insgesamt hat.» Klaus Bannach: *Anthroposophie und Christentum – eine systematische Darstellung ihrer Beziehung im Blick auf neuzeitliche Naturerfahrung*, Göttingen 1998, S. 432f.

Eine neue Beziehung zwischen Sünde und Sühne

Steiners Interpretation des Blindgeborenen von 1904 geht eine Interpretation der «Verklärung auf dem Berge» voraus, die er ebenfalls im Blick auf die Gottheit Jesu vornimmt, und somit in dieser Absicht neben die Geburtsgeschichten und den Prolog des Johannesevangeliums stellt. Drei auserwählte Jünger sollten die mystische Einsicht in die Gottheit Jesu vermittelt bekommen, die Einsicht dafür, dass Jesus der erwartete Messias ist. Es erscheinen auf dem Berg Moses und Elias. Christus selbst begegnet in leuchtender, verwandelter Gestalt, und eine Stimme aus dem Himmel ertönt mit den Worten: «Dies ist mein lieber Sohn, an welchem ich Wohlgefallen habe, den sollt ihr hören!» (Mt 17,5) Nun sollte der Verheißung nach jedoch vor dem Messias erst Elias wiederkommen. Dass Elias noch nicht gekommen zu sein schien, hinderte die Jünger deshalb noch daran – so unterstreicht Steiner –, in Jesus den Messias zu erkennen. Es heißt doch, so wenden die Jünger ja tatsächlich ein, dass ehe der Messias komme, der Elias kommt und ihn vorherverkünden wird. Als Christus jedoch betont, dass Elias schon da war, verstehen die Jünger, dass er von Johannes dem Täufer gesprochen hatte.[65]

Im Blick auf diesen Zusammenhang macht Steiner beiläufig darauf aufmerksam, dass Wiederverkörperung zu allen Zeiten in den Mysterien gelehrt wurde.[66]

65 Mt 17,12-13: «Doch ich sage euch: Es ist Elia schon gekommen, und sie haben ihn nicht erkannt, sondern haben an ihm getan, was sie wollten. Also wird auch des Menschen Sohn leiden müssen von ihnen. Da verstanden die Jünger, dass er von Johannes dem Täufer zu ihnen geredet hatte.»

66 Theosophie und Christentum, a.a.O. (Anm. 59), S. 78f.

Die Werke Gottes als «die göttliche Art, die Welt zu regieren»

Nicht nur die Verklärung auf dem Berg, sondern auch das Abendmahl interpretiert Steiner jetzt als Einweihung. Im Vorfeld weist er jedoch auf die Schwierigkeit dieser Interpretation hin und erinnert wie vorbeugend an den Paulus-Satz vom Buchstaben, der tötet, und dem Geist, der lebendig macht. Und nun gilt es, das schwierige Verständnis des Abendmahls zuvor noch durch die Geschichte vom Blindgeborenen vorzubereiten. Beim Blindgeborenen wie auch beim Abendmahl handelt es sich jeweils um die Einsetzung dessen, was Steiner das «unblutige Opfer» nennt. Das ist besonders für den Blindgeborenen verblüffend und könnte unter Zuhörern, die vielleicht Blavatskys Ausführungen im dritten Band der *Geheimlehre* kannten (die deutsche Übersetzung erschien seit Juli 1897 in einzelnen «Lieferungen»), Verwunderung hervorgerufen haben.

Steiner kommt nach dieser rätselhaften Rede vom unblutigen Opfer schließlich ohne Umschweife auf die uns ja schon wohlbekannte Frage der Jünger und die so schwer zu verstehende Antwort Jesu zu sprechen. Er zitiert sie mit einer Abweichung vom Originaltext: «Und die um ihn waren, die fragten: ‹Hat dieser gesündigt oder seine Eltern, dass er blind geboren ist *zur Strafe?* (Hervorhebung J.E.)› Der Christus antwortete: ‹Nicht dieser selbst hat gesündigt und auch nicht seine Eltern, aber er ist blind geboren, damit die Werke der Gottheit offenbar werden›, oder noch besser, ‹damit die göttliche Art, die Welt zu regieren, offenbar werde›.» Die Abweichung vom Originaltext bilden die Worte «zur Strafe».[67] Weder der Mann selbst noch seine Eltern haben gesündigt, das steht fest. Wie aber sieht die Alternative aus, die Steiner jetzt aus dem Christuswort herausliest? Es geht ihm um das Verhältnis von Sünde und Sühne und um den Tun-Ergehen-Zusammenhang. Ganz gleich, ob der Mann selbst gesündigt hätte oder ob es seine Eltern gewesen wären, hätte sich – der traditionellen Auffassung zufolge – das jeweils vorliegende Verhältnis von Sünde und Sühne ungebrochen innerhalb der physischen Welt abgespielt. Wenn die Sünde bei den Eltern und die Sühne bei dem Sohn liegen würde, wäre die Beziehung zwischen Verfehlung und Ausgleich durch Vererbung geknüpft, symbolisch gesprochen durch das «Blut». Wenn die Sünde und die Sühne innerhalb ein und desselben persönlichen Lebens aufeinander folgen würden, dann wäre das Blut nicht erforderlich, und in diesem Fall wäre die Beziehung zwischen Sünde und Sühne noch direkter. Aber in beiden Fällen würde sie in der irdischen Welt spielen.

Wir können uns zum Vergleich nochmals an die Hiob-Erzählung erinnern. Der allzu gerechte Hiob hat aus Sorge um bloß mögliche Verfehlungen seiner Söhne wiederholt vorbeugend Opfer gebracht. Die Sühne erfolgt dem Verständnis dieser Zeit zufolge entweder im willentlich erbrachten Opfer oder im erlittenen Schicksal als Ausgleich, ansonsten wäre die gerechte Ordnung der Welt infrage gestellt. So argumentiert Hiobs Freund Eliphas: «Wo ist ein Unschuldiger umgekommen? Oder wo wurden die Gerechten je vertilgt? Wohl aber habe ich gesehen: Die da Frevel pflügten und Unheil säten, ernteten es auch ein.» (Hiob 4,7-8)

Das Buch Hiob erzählt aber nun vom vergeblichen Versuch

67 Vgl. hierzu und zum Folgenden Rudolf Steiner: Theosophie und Christentum, a.a.O. (Anm. 59), S. 79ff.

der Freunde Hiobs, diese Weltanschauung vom gerechten Tun-Ergehen-Zusammenhang gegen Hiobs Unschuldsbeteuerung zu verteidigen. Nicht nur, dass sie Hiob nicht zu überzeugen vermögen – Gott selbst erklärt am Ende ihre Reden als schlecht.

Uns fällt es freilich leicht, den Anspruch der Freunde Hiobs als naiv abzutun. Heute gelten das Leid, der Schmerz und die Ungerechtigkeit in besonderem Maße als der verstandesmäßigen Erklärbarkeit entzogen. Dadurch bildet sich ein Einwand gegen jeden Versuch, Leben und Wirklichkeit umfassend als harmonisch-rationale Ordnung zu begreifen. Leid, Schmerz und Ungerechtigkeit sind auf der Seite des Lebens das, was auf der Seite des Erkennens der Bruch in der Logik ist, der Riss in der Architektur eines Systems und der unabwendbaren Notwendigkeit. Dabei treten uns die «Brüche» im Dasein immer deutlicher ins Bewusstsein, ja sie werden uns geradezu zum Wirklichkeitskriterium. Deshalb stellt sich aber schließlich die Frage, ob es überhaupt eine sinnhafte Ordnung der Welt geben kann. – Der Relativismuspol meldet sich in den meisten nichtreligiösen Zusammenhängen überdeutlich.

Alter und neuer Karmagedanke

In scharfem Kontrast zum Relativismuspol lesen wir beim Theosophen William Q. Judge vom «Fall» eines verkrüppelten Kindes, den er so erklärt: «Es ist sein Karma aus Gedanken und Handlungen in einem früheren Leben. Es hat eine missgestaltete Person so ausdauernd oder heftig verspottet, verfolgt oder verletzt, dass sich das deformierte Bild seines Opfers dem unsterblichen Gemüt des Übeltäters einprägte ...» Und er resümiert mit jener Überlegenheitsgeste, die uns das Hiob-Buch in den Argumentationen der Freunde Hiobs in ihrer rationalisierenden Überheblichkeit vor Augen führt: «Zusammen mit der Reinkarnation macht diese Lehre vom Karma das Elend und die Leiden der Welt verständlich. Die Natur kann dafür nicht verantwortlich gemacht werden.»[68]

Jeder solcher Schritt zur Behauptung einer letztlich totalen Ordnung der Welt ist ein Schritt zurück in die Gesinnung der Freunde Hiobs, die heute ein Anachronismus ist. In der Äußerung des Theosophen Judge erleben wir eine Kompensation der Relativierung, die damals schon begonnen hatte, vor den Wirkungen des Fundamentalismuspols, noch ein gutes Jahrzehnt vor der Veröffentlichung der *Fundamentals*. Wenn Steiner jetzt 1904 das Christuswort von den «Werken Gottes», die offenbar werden sollen, als die «göttliche Art, die Welt zu regieren», wiedergibt, stellt sich die Frage, wie nah oder fern er sich vom damals aufkommenden Fundamentalismuspol befindet.

Steiner spricht davon, dass die Ursache der Blindheit in einem vergangenen Erdenleben zu suchen sei, dass Christus das aber nur angedeutet habe, weil eine ganz andere Lehre herrschend war.[69] Nach der vorangegangenen Erörterung der Verklärung auf dem Berg hat Steiner seinen Zuhörern aber die Möglichkeit, dass die Jünger sich die Seelenwanderung vorstel-

68 William Q. Judge: *Das Meer der Theosophie*, München o. A. (1. Aufl. New York 1893), S. 188 und 122.

69 «Das, was wir Karma nennen, ist hier angedeutet, nicht ausgesprochen. Und gleich werden wir hören, warum solches nicht ausgesprochen ist. ... Hält man an der Lehre fest, dass es nur Sünde der Väter sein könne, dass es nur innerhalb der physischen Welt Schuld und Sühne gibt, dann müsste er leiden für das, was seine Väter begangen haben.» Theosophie und Christentum, a.a.O. (Anm. 59), S. 80.

len konnten, bereits nahegelegt. Jetzt geht es ihm also nicht um die Einführung des Reinkarnationsgedankens und auch nicht darum, dass die Bibel den bestätigt. Seine Interpretationsperspektive ist vielmehr das Verhältnis des Reinkarnationsgedankens zu jener herrschenden Vorstellung von der göttlichen Weltregierung, der zufolge die Sünden der Väter an den Söhnen gerächt werden. Er konstatiert in dem Christuswort einen Paradigmenwechsel in der Vorstellung von der gerechten Weltordnung. Wenn dieses Wort als Antwort auf die Jünger-Frage gelesen wird, dann gibt der Blindgeborene, sofern er die Frage in den Jüngern wachgerufen hat, Christus Anlass dafür, auf eine ganz andere Ordnung der Welt hinzuweisen, als sie die Jünger mit ihrer Frage im Sinn haben. Und so interpretiert Steiner gleichzeitig auch den Reinkarnationsgedanken durch diese Szene neu; er vollzieht gegenüber dem theosophischen Reinkarnationsgedanken geradezu einen Paradigmenwechsel, wie wir im Folgenden immer wieder beobachten werden.

Das wird im Vortrag von 1904 schon im nächsten Schritt deutlich, in dem Steiner den unschuldigen Kreuzestod Jesu als weiteres Beispiel für die Durchbrechung des Tun-Ergehen-Zusammenhangs anführt. Im Falle des Kreuzestodes ist der Zusammenhang auch nicht durch das Karma wieder durch die Hintertür hereinzuholen. Für die exoterische Lesart der Geschichte ist die Relativierung der Lehre vom Tun-Ergehen-Zusammenhang die unmittelbare Botschaft des Christuswortes von den Werken Gottes. Gott handelt anders als so, dass er durch Strafe Gerechtigkeit herstellen würde. Wer die Geschichte in der Steinerschen Perspektive von 1904 liest, kann darüber hinaus zwar auch die Reinkarnation darin angedeutet finden, aber eben wieder unter dem Aspekt einer radikalen Umwandlung oder Relativierung des Tun-Ergehen-Zusammenhangs.

Die alten Opfer, die zur Entsühnung gebracht wurden, haben die in der Sphäre der physischen Wirklichkeit begangene Schuld direkt dort ausgeglichen. Es waren «Blutopfer», die in dieser Sphäre gebracht wurden, und der mit dem Blut verbundene Erbstrom war die Grundlage für die Identität des Schuld-Subjektes, auch dann, wenn die Strafe die Nachkommen traf. Die Individualisierung hat sich als Emanzipation der einzelnen Persönlichkeit aus dem Familien-Ich vollzogen. Das Naturhafte und das Moralische sind dabei ebenfalls auseinandergetreten. Die Voraussetzung, die der erwarteten Antwortalternative der Jünger zugrunde lag, gilt nicht mehr. Aber deshalb ist die Welt nicht völlig ungerecht geworden. Es hat sich ein ganz anderes Verhältnis zwischen Schuld und Sühne entwickelt. Was das heißt, deutet Steiner durch den Bezug auf die Einsetzung des Abendmahls kurz vor dem unschuldigen Kreuzestod an. Indem Christus das Abendmahl einsetzt, stiftet er ein neues Opfer; Steiner nennt es das «unblutige Opfer» und will damit auf eine Brechung hinaus, die sich in der Beziehung zwischen Natur und Moral ereignet hat. Während zuvor der Abstand zwischen Sünder und Sühnendem durch den Blutstrom (Erbstrom) innerhalb der physischen Wirklichkeit und des physischen Lebens vermittelt wurde, gibt es nun einen ganz anderen Abstand, der erheblich größer ist, weil er gar nicht durch physische Beziehungen überbrückt werden kann. Er öffnet sich durch die Schwelle eines Todes und die einer neuen Geburt. Was im Menschen kann diesen Abstand überwinden?

Im Vorgriff auf die Vorträge vom 22. und 26. Mai 1908 in der Hamburger Reihe zum Johannesevangelium können wir sagen: Es ist das Licht der Welt, das in den Menschen, die es aufnehmen, das «Ich» erweckt. Dieses Ich gibt es in der Hüllenanthropologie Blavatskys nicht. Der Abstand, dessen Vermittlung zur Frage steht, ist uns aber bei Blavatsky und Olcott ebenfalls sichtbar geworden. Die Schlüsselwörter «Persönlichkeit» und «Individualität» hat Olcott geprägt, um das im Menschen, was den Abstand überbrückt, von dem zu unterscheiden, was ihn nicht überwinden kann (vgl. oben, S. 84f.). Auch Steiner benutzt diese Terminologie. Aber mit der Rede vom «Ich» des Menschen und dessen Erweckung durch das Ich bin des Christus bringt er dennoch etwas ganz Neues ins Spiel. Denn das Ich können wir nicht anders als sowohl persönlich wie überzeitlich denken. Es umgreift die Terminologie von Persönlichkeit und Individualität. Das Ich ist keine Monade oder Substanz. Es ist es selbst und zugleich auch mehr, nämlich das Andere seiner selbst. Es ist das Bewusstsein seiner selbst und zugleich auch das, was seinem Bewusstsein entzogen ist. Steiners Grundgedanke einer Ich-Anthropologie kommt von einer ganz anderen Seite aus zu ebenjenem Punkt, auf den Paul Ricœur mit seiner Hermeneutik des Ich bin zugeht. Es handelt sich um die Verwindung der Cartesischen Reduktion des Ich auf die je aktuelle, bewusst vollzogene Selbstvergewisserung und der Freudschen Entmachtung des Ich durch das Unterbewusste (vgl. oben, S. 24). Im Zwischenbereich dieser Pole wird Steiner später darlegen, wie der Mensch aus einer «höheren Vernünftigkeit» heraus unbewusst zu den Gelegenheiten geführt wird, eine bestimmte Krankheit zu entwickeln, in deren Durchleiden und Überwindung er Eindrücke sammeln kann, die ihm und den Opfern seines schlechten Handelns in ihren folgenden Lebensgeschichten zugutekommen.[70]

Dass das Karma somit nicht von außen über den Menschen verhängt wird, sondern im Menschen zu einem Bedürfnis wird,

70 Rudolf Steiner: *Die Offenbarungen des Karma*, GA 120, Dornach 1992, Vortrag vom 19. Mai 1910 in Hamburg, S. 82.

lässt sich dabei aus der Vorstellung heraus nachvollziehen, wie der Mensch nach seinem Tod zunächst sein Leben nochmals durchläuft und seine Taten dabei aus dem Erleben seiner Mitmenschen gespiegelt bekommt. Wie der irdische Zuschauer eines Theaterstücks durch empathisches Miterleben eine «Katharsis», eine emotionale Reinigung, erlebt, nur noch erheblich mächtiger, so empfindet der Mensch als nachtodlicher Zuschauer seines letzten Lebens. Das ist etwas ganz anderes als Blavatskys Rede von der Individualität als dem Schauspieler, der nachtodlich von seiner letzten Rolle träumt, während er dann aber im nächsten Erdenleben in eine ganz andere Rolle schlüpfen wird, die auf einer ganz anderen Bühne zur Aufführung kommt. Das nächste Erdenleben wird jetzt für Steiner zur *Fortsetzung* der Geschichte des Ich-bin.

Nachtodlich lebt der Mensch schon in dem Bewusstsein, das in seinem nächsten Erdenleben das ihm dann unbewusste höhere Bewusstsein sein wird. Weil er aber nachtodlich nicht handeln kann, keine Werke tun und den Menschen, denen er geschadet hat, «zum Ausgleich» kein Gutes tun kann, gerade weil er dazu ohnmächtig ist, wächst der Wunsch, das zu tun, durch seine Unerfüllbarkeit mächtig an. Er wird dadurch zu einem «Gedanken», der sich im nächsten Erdenleben als dann unbewusste, aber sinngerichtete Triebkraft durchsetzen kann.[71] Dass der Blindgeborene als Sehender seine Identität

71 «Dieser Gedanke wird ein Bestandteil der menschlichen Seelenindividualität, und beim Durchgehen durch eine neue Geburt prägt sich dieser Gedanke weiter ein als eine Kraft in den neu entstehenden Leib. Und in diesen fließt dadurch ein die Tendenz, so etwas zu vollführen mit der ganzen Organisation von physischem Leib, Ätherleib und astralischem Leib, was dem Menschen es jetzt unmöglich macht, aus seinen Affekten heraus, aus Zorn, Hass, Neid und so weiter gewisse Handlungen zu begehen, damit er imstande

durch die Antwort «Ich bin's» bestätigt, gehört in diesen Zusammenhang. Im Sinne der lauschenden Hermeneutik Ricœurs heißt das: Das Werk Gottes, das *in dieser Geschichte* offenbar wird, ist die Heilung der physischen Blindheit in eins mit der Erweckung des Ich bin in diesem «Bettler».

Das in diesem sichtbar werdende persönliche Ich bin gehört nun zu «Brot und Wein», so wie das Gruppen-Ich zu dem Blutopfer und der Blutrache gehört. Mit dem persönlichen Ich bin wird deshalb die «göttliche Art, die Welt zu regieren», anders. Ein Karmagedanke, der hierzu passt, kann nicht länger mit Vokabeln wie Rache oder Strafe operieren. Sofern die theosophischen Begriffe von Individualität und Persönlichkeit überhaupt noch verwendet werden, sollte die «ewige Individualität» zumindest nicht als Gattung oder Urbild aufgefasst werden, die die vielen Persönlichkeiten als Exemplare oder Erscheinungen so umfasst wie die Familie als Blutgemeinschaft ihre Mitglieder.

Ein solcher Karmagedanke ist dann keine Neuauflage des alten Tun-Ergehen-Zusammenhangs. Er beinhaltet keine totale Gerechtigkeit, er erklärt nicht die Übel und das Leid, sondern er bildet den Verständnishorizont für eine Weltordnung, deren Kontingenz sinnhaft ist.[72] Die Brechung der totalen Ge-

ist, in dieser Beziehung wirklich sich vollkommener zu machen. Und dadurch wird er dazu kommen, neue Handlungen zu vollführen, welche jetzt den Ausgleich früherer Handlungen bewirken können. So lässt der Mensch aus einer seine gewöhnliche Vernünftigkeit weit überragenden Vernünftigkeit die Absicht in sich hineinfließen, die ihn zu einer höheren Vollkommenheit auf einem bestimmten Gebiete und zum Ausgleich bestimmter Handlungen führen kann.» Rudolf Steiner: ebd., S. 79f.

72 Vgl. Jörg Ewertowski: Erklären Reinkarnation und Karma das Leid? Von der Beziehung zwischen Ichbewusstsein und ewigem Wesenskern, in: *Anthroposophie*, Vierteljahresschrift Nr. 219, Ostern 2002.

rechtigkeit besteht darin, dass sich die gerechte Weltordnung nur noch finden lässt, wenn man von der physischen in die geistige Welt und von dieser wieder zurück in die physische Welt geht. Beide Welten sind real, sind wirklich, aber sie sind durch eine Schwelle ebenso sehr auseinandergehalten wie auch verbunden. Das Brot und der Wein bleiben für die physische Welt Brot und Wein – die Transsubstantiation fügt eine geistige Realität hinzu. Brot und Wein sind mehr als bloße Symbole – aber sie gehen nicht in physisch reales Fleisch und Blut Christi über. Diese Eigenart, eine Beziehung über die Schwelle zweier Welten hinweg zu knüpfen, macht die Beziehung zwischen Verfehlung und Ausgleich aus, die Steiner «Karma» nennt. Im Zusammenhang mit der Begründung der Christengemeinschaft 1922 wird er ausdrücklich von der Gemeinsamkeit sprechen, die dem Karma und der Transsubstantiation zukommt und die es ermöglicht, das eine durch das andere zu verstehen.[73]

Individualisierung und neuer Karmagedanke

Spricht das Wort «Geburt» im Blick auf die Generationenkette vom In-Erscheinung-Treten eines neuen Familienmitgliedes, so spricht es im Blick auf ein neues Erdenleben von der Inkarnation eines Menschen. Dieser Mensch ist in seiner neuen Inkarnation der «Selbe», der zuvor in einer vergangenen Inkarnation bereits über die Schwelle des Todes gegangen ist. Er

73 Vgl. Rudolf Steiner: *Vorträge und Kurse über christlich-religiöses Wirken V. Apokalypse und Priesterwirken,* GA 346, Dornach 2001, S. 111.

ist aber nicht nur der Selbe, sondern zugleich auch ein anderer. Deshalb spielt hier die individuelle Identität vor dem Horizont einer Unterscheidung und Wechselbeziehung zwischen dem «Selben» und dem «Anderen». Wir können das vereinfacht auch unserer Lebenserfahrung entnehmen. Wenn ich in meinem Leben auf den zurückschaue, der ich einmal war, trete ich durch die Zeit in ein Verhältnis zu mir selbst ein. Ich bin der Andere meiner selbst. Dieses Verhältnis spielt zunächst noch im Bereich der Erinnerung und eines Erdenlebens. Aber vor dem Hintergrund des Ich, das mehr als das ist, was es von sich weiß, übertragen wir dieses Verhältnis auch in die Sphäre der Reinkarnation. Was Olcott und Blavatsky als Persönlichkeit und Individualität allzu scharf auseinanderdividiert haben, wird jetzt als Ich bin das Eine, das sein Anderes in sich trägt.

Die beiden Seiten der individuellen Identität – Ich als der «Selbe» und Ich als der «Andere» – qualifizieren sich durch die Zeit. Zeit ist jetzt aber nicht nur Vergänglichkeit. Es geht nicht um das Wechselspiel von Vergänglichkeit und Dauer und die «Selbigkeit» als das Dauernde, sondern um eine Brücke zwischen dem Gewesenen und dem Gegenwärtigen, die eine Selbstbeziehung ermöglicht, die es in dieser Form zuvor nicht gab. An die Stelle der familiären *«Selbigkeit»* des Generationen-Ichs, die sich durch den Anschluss einer anderen familiären Identität begründete, tritt die *Selbstheit*, die ihr Anderes schon in sich trägt und deshalb auch in einen intensiveren Dialog mit jenen Anderen zu treten vermag, die außerhalb ihrer selbst als «Mitmenschen» leben.

Dieser neue Identitätsgedanke schließt mit dem «Anderen» in vielfältiger Weise das ein, was vor dem Horizont des alten Identitätsgedankens ausgeschlossen bleiben müsste. Mit ihm erweitert sich das Verständnis von Identität über die abstrakte zeitlose Dauer hinaus in die Zeit hinein, die nun ein neues Gesicht zeigt. Mit anderen Worten: Konnte die Zeit platonisch auf *Vergänglichkeit* reduziert werden und aristotelisch auf *Prozessualität*, so erweitert sie sich nun zur *Geschichtlichkeit*. Geschichtlichkeit entsteht dann, wenn quer zum linearen Verwirklichen von Zielen «Anderes» einschlägt, das sich jenseits der Kategorien von Ursache und Wirkung, von Zweck und Mittel im Rückblick als das Selbe erweisen kann. Das kann höchstens ansatzweise geschehen, solange Geburt nur das In-Erscheinung-Treten eines neuen Familienmitgliedes bedeutet. Geschichte entsteht, wenn das, was Platon das zeitlos dauernde «Wesen» genannt hat, wenigstens teilweise in die Zeit eintritt. Und genau darauf läuft es im Johannesevangelium hinaus: Wenn dessen Autor den Begriff der *Fleischwerdung* prägt, spricht er nicht von einer *Erscheinung* des ewigen Gottes in der Welt der Vergänglichkeit, sondern von dessen einmaligem Eintritt in die Zeit. Dazu gehört seine Menschwerdung innerhalb der *Geschichte*, die dadurch eine ganz neue Form annimmt.[74]

Gab es wirklich keinen «bloß äußeren Gott»?

Aus dem Jahr 1906 ist die durch Edouard Schurés überarbeitete Mitschrift einer dreiteiligen Vortragsreihe Steiners zum Johannesevangelium überliefert, in der sich etwas mehr als eine Seite zu der Heilung des Blindgeborenen findet. In dieser Nachschrift Schurés unterscheidet sich Steiners Aussage auf

74 Vgl. Jörg Ewertowski: Jungfrauengeburt und zwei Jesusknaben. Das Wirken des Heiligen Geistes in der Menschwerdung, in: *Die Christengemeinschaft,* 12/2023, S. 12-15.

den ersten Blick nur wenig von der Blavatskys. Man könne mit dem neunten Kapitel des Evangeliums nur dann einen Sinn verbinden, wenn man die Lehre von der Wiederverkörperung zugrunde lege. – Der «Gott», dessen Werke offenbar werden müssen, sei das höhere Selbst. Auch die hier zu findende Polemik gegen die «orthodoxe Auslegung» wirkt wie eine unglückliche Resonanz des Blavatsky-Textes und gegenüber dem Berliner Vortrag von 1904 als ein enttäuschender Rückschritt.[75] Ein Unterschied zu Blavatsky liegt freilich darin, dass der auf Steiner zurückgehende Text nicht auf die theosophische Wesensgliederauffassung zurückgreift, um das Christuswort zu interpretieren, sondern vom «höheren Selbst» spricht und mit dem 1904 veröffentlichten Buch *Theosophie* bereits Steiners deutlich veränderte Hüllenanthropologie vorlag.

Dann aber lesen wir als Rechtfertigung der Deutung von «Gott» als «höherem Selbst», es habe bei allen Völkern der damaligen Zeit gar keinen «bloß äußeren Gott, keinen Gott im Jenseits» gegeben. Es sei vielmehr die «menschenbildende und menschenentwickelnde Kraft» der Gott gewesen. Deshalb habe man das, was im Menschen lebt, als den Gott im Menschen bezeichnet.[76] Was soll das heißen? Der Gott im Menschen wur-

75 «Sie kennen ja die orthodoxe Auslegung. Denken Sie nur einmal, wenn jemand voraussetzen wollte, was hier gesagt werden sollte: Gottes Herrlichkeit solle an einem Blinden offenbar werden. – Das setzt voraus, dass man veranstaltet hätte, dass einer blind geworden wäre, damit Jesus ihn kurieren kann, damit Gottes Herrlichkeit offenbar werden kann. Ist das mit einem vertieften Christentum verträglich? Nein. Denn das würde das Christentum im moralischen Sinne herabwürdigen. Theosophisch interpretiert, hat dieses Bild einen großen, einen schönen und herrlichen Sinn.» Das Johannes-Evangelium, Vortrag vom 5. März 1906 in Berlin, in: *Kosmogonie*, GA 94, Dornach 2001, S. 215.

76 Ebd.

de als «daimon» bezeichnet. Und wer sollte das höhere Selbst als den «Gott Abrahams, Isaaks und Jakobs» angesprochen haben? – Was Schuré hier wiedergibt, erinnert an eine irgendwie verzerrte Mischung von Ausführungen Steiners in dem 1902 erschienenen Buch *Das Christentum als mystische Tatsache* und dem Grundgedanken der Feuerbachschen Religionsphilosophie und Anthropologie. Ludwig Feuerbach (1804 – 1872) versteht alle Religionen als ihrer selbst unbewusste Darstellungen des menschlichen Wesens. Damit deutet er das Christentum zwar entgegen dessen Selbstverständnis, degradiert es aber nicht als Illusion. Die Evangelien sind ihm Dokumente einer Entwicklungsstufe des menschlichen Bewusstseins, das sich auf dem Weg zur Erkenntnis des menschlichen Wesens, auf dem Weg der Selbsterkenntnis befindet, aber noch nicht seine Ziele erreicht hat:

> Gott ist das offenbare Innere, das ausgesprochne Selbst des Menschen; die Religion die feierliche Enthüllung der verborgnen Schätze des Menschen, das Eingeständnis seiner innersten Gedanken, das öffentliche Bekenntnis seiner Liebesgeheimnisse.[77]

Diesem Gedanken ist das Christentum mit der Vorstellung von der Menschwerdung Gottes so nah wie keine andere Religion gekommen. Bei Feuerbach wird das, was aus der traditionellen Perspektive der Religionen als Atheismus bezeichnet wird, zu einer philosophischen Erfahrung. Das ist auf verblüffende Weise mit einer Darstellung Steiners aus dem *Christentum als mystische Tatsache* vergleichbar, in der von einem Durchgang durch den Atheismus im Rahmen der Einweihung die Rede ist.

77 Ludwig Feuerbach: *Das Wesen des Christentums,* Leipzig 1841, S. 66.

Durch den mystischen Atheismus zur Geburt des Gottessohnes

In seinem 1902 erschienenen Buch *Das Christentum als mystische Tatsache* zitiert Steiner im Kapitel über «Mysterien und Mysterienweisheit» den Vorsokratiker Xenophanes mit dem Satz «Menschen, die denken die Götter nach ihrem Bilde».[78] Der Gesichtspunkt ist dabei der Unterschied der Mysterienreligion zu den Volksreligionen. Steiner beschreibt, wie der Myste erkennen lernt, dass die Götter der Volksreligionen durch den Menschen selbst geschaffen sind, womit sich ihm der Abgrund des Atheismus öffnet. Nun wendet er sich aber nicht enttäuscht von den Göttern ab, sondern sucht im Menschen die Kraft, die dazu imstande ist, Götter zu schaffen. Für Steiner ist das nun die göttliche Kraft, die die Natur geschaffen hat. Ab wann der Myste selbst, der sich ja im Durchgang durch den Atheismus befindet, das erkennt, bleibt offen. Steiner erzählt auktorial (quasi allwissend) und spricht von der göttlichen Schöpfungskraft, die, nachdem sie die Natur und den Menschen geschaffen hat, weiter wirkt und die Götter der Volksreligionen hervorbringt. Wird der Mensch sich dessen bewusst und wendet sich von den Erzeugnissen dieses Schaffens der Kraft selbst zu, nähert er sich von einer neuen Seite aus dem Gott, der die Natur und den Menschen geschaffen hat. Er nähert sich ihm durch den Blick ins eigene Innere. Jetzt hat er den Tiefstpunkt des Atheismus durchlaufen. Wie kommt es, dass der Gott im Menscheninneren als götterschaffende Kraft gesucht werden kann? Weil sein Schaffen radika-

78 Fragment B 14 und 15 (n. Diehls). Zitiert nach SKA 5, *Stellenkommentare*, S. 296.

le Selbsthingabe ist, eine so radikale Selbsthingabe, dass er in die «Mannigfaltigkeit der Naturdinge» zerstückelt ist, dass er zu sein aufhört. «Sie leben und er lebt nicht. *Er ruht in ihnen.*» Diesen Gott zu erkennen heißt, ihn aus seinem Grab zu befreien, «zu erlösen». Dazu muss ihn der Mensch mit der götterschaffenden Kraft, die in sein Inneres gelegt wurde, erwecken. Diese Erweckung unterscheidet sich grundlegend von der Tätigkeit der götterschaffenden Kraft, die in vorstellbare Produkte mündet, die mythischen Götter. Jetzt wird diese Kraft zur Seele, die sich von dem in die Natur zerstückelten Gott befruchten lässt; wir assoziieren wohl nicht zu Unrecht den Osiris-Mythos. Diese Befruchtung führt zur Geburt des Gottessohnes im Menschen. Es ist also nicht der bei der Schöpfung durch Selbsthingabe gestorbene Gott, der in der Seele aufersteht, sondern dessen Sohn. Der Schöpfergott lebt jetzt nicht selbst in der Seele auf, sondern diese gebiert ihm einen Sohn.

> Er ist der entzauberte Gott, der Spross des Verzauberten. Der große Gott, der war, ist und sein wird: der ist er wohl nicht, aber er ist es doch in gewissem Sinne auch. Der Vater bleibt ruhig im Verborgenen; dem Menschen ist der Sohn aus der eigenen Seele geboren. Die mystische Erkenntnis ist damit ein wirklicher Vorgang im Weltprozesse. Sie ist eine Geburt Gottes. Sie ist ein Vorgang, so wirklich wie ein anderer Naturvorgang, nur auf einer höheren Stufe. Das ist das große Geheimnis des Mysten, dass er selbst seinen Gott schafft, dass er sich zuvor aber vorbereitet, um diesen von ihm geschaffenen Gott auch anzuerkennen. Ein Nicht-Myste kann diesen Gott nicht anerkennen.[79]

79 Rudolf Steiner: *Das Christentum als mystische Thatsache,* Berlin 1902 (Erstauflage), S. 23f.

Weil die Seele diesen Gottessohn aber nicht von der geschaffenen Natur empfangen hat (wie all ihre natürlichen Erkenntnisse), sondern von dem in seiner Schöpfung verborgenen Gott, fehlt dem Gottessohn, den die Seele gebiert, die Anerkennung der Nicht-Mysten. Denn weil die Seele nicht nachweisbar von der offenbaren Natur befruchtet wurde, erscheint ihre Hervorbringung wie eine jungfräuliche Geburt, die (auch hier) unglaubhaft ist. – Das alles steht nicht in dem von Schuré unvollständig und etwas verzerrt überlieferten Vortrag, aber es steht zweifellos im Hintergrund von Steiners Denken zu dieser Zeit. Deshalb ist es für uns als Interpreten Steiners unverzichtbar, um mit dessen Auffassung von den «Werken des Gottes im Menschen» angemessen umgehen zu können. Die Vortragsaussage spricht von einem Gott im Menschen, und es stellt sich die Frage, ob wir sie vor dem Hintergrund des Christentum-Buches von 1902 besser verstehen und ihre Beziehung und den Unterschied zu Feuerbach genauer bestimmen können:

> Aber die Werke des Gottes im Menschen sollen sichtbar werden, das heißt des Selbstes im Menschen, das durch alle Verkörperungen hindurchgeht.[80]

Auch wenn hier vom Durchgang durch die Verkörperungen die Rede ist, handelt es sich doch um mehr und um anderes als um die platte Aussage, dass der Mann eben in einem vorangegangenen Erdenleben gesündigt hat. Indem dieses Selbst als Gott angesprochen wird, stellt sich die Frage nach dem Gottesbegriff Steiners. Seine Darstellung scheint schließlich keine Möglichkeit auszulassen, sich von einer «orthodoxen» Deutung zu distanzieren. Die Karmadeutung ist ja nur das eine Element dieser antiorthodoxen Rhetorik, dazu kommt jetzt auch

80 A.a.O. (Anm. 75), S. 214.

noch die Verlagerung der Bedeutung des Wortes «Gott» von Christus auf den Menschen. Die eigenartige Nähe zu Feuerbachs Transformation von Religion in Anthropologie ist unübersehbar, aber im Konkreten doch unklar. Wir sollten uns diese Beziehung näher vor Augen führen. Dazu gehen wir jetzt in der Werkgeschichte Steiners noch hinter das *Christentum als mystische Tatsache* zurück und verfolgen die Metamorphosen seines Gottesgedankens.

Metamorphosen des Gottesgedankens

Steiner hatte 1899 in einem Beitrag zu einem Sammelband über den «Egoismus» die Auffassung vertreten, dass die griechische Philosophie im Neuplatonismus beinahe schon einen ganz ähnlichen Durchbruch erzielt hätte, wie ihn Feuerbach für sich in Anspruch genommen hat. Die neuplatonischen Philosophen wären zu einer Anschauung der «menschlichen Innenwelt» aufgestiegen. Freilich hätten sie dabei ihr eigenes Innere noch nicht als solches erkannt, sondern es als ein Fremdes angeschaut – als einen äußeren Gott. Wenn das Christentum nicht gekommen wäre, so fährt Steiner 1899 fort, dann hätte man diesen Irrtum in einem nächsten Schritt durchschauen können. Man hätte dann erkannt, dass das Höchste, was es «in der dem Menschen gegebenen Welt gibt», das individuelle Ich ist, dessen Wesen in dem Inneren der Persönlichkeit zur Erscheinung kommt. Stattdessen habe das Christentum diese Einsicht nach außen projiziert, ja schließlich die menschliche Wesenheit als den einzelnen historischen Menschen Jesus verehrt – anstatt sie im Inneren eines jeden Menschen zu erkennen.

So wie für Feuerbach die Wahrheit des vom Volk äußerlich verehrten Gottes im inneren Wesen des Menschen liegt (ähnlich wie Strauß, der aber dabei von der menschlichen Gattung spricht), so hat Steiner 1899 das, was die Wahrheit der religiösen Rede von Gott enthält, als das höhere Selbst des einzelnen Menschen interpretiert. Befremdend ist freilich, dass er deshalb die bewusstseinsgeschichtliche Stufe, die ohne das Christentum in die Welt hätte treten müssen, als «Entdeckung des Egoismus» bezeichnet. Rückblickend rechtfertigt er das damit, dass er nur deshalb vom «Egoismus» gesprochen habe, weil der Aufsatz in einem Sammelband mit dem Titel «Der Egoismus in der Philosophie» erscheinen sollte.[81] Eigentlich hätte es «Individualismus» heißen müssen.

Die zentrale Aussage des Textes ist jedenfalls verblüffend dicht bei Feuerbach:

> Jede Religion setzt das menschliche Ich zum Regenten der Welt ein. Ihr Wesen besteht eben darinnen, dass sie sich dieser Tatsache nicht bewusst ist. Sie betrachtet als Offenbarung von außen, was sie sich selber offenbart.[82]

Anders als Feuerbach unterscheidet Steiner aber Innen- und Außenerfahrung des Menschen. Dadurch ist die Projektion des menschlichen Wesens in den Gott der Religionen die Projektion einer echten Erfahrung in einen dieser Erfahrung unangemessenen Ort. Der Innenerfahrung kam zuerst der Neuplatonismus in seiner ekstatischen Gottesschau nahe. Das akzen-

81 Rudolf Steiner: Der Individualismus in der Philosophie (1899), in: *Methodische Grundlagen der Anthroposophie 1884–1901*, GA 30, Dornach 1989, S. 117f. Der Aufsatz erschien zuerst im Sammelwerk *Der Egoismus*, hrsg. von Arthur Dix, Leipzig 1899, unter dem Titel «Der Egoismus in der Philosophie».

82 Ebd., S. 103.

tuiert Steiner dadurch, dass er über Platon 1899 das nämliche Verdikt wie über die Religionen ausspricht:

> Alles, was Plato als Ideenwelt jenseits der Dinge vorhanden glaubt, ist menschliche Innenwelt. Der Inhalt des menschlichen Geistes aus dem Menschen herausgerissen und als eine Welt für sich vorgestellt, als höhere, wahre, jenseitige Welt: das ist platonische Philosophie.[83]

Während Platon bloß über eine jenseitige Außenwelt spekuliere, setze also erstmals der Neuplatonismus zu einem Anschauen der menschlichen Innenwelt an. Er verstehe sich selbst nur noch nicht richtig, sodass er sein eigenes Inneres als etwas Fremdes ansieht und es deshalb als Äußeres missversteht. Der Neuplatonismus kann seine eigene Erfahrung nicht angemessen interpretieren.

> Bis zur Erkenntnis des Ortes, an dem das letzte Glied der Welt zu suchen ist, hat man es gebracht; was an diesem Orte sich vorfindet, hat man falsch gedeutet. Der Neuplatoniker beschreibt deshalb die inneren Erlebnisse seiner Ekstase, wie Plato die Wesen seiner übersinnlichen Welt beschreibt.[84]

Gehen wir von hier aus noch einen weiteren Schritt in Steiners Werkgeschichte zurück. In den *Einleitungen zu Goethes naturwissenschaftlichen Schriften* (1883 – 1897) betrachtet Steiner den Glauben an ein Eingreifen der göttlichen Allmacht in die Geschichte durch Wunder als überholt. Er hat sich Lessings Auffassung, die man in der Geisteswissenschaft «Deismus» nennt, unmissverständlich angeschlossen:

> Ob irgendeine höhere Macht unsere Geschicke zum Guten oder Bösen lenkt, das geht uns nichts an; wir haben uns

83 Ebd., S. 109.
84 Ebd., S. 117.

> selbst die Bahn vorzuzeichnen, die wir zu wandeln haben. Die erhabenste Gottesidee bleibt doch immer die, welche annimmt, dass Gott sich nach der Schöpfung des Menschen ganz von der Welt zurückgezogen und den letzteren ganz sich selbst überlassen habe.[85]

Der Deismus ist kein Atheismus, aber er bestreitet die Annahme des Theismus, dass der allmächtige Gott in der Geschichte handelt und ihr dadurch Sinn verleiht.

Ein Jahr zuvor, im Aufsatz «Die Natur und unsere Ideale» von 1886, sprach Steiner affirmativ von einem Gott, der sich nicht nur vor einer Einmischung zurückhält, sondern der sich dem Menschen und dessen Freiheit so sehr hingibt, dass er selbst zu existieren aufhört. Dafür ist jetzt «die höchste Potenz des Daseins» im menschlichen Inneren. Im Vergleich mit Feuerbach kann man sagen, dass mit diesem Gedanken der Atheismus sich auf eigenartige Weise von innen her aufzulösen beginnt, denn ein Gott, der sich aus Liebe so sehr hingegeben hat, dass er aufhört zu existieren, *war ja einst* eine schöpferische Realität in jener Geschichte, die wir Evolution nennen. Gott hat um der menschlichen Freiheit willen seine Existenz aufgegeben. Weil dieser Akt eine «Ausgießung» des eigenen Wesens darstellt, ist in der Folge die Welt göttlich, insbesondere der Mensch:

> Wir sollten endlich zugeben, dass der Gott, den eine abgelebte Menschheit in den Wolken wähnte, in unserem Herzen, in unserem Geiste wohnt. Er hat sich in voller Selbstentäußerung ganz in die Menschheit ausgegossen. Er hat für sich nichts zu wollen übrig behalten, denn er wollte ein Geschlecht, das frei über sich selbst waltet. Er ist in der

85 Rudolf Steiner: *Goethes naturwissenschaftliche Schriften*, Kapitel VI (1887), GA 1, S. 125.

> Welt aufgegangen. Der Menschen Wille ist sein Wille, der Menschen Ziele seine Ziele. Indem er den Menschen seine ganze Wesenheit eingepflanzt hat, hat er seine eigene Existenz aufgegeben. Es gibt einen ‹Gott in der Geschichte› nicht; er hat aufgehört zu sein um der Freiheit der Menschen willen, um der Göttlichkeit der Welt willen. Wir haben die höchste Potenz des Daseins in uns aufgenommen. Deswegen kann uns keine äußere Macht, können uns nur unsere eigenen Schöpfungen Befriedigung geben.[86]

Es ist eigenartig, dass Steiner von hier aus zu dem Beitrag aus dem Egoismus-Sammelband im Jahre 1899 einen Weg in den gewöhnlichen Atheismus beschreitet, nämlich den Gedanken des Gottes, der sich in seine Schöpfung hinein bis zur Preisgabe seiner Existenz opfert, wieder fallen lässt. War 1886 die völlige Abwesenheit Gottes in der Welt das Werk Gottes, so gilt im Egoismus-Text von 1899 jede Behauptung Gottes schlichtweg als Projektion einer Innenerfahrung des menschlichen Selbstes oder Ichs nach außen.[87]

Zwischen dem Text von 1887 und dem von 1899 liegt noch die *Philosophie der Freiheit*. In deren erster Auflage von 1894 bezeichnet Steiner die Vorstellung eines persönlichen Gottes als den in ein Jenseits versetzten Menschen. Freilich handelt es sich hier noch nicht um eine spezifisch religionskritische Aussage. Steiner betrachtet das mit Gedanken erfüllte Leben in der

86 Die Natur und unsere Ideale (1886), in: *Methodische Grundlagen der Anthroposophie 1884–1901*, GA 30, Dornach 1989, S. 238f.

87 Zu dieser eindrucksvollen Metamorphose der Gottesidee Rudolf Steiners vgl. ganz besonders die gründliche Studie von Günter Röschert: Der Monismus im Lebensgang Rudolf Steiners zwischen 1883 und 1904, in: Lorenzo Ravagli, Günter Röschert: *Kontinuität und Wandel. Zur Geschichte der Anthroposophie im Werk Rudolf Steiners*, Stuttgart 2003.

Wirklichkeit als das Leben in «Gott». Dieser Gott kann aber weder der persönliche Gott der Christen sein noch das «Urwesen» Eduard von Hartmanns, noch der «Wille» Schopenhauers. Für diese gilt jeweils die Projektionsthese Feuerbachs. Steiners Thema ist nicht Gott, sondern die Erkenntnis der Wirklichkeit und die auf dieser Erkenntnis gründende Freiheit des Menschen:

> Das mit dem Gedankeninhalt erfüllte Leben in der Wirklichkeit ist zugleich das Leben in Gott. Die Welt ist Gott ... Das Jenseits beruht auf einem Missverständnis derer, die glauben, dass das Diesseits den Grund seines Bestandes nicht in sich hat. ... Der persönliche Gott ist nur der in ein Jenseits versetzte Mensch ... Genau dasselbe ist von allen anderen jenseitigen Prinzipien zu sagen.[88]

Im Text von 1899 ist die Innenerfahrung des Selbstes und deren Projektion nach außen dann zum eigentlichen Thema geworden. Das interessiert uns jetzt besonders im Hinblick auf die merkwürdigen Unstimmigkeiten in der Überlieferung des Vortrags von 1906 durch Schuré. Steiners Interpretation der «Werke Gottes» als der Werke des höheren Selbstes in der Vortragsüberlieferung erweckt fast den Eindruck, als hätte sie Steiner im Geiste des Textes von 1899 gesprochen.

Die Frage nach der Beziehung zwischen dem «Gott im Menschen» und Christus als dem inkarnierten Sohn Gottes mündet, was die Geschichte vom Blindgeborenen angeht, in das Verständnis von Vers 3, der davon spricht, dass die Werke des Gottes im (am) Menschen offenbar werden müssen. Kann der, der dieses Wort spricht, dann selbst als der Gott angesehen werden, der die Welt geschaffen hat und nun, weit von einem

88 Rudolf Steiner: *Die Philosophie der Freiheit*, Berlin 1894, S. 239.

Rückzug aus dieser Welt entfernt, sich in ihr aufhält und Wunder tut? Gilt es hier eine Entscheidung zwischen dem Gott im Menschen und dem in der Geschichtswelt inkarnierten Gott zu treffen, oder fordert gerade diese Geschichte dazu auf, beide anzuerkennen? Wenden wir uns mit dieser Frage an das *Christentum als mystische Tatsache*.

Bereits 1902 in der Erstauflage des Christentum-Buches beschreibt Steiner den Gott, der sich durch radikale Selbsthingabe ins Grab seiner eigenen Schöpfung versenkt hat, nicht mehr wie im Text «Die Natur und unsere Ideale» von 1886 als seines Seins gänzlich beraubt. Der Leser wird das allerdings kurzzeitig annehmen, erfährt dann aber im Durchlaufen der Dramaturgie des Textes schließlich, dass der «entzauberte Gott» nicht, wie er vielleicht erwartet hatte, der durch die Erkenntnis des Menschen zuvor «gestorbene» und nun wiedererweckte Schöpfergott ist, sondern dessen Sohn, den er in der eigenen Seele geboren hat. Damit relativiert sich die radikale, in die Vernichtung führende Selbstpreisgabe zum bloßen Rückzug: «Der Vater bleibt ruhig im Verborgenen; dem Menschen ist der Sohn aus der eigenen Seele geboren.»[89]

Es bleibt dann aber immer noch die oben aufgeworfene Frage, wie es sich mit jenem offensichtlich anderen Sohn Gottes verhält, von dem das Johannesevangelium erzählt. Jesus, der von den Werken Gottes, die offenbar werden sollen, spricht, ist ja nicht der von der menschlichen Seele, sondern von Maria geborene Sohn. Was hat es mit ihm auf sich? Warum stellen die synoptischen Evangelien seine Geburt so legendenhaft dar? Im Christentum-Buch erklärt Steiner die Evangelien als typische

89 Rudolf Steiner: *Das Christentum als mystische Thatsache*, a.a.O. (Anm. 79), S. 23.

Eingeweihtenbiografien.[90] Wird die Biografie Jesu damit von den Evangelisten lediglich in der Form einer Eingeweihtenbiografie erzählt, oder ist er ein solcher? Hat er wie ein Eingeweihter eine solche Gottesgeburt in seiner Seele, wie soeben beschrieben, durchlaufen, oder ist die Menschwerdung Gottes in Jesus ein realer, geschichtlicher Vorgang, im Vergleich mit dem die mystische Gottesgeburt als ein bildhaftes Geschehen aufzufassen ist? Dass Jesus selbst ein Eingeweihter ist, legt der Vortrag von 1904 nahe, wie wir es im Zusammenhang mit Steiners damaliger Interpretation der Fleischwerdung im Prolog schon gesehen haben. Der Leser der ersten Auflage des Christentum-Buches wird ebenfalls dazu neigen. Wir werden diese Frage in unserer Auseinandersetzung mit Steiners weiteren Interpretationen des Blindgeborenen im Sinn behalten.[91]

90 «Wie ein ewiges Naturgesetz erscheint solch ein Lebenslauf. Wie ein chemischer Stoff sich nur in einer ganz bestimmten Weise verhalten kann, so kann ein Buddha, ein Christus nur in einer ganz bestimmten Weise leben. Man erzählt seinen Lebenslauf nicht, indem man seine zufällige Biographie schreibt; man erzählt ihn vielmehr, indem man die typischen Züge erzählt, die in der Mysterienweisheit darüber für alle Zeiten enthalten sind.» Rudolf Steiner: *Das Christentum als mystische Tatsache* (1. Aufl. Berlin 1902), GA 8, 9. Aufl., Dornach 1989, S. 105f.

91 Zu den symptomatischen Änderungen Steiners in den verschiedenen Auflagen vgl. Christoph Lindenberg: *Individualismus und offenbare Religion. Rudolf Steiners Zugang zum Christentum*, erw. Neuausg., Stuttgart 1995, und das Kapitel «Das Christentum als mystische Tatsache», in: Lorenzo Ravagli, Günter Röschert: *Kontinuität und Wandel,* a.a.O. (Anm. 87).

Die Werke des «Gottes in ihm» und das Ich bin

Ebenso wenig wie die Berliner Vorträge von 1906 wurde die Basler Vortragsreihe zum Johannesevangelium[92] von einem professionellen Stenografen mitgeschrieben. Aus Aufzeichnungen von vier Teilnehmern hatte Marie Steiner einen Text erstellt, der 1946 erstmals im Nachrichtenblatt für die Mitglieder der Anthroposophischen Gesellschaft veröffentlicht wurde. Die vier Teilnehmer setzten ihren Aufzeichnungen der im November/Dezember 1907 gehaltenen Vorträgen einen Vermerk voraus, der auf die freie Bearbeitung nach Gedächtnisaufzeichnungen hinwies. Die kurze Erörterung der Geschichte des Blindgeborenen befindet sich gegen Ende des letzten Vortrags. Am Anfang dieses Vortrags kündigt Steiner zunächst eine Betrachtung über die Begriffe des «Vaters» und des «Ich» an. Er bezieht sich dabei auf das 8. Kapitel des Johannesevangeliums, das der Geschichte des Blindgeborenen vorangeht. Am Ende dieses 8. Kapitels, das seinerseits mit der Geschichte der Ehebrecherin beginnt, fällt das Christuswort «Wahrlich, wahrlich ich sage euch: Ehe denn Abraham ward, bin ich» (Joh 8,58). Nach Steiners Darstellung in einem Vortrag vom November 1908 spricht Jesus hier nicht einfach von sich selbst, sondern von dem «Ich bin der ich bin», der zu Mose aus dem Dornbusch sprach: «Durch das Ereignis von Golgatha stieg dieselbe Wesenheit, die sich angekündigt hatte bei Moses in dem brennenden Dornbusch mit den Worten ‹Ich bin der Ich bin›, herab in die Menschen …».[93]

92 Enthalten in dem Band *Menschheitsentwicklung und Christus-Erkenntnis*, GA 100, Dornach 2006.

93 Rudolf Steiner: Vortrag vom 14. November 1908 in Berlin, in: *Wo und wie findet man den Geist?*, GA 57, Dornach 1984, S. 133.

Vor diesem Hintergrund können wir dem Wort «Ehe denn Abraham ward ...» einen noch viel konkreteren Sinn geben als nur durch den Verweis auf die Präexistenz des Logos. Zwischen dem Logos «im Anfang» der Schöpfung und seiner Fleischwerdung in Christus zeigt sich die für die Entstehung des Gottesnamens so wichtige Dornbusch-Begegnung als Stufe auf dem Weg einer Annäherung. Von hier aus gibt es kein Zurück mehr in die frühere Auffassung von der Selbstpreisgabe Gottes, und das heißt, dass Jesus, der das Wort von dem Offenbarwerden der Werke Gottes gesprochen hat, kein bloßer Eingeweihter gewesen sein kann.

Christus ist das «Ich bin» am Dornbusch

Wer die Bibel chronologisch liest, lernt den Gottesnamen *Jahwe* im zweiten Teil des Schöpfungsberichts erstmals kennen, also nach der Vollendung des Sechs-Tage-Werkes und dem Ruhen «Gottes» (der Elohim). In der Geschichte von der Geschlechtertrennung, dem Sündenfall und der Vertreibung aus dem Paradies ist nicht mehr von den Elohim die Rede (Luther übersetzt: «Gott»), sondern von Jahwe-Elohim. Der Name Jahwe durfte im Judentum nicht ausgesprochen werden, und es war üblich, an seiner Stelle «der Herr» (adonai) zu lesen. Luther schreibt deshalb nicht Jahwe, sondern setzt an die Stelle dieses Namens «Gott der Herr». Volkssprachlich ist daraus dann der «Herrgott» geworden.

Dem Erzähler der Sündenfallgeschichte ist also der Gottesname «Jahwe» bekannt, aber weder Adam und Eva noch Abraham kennen ihn. Der Gott, der sich am Sinai von allen anderen Göttern abgegrenzt hat, hat diesen Namen erstmals am Dornbusch Moses geoffenbart. Im Christentum hat man sich daran gewöhnt, einfach nur namenlos von «Gott» zu sprechen, weil gar kein anderer Gott mehr infrage kommt, der eine namentliche Unterscheidung erforderlich machen würde. Aber im ersten Gebot, der Keimzelle des Monotheismus, heißt es lediglich: Du sollst keine anderen Götter neben mir haben. Viel später erst wird der Monotheismus zu einer Religion, die nicht nur die Verehrung anderer Götter verbietet, sondern diesen das Dasein bestreitet. In dieser Religion braucht der Gott, der jetzt der einzige Gott ist, keinen Namen mehr. Auch im Islam ist einfach nur von «Gott» die Rede. Das Wort «Allah» ist verwandt mit «Elohim».

Die Erzählung von der Offenbarung des Gottesnamens in der Begegnung des Moses mit dem brennenden Dornbusch spielt noch vor der Sinai-Offenbarung und vor der Einführung des Monotheismus, aber sie bereitet sie vor. Die Vorbereitung geschieht zum einen dadurch, dass Moses dazu berufen wird, das Volk Israel aus der ägyptischen Fron zu befreien und durch den Sinai zu führen, und zum anderen auch schon durch den in der Berufungssituation am Dornbusch geoffenbarten Gottesnamen. Um Steiners ungewöhnliche Identifikation Christi mit dem Gott im Dornbusch angemessen zu verstehen, müssen wir uns klarmachen, dass Gott in dieser Erzählung gleichzeitig zwei Namen offenbart.

Zuerst antwortet Gott auf die Frage des Moses nach seinem Namen mit «Ich bin der ich bin» (Vers 14), um dann aber noch den Namen «Jahwe» (Vers 15) gleichsam nachzuschieben. Die philologische Textkritik vermutet im historischen Untergrund dieser Erzählung, die kurz hintereinander zwei Gottesnamen nennt, zwei verschiedene ältere Quellen, die erst nachträglich zusammengefügt wurden. Die Autoren dieser beiden vermuteten Quellen wurden zuvor schon in der Genesis-Erzählung anhand der darin jeweils verwendeten verschiedenen Gottesnamen unterschieden und benannt: Der *Elohist* soll das Sechstagewerk und der *Jahwist* die Sündenfallerzählung verfasst haben. In der Dornbusch-Erzählung soll dann auf den Elohisten der Ich-bin-Name, auf den Autor der Paradieses-Erzählung der Jahwe-Name zurückgehen. Erst ein späterer Redakteur habe beide Quellen zusammengefügt, sodass also ursprünglich zwei verschiedene Gottesnamen miteinander konkurrierten, die dann durch diese Redaktion versöhnt wurden.

Rudolf Steiner spricht sich in seinen Münchener Vorträgen zur biblischen Schöpfungsgeschichte von 1910 gegen eine solche Trennung von Autoren innerhalb der Genesis-Erzählung aus, und er unterscheidet auch in der Dornbusch-Erzählung keine unterschiedliche Bedeutung der beiden Gottesnamen *Ich bin* und *Jahwe*.[94] Der zweite Teil der Genesis-Erzählung mit dem Baum der Erkenntnis und dem Sündenfall und der Vertreibung aus dem Paradies, die mit dem Jahwe-Namen verbunden ist, wird deshalb von ihm in der Dornbusch-Erzählung problemlos mit dem Gottesnamen «Ich bin der ich bin» verbunden. Gleichzeitig interpretiert Steiner aber die Dornbusch-Erzählung als Zeugnis einer besonderen Einweihung, die Moses nach seiner frühen Flucht aus Ägypten bei Jethro erfahren hat. Diese Einweihung aus dem Strom des Sonnenmysteriums legt bereits den Keim eines Monotheismus, der weder die Verehrung eines namentlich genannten besonderen Gottes (Jahwe) mit anderen Göttern für inkompatibel erklärt (keine anderen Götter neben

94 Vgl. Rudolf Steiner: *Die Geheimnisse der biblischen Schöpfungsgeschichte*, GA 122, Dornach 1984, Vortrag vom 22. August 1910 in München, S. 123f.

mir) noch diesen das Dasein abstreitet, sondern die *wesenhafte* Einzigkeit dieses Gottes in dem «Namen» «Ich bin» zum Ausdruck gebracht sieht.

Hatte Elohim sich zuvor als «Ich bin der Gott deiner Väter, der Gott Abrahams» bezeichnet, so tritt an die Stelle dieser Selbstbezeichnung nun «Ich bin der Ich bin». Darin bereitet sich nicht nur der Monotheismus vor, sondern zugleich auch die Ausweitung dieser Gottesoffenbarung auf die ganze Menschheit. Dass Gott vom Gott eines bestimmten Volkes zum Menschheitsgott wird, ist einer der Grundgedanken Steiners, und er hängt mit seiner Auffassung vom Dornbusch-Ereignis und dem «Ich bin der ich bin» unauflösbar zusammen. Und er ermöglicht einen weicheren Blick auf den Monotheismus. Denn das Ich bin und der Monotheismus sind zwar verwandt, aber nicht identisch.

Sigmund Freud vertritt in seiner 1936 entstandenen Abhandlung *Der Mann Moses und die monotheistische Religion* die Auffassung, dass Moses die unter Echnaton kurzfristig in Ägypten aufgekommene und dann wieder abgeschaffte monotheistische Aton-Religion mit dem Volk Israel ins Exil geführt und auf diese Weise gerettet hat. Die Steinersche These zu diesem Thema findet sich Jahrzehnte früher in mehreren Vortragsmitschriften. Zum einen sieht Steiner in der Dornbusch-Erfahrung des Moses in Midian ein erstes Element, das grundlegend für den Monotheismus Israels ist, das aber nicht aus Ägypten stammt: die Ich bin-Erfahrung. Und das zweite Element, die Zehn Gebote, bringt Moses – so Steiner – ebenfalls nicht aus Ägypten mit, sondern findet sie am Sinai erst *nach* dem Auszug aus Ägypten. Dennoch enthält sie etwas Ägyptisches, aber dieses hat einen sehr vermittelten Weg zurückgelegt, eine Geschichte durchlaufen.

Die Erzählung vom Sinai ist die Geschichte einer Wiederbegegnung mit einem schon sehr viel früher von Abraham aus Ägypten aufgenommenen Element. Die «ägyptische Magd» der Ismael-Isaak-Geschichte verkörpert das, was damals sehr viel früher aus Ägypten mitgenommen wurde – nämlich bereits von Abraham. Weil die Verheißung der zahlreichen Nachkommen immer unglaubhafter geworden ist, nachdem Abraham inzwischen um die achtzig Jahre alt und Sarai nicht viel jünger ist, fordert Sarai ihren Mann auf, mit ihrer ägyptischen Magd Hagar ein Kind zu zeugen. Schon während der Schwangerschaft der Ägypterin wachsen die Spannungen zwischen der Herrin und der Magd. Die Magd beginnt auf die Herrin herabzusehen, diese aber lässt sich das nicht gefallen, und schließlich flieht die schwangere Ägypterin Hagar vor Sarai in die Wüste.

Dort verheißt auch ihr der Engel Gottes unzählige Nachkommen und schickt sie mit dem Namen ihres noch ungeborenen Sohnes – Ismael – wieder zur Sippe Abrams zurück. Und dann erst geschieht schließlich das vermeintlich Unmögliche: Sarai wird schwanger und gebiert Isaak. Das ist aber nun keineswegs das glückliche Ende der Geschichte. Es ist ja eine schwierige Konstellation entstanden, denn der Erstgeborene ist nur der Sohn der Magd, während erst der Zweitgeborene der Sohn der «Rechtmäßigen» ist, wie sie Paulus sehr viel später nennen wird. In den Sagen der Juden, im Koran und in der apokryphen syrisch-christlichen Schrift «Die Schatzhöhle» ist die Problematik dieser Geschichte entschärft. So dankt Abraham im Koran Allah einfach nur dafür, dass er ihm in Erhörung seiner Gebete in seinem Alter Ismael und Isaak als Söhne geschenkt hat.

Indem Abraham mit Hagar ein Kind zeugt, verbindet er sich eigens mit dem ägyptischen Element. Aber diese Verbindung wird in der Ausstoßung Hagars und des erstgeborenen

Ismaels dann gleich wieder gelöst. Die Ismaeliten bilden eine unabhängige Kultur am Sinai aus, mit der nun Moses viele Generationen später nach dem Auszug aus Ägypten in Berührung kommt. Aus dieser kulturell sehr vermittelten Berührung entspringt die entscheidende Verbindung Israels mit dem ägyptischen Element und auch die Zehn Gebote und mit diesen der ausgesprochene Monotheismus.[95]

Es handelt sich also nach Steiner um keine Übernahme des Echnaton-Monotheismus, den Moses nach Freud mitnimmt, sondern um etwas Neues, das in einem sehr komplexen geschichtlichen Zusammenwirken entsteht. Wenn etwas Neues entsteht, dann sprechen wir von Schöpfung. Steiner erzählt uns mit der erweiterten Geschichte von Hagar und Sarah bis hin zu Moses am Sinai von einer kulturellen Schöpfung in der Menschheitsgeschichte. Es scheint, als würde er von den Werken der Menschen und dem Werk Gottes erzählen und davon, wie sie sich zu einer gemeinsamen Geschichte verflechten.[96]

Der «Vater» als Generationen-Ich

Wir sind mit den Ausführungen zu den Gottesnamen und Steiners Darstellungen zur Identität Christi mit dem Ich bin, das aus dem Dornbusch sprach, soeben über das Jahr 1907 und

95 Vgl. Rudolf Steiner: *Die tieferen Geheimnisse des Menschheitswerdens im Lichte der Evangelien*, GA 117, Dornach 2017, Vortrag vom 23. November 1909 in Berlin.

96 Vgl. Jörg Ewertowski: Sarahs Entschluss. Die Frage nach dem Handeln Gottes in der Geschichte, in: *Die Christengemeinschaft*, Mai 2019.

den Vortrag, der auf den Blindgeborenen zugeht, hinausgegangen und haben uns auf den Vortrag vom November 1908 gestützt, in dem diese Sachverhalte besonders klar ausgeführt wurden, in dem aber der Blindgeborene kein Thema ist. Aber auch im Vortrag vom November 1907, von dem wir ausgegangen sind, geht es im unmittelbaren Vorfeld der Interpretation des Blindgeborenen um den Gottesnamen, der am Dornbusch geoffenbart wurde. Das Christuswort «Ehe denn Abraham ward, bin ich» (Joh 8,58) deutet Steiner jetzt unerwartet konkret: Das Generationen-Ich sei im alten Judentum als «Vater» angesprochen worden. Das im 10. Kapitel dann fallende andere Christuswort «Ich und der Vater sind eins» nimmt Steiner hinzu. Solange das, was heute als Ich den einzelnen Menschen ausmacht, nur in der Generationenreihe gelebt hatte, hat kein einzelner Mensch von sich selbst als «ich» gesprochen. Die erste Person Singular war allein im Verb ausgedrückt. So lautet beispielsweise die Interlinearübersetzung von Joh 8,58: «Bevor Abraham gewesen ist, ich bin.» Darin liegt für die damalige Sprache eine Verdoppelung, der man nach Elsbeth Weymann am besten gerecht werden könnte, wenn man formulieren würde: «Bevor Abraham gewesen ist, ich, ich bin.»[97]

Steiner zufolge spricht Christus hier nicht einfach von sich, sondern von dem Ich, das in alten Zeiten im Generationenstrom lebte und mit Blick auf den Ahnherren der Generationenreihe als «Vater» angesprochen wurde. Dieser war für die Juden der damaligen Zeit der Vater Abraham. Das Wort «Bevor Abraham gewesen ist, ich bin» versteht Steiner nun als Aussage über die Verfassung des menschlichen Ich, das sich über Abraham hinweg oder ihm zuvor letztlich in

97 Vgl. Elsbeth: Weymann: Die Heilung des Blindgeborenen, a.a.O. (Anm. 42), S. 12.

Adam gründet und damit kein Volks-Ich bin ist, sondern ein Menschheits-Ich bin.

Das Generationen- und Volks-Ich erweitert sich in dieser Rückführung auf das Menschheits-Ich und wird zu einer Peripherie. Gleichzeitig bildet sich ein neues Zentrum heraus, nämlich das in jedem einzelnen Menschen erwachende persönliche Ich. Das Christuswort «Bevor Abraham gewesen ist, ich bin» beinhaltet so verstanden die für die Pharisäer provozierende Auflösung des erwählten Volkes zu einer Menschheitsreligion. Und das Christuswort «Ich und der Vater sind eins» (vgl. Joh 10,24-31) spricht wiederum nicht von der Identität Jesu mit dem Vatergott, sondern verkündet, dass jedes einzelnen Menschen-Ich etwas vom göttlichen Vater in sich trägt – und nicht nur das abrahamitische Volk Israels. Die Pharisäer haben freilich Jesu Wort als eine Selbstaussage verstanden und fragen deshalb in Vers 25 sogleich nach: «Du, wer bist du?» und nicht: «Wer oder was ist das Ich?»

Im Sinne Steiners ist das Anstößige an Jesu Worten für die Pharisäer aber nicht die Selbstüberhebung, sondern die Erniedrigung des Gottesbundes Israels durch Einordnung in einen «Menschheitsbund», und er spricht jedem einzelnen Menschen einen Rang zu, der bis dahin Abraham vorbehalten war. Mit der Erweiterung des Gottesverständnisses ins Menschheitliche geht die Individualisierung einher.[98] Wenn wir die

98 «Denken wir uns eine Macht auf die Erde versetzt, die der Menschheit recht ins Bewusstsein bringt, dass dieses ‹Ich bin› in jedem einzelnen Menschen leben kann, eine Macht, die dem Menschen klarmacht, dass der Gott in jeden Menschen einen Tropfen seiner Substanz hineinversenkt hat. Diese Macht würde sagen: Dieses ‹Ich bin› ist etwas, was in jedem von euch darinnen ist, es ist ein Teil der einen göttlichen Kraft. Dasjenige, was ihr als euer individuelles ‹Ich bin› empfindet, ist eins mit dem ‹Ich bin› des Vaters. Wer von euch

Gedankenmetamorphose imaginativ zu erfassen versuchen, dann sehen wir, wie das Generationen-Ich weit wird, wie sich das Göttliche mit jedem einzelnen Menschen verbindet und ihn zu einem Ich bin macht und wie sich die Gottesvorstellung der Menschen aus ihrer engen Verflochtenheit mit dem Generationen-Ich herauslöst und damit der Gott, der die Welt geschaffen hat, in eine persönliche Beziehung zum einzelnen Menschen treten kann. Es entwickelt sich ein menschheitliches Gottesverständnis, und zugleich erwacht im einzelnen Menschen der Gottesfunke, das persönliche Ich. In dieser Imagination ist auch die Gottesvorstellungen von Strauß (Gott als Idee der Menschen und Gott als Ideal des einzelnen Menschseins) zu integrieren. Wir merken jetzt, dass es eine Brücke zwischen dem Atheismus Feuerbachs und dem Gottesnamen gibt, die einen mystischen Charakter hat.

Was für einen der Demaskierungshermeneutik nahestehenden Interpreten als Kompilation unterschiedlicher bereits vorhandener Gedanken gelten muss, stellt sich für einen Interpreten der horchenden Hermeneutik des Ich bin als Eintritt in die Wahrnehmung lebendiger Gedanken dar, als ein Durchlaufen eines geistigen Dramas, das wir Spätgeborene, denen das Werk Steiners im Ganzen zugänglich ist, wie auf der Bühne dargeboten bekommen, während Steiner selbst in das Nacheinander dieses Stücks verwoben ist.

Zu einer solchen horchenden Hermeneutik des Ich bin gehört die Beobachtung dessen hinzu, was Steiner in der Entwicklung

in sich das Bewusstsein dieser Tatsache entwickelt hat, der kann sagen: ‹Ich und der Vater sind eins.›» Rudolf Steiner: Vortrag vom 25. November 1907 in Basel in der Vortragsreihe «Das Johannes-Evangelium», in: *Menschheitsentwickelung und Christuserkenntnis*, a.a.O. (Anm. 92), S. 255f.

seines Werkes *getan* hat. Also nicht nur, welche Aussagen er getroffen hat, sondern was er durch seine Darstellungen *bewegt* hat, wie er mit den bereits vorhandenen Interpretationen *umgegangen* ist. Und wenn wir das nun mit unserem zum Text gewordenen Vortrag machen, erleben wir den geradezu systematischen Versuch, bestehende Verständnismuster aufzulösen. Steiners Tun lässt sich mit Martin Heideggers Methode und Praxis der «Destruktion», der Methode des systematischen Rückbaues von jahrhundertealten Deutungsarchitekturen, vergleichen, die sich beispielsweise über den Texten Kants oder Platons errichtet haben und die einen direkten Zugang verstellen. So wie Heidegger die gewohnte Lesart vieler philosophischen Klassiker vollständig gegen den Strich bürstet, beispielsweise Kant nicht als Erkenntnistheoretiker liest, sondern als Ontologen, so verfährt auch Steiner mit den traditionellen theologischen Deutungen des Johannesevangeliums. Er liest das Evangelium nicht als Glaubenszeugnis, sondern als Transformation von Mysterieninhalten und als Werk eines Autors, der selbst eingeweiht und mit den Mysterien vertraut war. Das Evangelium selbst wird dabei jedoch nicht nur aus den theologischen Deutungsmustern herausgelöst, sondern genauso auch aus den Deutungen von David Friedrich Strauß oder Ludwig Feuerbach. Für den über all das staunenden heutigen Leser der Steinerschen Vortragstexte entsteht der Eindruck eines unausschöpflichen Reichtums in den Evangelien, einer vielschichtigen Tiefe. Für einen Leser, der in theologischen Deutungen bewandert ist, liest sich so ein Text – berechtigterweise – als gewaltsamer Eingriff. Aber das Erlebnis der Lektüre dieser Steiner-Texte kann horizonterweiternd wirken, freilich gerade wegen seiner Radikalität auch dazu stimulieren, neue dogmatische Wahrheiten daraus zu errichten.

Die «Goldene Legende» und das «Ich bin»

Unmittelbar bevor Steiner im letzten Vortrag der Basler Reihe auf die Geschichte vom Blindgeborenen zu sprechen kommt, ergänzt er das zuvor dargelegte menschheitsgeschichtliche Thema noch durch eine mythische Perspektive. Er erzählt die sogenannte «Goldene Legende» als eine Geschichte des Ich-bin. Adams Sohn Seth, der an die Stelle des ermordeten Abel getreten ist, darf das Paradies betreten, aus dem seine Eltern – und damit die Menschheit – vertrieben wurden. Er sieht zwei ineinandergewachsene Bäume, den Baum des Lebens und den der Erkenntnis. Drei Samenkörner dieser Bäume darf er aus dem Paradies mitnehmen. Er wird sie seinem Vater Adam nach dessen Tod in den Mund legen, und aus dem Grab Adams wird schließlich ein dreiteiliger Baum aufwachsen. Dieser Baum habe sich manchen Menschen flammend gezeigt, und aus seiner Glut haben sich die Worte «Ich bin, der da war, der da ist und der da sein wird» gebildet, so erklärt Steiner seinen Zuhörern.[99] Er erzählt weiter von einer überlieferten Deutung der Geschichte, der zufolge sie symbolisch auf eine Zukunftsaufgabe menschlicher Entwicklung hinweist, in der sich leiblich-natürliche und moralisch-geistige Wandlungen miteinander vollziehen. Das Ich des Menschen sei aus dem Samen des Paradiesesbaumes entstanden, und es sei ursprünglich durch die Zweiheit von Erkenntnis und Leben geprägt. Dem Menschen wurde durch die Vertreibung aus dem Paradies jedoch ein Teil des Lebens, der «Baum des Lebens», entzogen.

Die Erzählung von der Interpretation der Legende geht noch weiter, und sie wird zu einer Geschichte vom Verhältnis zwi-

99 Rudolf Steiner, ebd., S. 256f.

schen Mensch und Erde, Mensch und Pflanze, zur Geschichte von der Angewiesenheit des menschlichen Atems vom pflanzlichen Leben und der Aufgabe, das göttliche Ich bin im Menschen zu finden. Es geht um die Wiederverbindung mit dem Baum des Lebens. Christus trägt den vollständigen Paradiesesbaum bereits in sich und verpflanzt dessen Samen in drei Körnern (nochmals) in die Erde. Diese drei Körner seien symbolisch als die drei zu verwirklichenden Geistesglieder des Menschen verstanden worden. Ihre Verwirklichung ist die Verwirklichung eines «Ewigkeitsbewusstseins» im Menschen. Gleichzeitig habe man diese Legende vom Paradiesbaum mit seiner Todes- und Lebenskrone aber auch als Symbol für den doppelten Blutsbaum im menschlichen Leib verstanden: das sauerstofftragende Arteriengeflecht und das venöse, die «Kohlensäure» zum Ausatmen tragende Geflecht. Der Mensch kann diese beiden Bäume nur mithilfe der Pflanze verbinden, denn er kann das Kohlendioxid nicht in Sauerstoff umwandeln. Das selber leisten zu können ist seine Zukunftsaufgabe, die leiblich mit der Entwicklung der drei Geistesglieder einhergeht.[100] Es mutet heute in der eskalierenden Klimanot der Erde schon fast unheimlich an, eine solche Erzählung zu lesen.

Das Dornbusch-Wort Gottes vom «Ich bin, der da war, der da ist und der da sein wird», das damit als eine Art Abbild auch im Menschen realisiert werden soll, ist als Dreieinigkeit

100 «Der Eingeweihte sieht voraus, wie die zwei Bäume, der Baum der Kohlensäure und der des Sauerstoffes, ihre Krone miteinander verschmelzen werden. Dann wird dasjenige, von dem es heißt: ‹Ich bin, der da war, der da ist und der da sein wird› als etwas Ewiges in jedem Menschen leben.» Rudolf Steiner, ebd., S. 258f. Vgl. dazu auch Karl König: *Auferweckung und Auferstehung. Vier Vorträge,* gehalten zu Ostern 1965 in Föhrenbühl, Stuttgart 1997, S. 53ff.

von Vergangenheit, Gegenwart und Zukunft jedoch keine bloße Verneinung der Vergänglichkeit, keine Einrichtung zeitloser Dauer oder ruhender Ewigkeit. Es eröffnet und trägt den Geschichtsraum der Menschheit und der Erde. Denn Steiner interpretiert die Legende nicht nur als Parabel vom Paradies, dem Sündenfall und der Erlösung, sondern als Essenz einer Menschheitsgeschichte, die nicht auf der Erde wie auf einer statischen Bühne stattfindet, sondern zugleich auch ein Teil der Erdgeschichte ist. Der Mensch, die Pflanzenwelt und Christus gehören zur Erde, und zu dieser gehört auch die Geschichtswelt des Menschen.

Wenn sich der Baum der Erkenntnis und der des Lebens in Zukunft miteinander vereinen, wird «Ich bin, der da war, der da ist und der da sein wird» als Ewiges im Menschen leben. Das ließe sich aus dieser Ganzheit herausgelöst unter Umständen noch rein anthropologisch und entwicklungsgeschichtlich lesen, noch ganz in der Nachfolge Feuerbachs, der zufolge der *vermeintlich* äußere Gott in Wahrheit im Menscheninneren zu finden ist. Steiner hätte dann den Sündenfall als Evolutionsvorgang interpretiert und die Erzählung von der Gottesbegegnung des Mose am Dornbusch symbolisch als Darstellung einer mystischen Erfahrung des Menschen mit seinem eigenen höheren Selbst. Aber selbst wenn wir nicht schon auf den Berliner Vortrag im November 1908 vorgeblickt hätten, sollte die Erinnerung an das Einweihungsdrama aus dem Christentum-Buch von 1902, das mystische Durchlaufen des Atheismus und seine Überwindung in Verbindung mit der dort schon ausdrücklichen Unterscheidung zwischen dem Schöpfergott und dem in der menschlichen Seele geborenen Gottessohn genügen, um diese rein anthropologische Interpretation wieder fallen zu lassen. Außerdem bekommt Christus eine Aufgabe zugesprochen, die über den in der Seele mystisch geborenen Gottessohn hinausweist: Was in der Goldenen Legende die drei Samenkörner sind, die Seth ins Grab Adams pflanzt, das trägt Christus als Ich bin in sich und pflanzt es seinerseits aus. Christus ist hier mehr als ein außerordentlicher Mystiker, der das göttliche Ich bin geschaut hat, wie es Moses am Dornbusch geschaut hat. Er spricht und handelt auch nicht nur auf Geheiß dieses göttlichen Ich bin wie Moses, sondern er vermittelt potenziell jedem einzelnen Menschen einen Funken des Feuers, das am Dornbusch gebrannt hat und das er selbst ist.

Damit setzt sich die Schöpfung fort, denn der Mensch bekommt ein neues Glied seines Wesens, das alle anderen Glieder verwandelt und depotenziert: Das Ich kommt nicht etwa als achtes zu den sieben Wesensgliedern hinzu, sondern es wird zu deren Mittelpunkt. Ein halbes Jahr später, in den Hamburger Vorträgen zum Johannesevangelium, wird Steiner diese Revolution der theosophischen Hüllenanthropologie ausführlich darstellen, und zwar wiederum in enger Verbindung mit seiner Interpretation des Blindgeborenen. Hier im Abschlussvortrag der Basler Reihe zum Johannesevangelium taucht dieser umstürzend neue Gedanke erstmals und noch sehr zurückhaltend formuliert auf. Er steckt aber unübersehbar in der letzten Stufe der Deutung der Goldenen Legende.

Aus dem vielzitierten Christuswort «Ich bin der Weg, die Wahrheit und das Leben» leitet Steiner seinen Zuhörern nun die Vorstellung ab, dass das von Christus dem Menschen vermittelte Ich bin diesen dazu befähigt, seinen Astralleib zum Geistselbst (Ich bin der Weg), seinen Ätherleib zum Lebensgeist (Ich bin die Wahrheit) und den physischen Leib zum Geistesmenschen (Ich bin das Leben) zu verwandeln. Das Ich stellt somit nicht nur als «Ego» das «untere Manas» dar, es ist auch nicht nur eine Alternativbezeichnung für «Manas», sondern es kommt als etwas der theosophischen Prinzipienreihe völlig Unbekanntes hinzu und bringt das vermeintlich Höhere durch eine Umwandlung des vermeintlich Niederen erst hervor. Das ist eine Umstülpung der theosophischen Prinzipienlehre und nicht einmal als Keim bei H. P. Blavatsky, bei A. Besant, A. Sinnet oder W. Q. Judge zu finden. Es stellt auch die bisherige Anthropologie Steiners auf einen neuen Boden – auf den Boden der Christologie. In dem Buch *Theosophie* findet diese Entdeckung Steiners ihren Niederschlag erst in einem umfangreichen Zusatz der 2. Auflage von 1910. Mit diesen Gedanken des Basler Vortrags von 1907 befinden wir uns jetzt unmittelbar vor der Interpretation des Blindgeborenen.

Das «Ich bin» und das neue Karmaverständnis

Wenn wir vor diesem Hintergrund lesen, Christus habe auf die Frage der Jünger geantwortet, dass weder dieser Mensch noch seine Eltern gesündigt haben, sondern dass er blind geboren wurde, «damit der Gottesfunke in ihm sichtbar werde», dann wirkt das nicht mehr wie eine Erneuerung der Interpretation Blavatskys mit all ihren Problemen. Was im Vortrag über den Gottesfunken im Menschen vorangegangen ist, muss jetzt zur Maßgabe dafür werden, wie genau wir diese Sätze des uns überlieferten Textes von der Blindheit als einer Erfüllung des Karmas, als einem Offenbarwerden der Werke des Gottesfunkens sinnvoll auffassen können:

> Christus antwortete: «Weder er noch seine Eltern haben gesündigt, er erfüllt sein Karma, damit der Gottesfunke in ihm sichtbar werde, damit die Werke des Gottes in ihm sichtbar werden.» So ist die Antwort des Christus (9,3) zu übersetzen: «Er ist blind geboren worden, damit die Werke des Gottes in ihm im Leibe sichtbar werden.»[101]

Wenn das individualisierte Ich als Gottesfunke an die Stelle dessen tritt, was Blavatsky als den «persönlichen Gott des Menschen» anspricht – ist es dann dessen Sünde als Werk in seiner früheren Inkarnation, die jetzt in dieser Inkarnation als karmische Sühne sichtbar wird? Oder ist die Sühne das Werk des (richtenden) Gottesfunkens im Menschen? In der theosophischen Anthropologie Olcotts und Blavatskys wird diese Alternative durch eine Aufteilung des Menschen in «Persönlichkeit» und «Individualität» (vgl. oben, S. 84f.) vermieden: Die Persönlichkeit des letzten Lebens hat gesündigt; die Persönlichkeit dieses Erdenlebens erleidet die Folgen, und die Individualität spannt den Ursache-Wirkungs-Bogen zwischen den beiden. Aber das passt mit all dem, was Steiner unmittelbar zuvor über das sich individualisierende Ich ausgeführt hat, gerade nicht zusammen. Die Innovation der Steinerschen Ich bin-Anthropologie führt ja dazu, dass das Ich die Züge der ewigen Individualität wie auch der Persönlichkeit in sich vereint.

Ist das Ich der «persönliche Gott» im Menschen, müssen wir sagen, dass es der Mensch selber ist, der im nachtodlichen Rückblick auf sein früheres Leben und im entwerfenden Wunsch für sein künftiges Erdenleben sich diese angeborene Blindheit gewählt hat.[102] Aber zugleich erleidet der Mensch auch das, was

101 Rudolf Steiner, ebd., S. 260.

102 Vgl. unsere Hinweise zu Steiners Vortrag vom 19. Mai 1910 in Hamburg auf S. 120.

ihm dadurch zustößt, und er erinnert sich nicht an seine vorgeburtliche Entscheidung. Diese könnte zudem auch ganz andere Motive haben als die Sühne für irgendeine Schuld – sie könnte auch zukunftsgestaltend auf die Beziehung zu den Mitmenschen und die Ermöglichung weiterer Entwicklungen in einem nächsten Erdenleben zielen. In heilpädagogischen Zusammenhängen wird meist so etwas in Erwägung gezogen.[103]

Die Quintessenz des vorangegangenen Vortragsteils ist die Beziehung zwischen der Individualisierung aus dem Generationen-Ich heraus in Verbindung mit dem durch Christus dem einzelnen Menschen vermittelten Gottesfunken des Ich bin. Der Mensch ist ontologisch anders geworden. Er hat nicht nur moralisch die Menschenwürde entdeckt, sondern aus einer Menschheit, in der der einzelne Mensch nur ein ersetzbares Glied seiner Sippe, seiner Vorfahrenkette, war, ist eine Menschheit geworden, die aus lauter einzelnen Ich-Persönlichkeiten besteht, deren jede unersetzbar ist.

Was bedeutet das für die alte Seelenwanderungslehre? In welcher Beziehung steht diese zu der beschriebenen Gruppen-Ich-Verfassung? Die Seelenwanderungsvorstellung passt nicht zu der Individualisierung. Wenn jeder einzelne Mensch zur Ich-Persönlichkeit geworden ist, wird die Seelenwanderungslehre zum Anachronismus. Denn so wie zuvor der einzelne Mensch in das Familien-Ich aufgehoben wurde, so müsste er jetzt in die Inkarnationskette der «Individualität» wie in eine Gattung aufgehoben werden. Zum Wesen des persönlichen Ich bin gehört aber, dass es ebenso wenig in eine übergeordnete Gattung als Exemplar subsumiert werden kann, wie jener Ich bin, der sich Mose am Dornbusch geoffenbart hat, in die Gattung

103 Vgl. Johannes Denger: Wiederverkörperung und Schicksal in der Heilpädagogik und Sozialtherapie, in: *info3*, 1/2023.

«Götter» gehört. Ich bin ist seinem Wesen nach einzig. Das erklärt, warum zum Entstehungszeitpunkt des Johannesevangeliums die Lehre der Seelenwanderung der Entwicklung der einzelnen Ich-Persönlichkeit zuwidergehandelt hätte. Eine andere Frage ist freilich, ob in der Konsequenz des Einzel-Ich, der Ich-Persönlichkeit, nur die Verneinung der Seelenwanderung angesagt ist oder nicht viel eher deren radikale Umwandlung in Reinkarnation auf der Grundlage des durch Christus dem Menschen vermittelten Ich-bin.

Von hier aus muss sich dann die Identität des persönlichen Menschen über mehrere Erdenleben hinweg ganz neu vorstellen lassen – als eine Identität, die Selbstheit und Selbigkeit nicht vermischt, sondern vermittelt. Selbstheit ist immer durch Selbst-Reflexion ausgezeichnet, durch Bewusstsein. Selbigkeit beinhaltet Ausdehnung in der Zeit, die nicht im Bewusstsein des sich wissenden und erinnernden Ich-denke gründet, sondern im Sein. Dieses Sein nun als Ich-Sein in dem Wort «Ich bin» auszusagen erfordert für Ricœur die Innovation der Hermeneutik, um das Ich der Bewusstseinsphilosophie über deren Einseitigkeiten und Selbstüberhebung hinweg nicht nur als aktuellen Bewusstseinsakt denken zu können, der durch jeden Schlaf aufgehoben werden muss, sondern als ein Ich-Sein, ein Ich bin, das über den Schlaf eine Brücke der Selbigkeit schlägt (vgl. oben, S. 25). Im Verstehen überschreiten wir, auch wenn wir die Methoden der von Steiner beschriebenen «Geisteswissenschaft» nicht zu praktizieren vermögen, auf den Wegen der Symbolik, der Metaphorik und der Interpretation die Grenzen der neukantianischen Erkenntnistheorie, ohne in die alte Metaphysik, die Philosophie des Unbewussten (Eduard von Hartmann) oder die Konstruktion des Unterbewussten (Psychoanalyse) abzugleiten. Paul Ricœurs Konzeption einer

Hermeneutik des Ich bin ist deshalb dazu prädisponiert, die Steinersche Auffassung des Johannesevangeliums vom Ich bin interpretieren zu helfen und gleichzeitig die Umwandlung der Seelenwanderungsvorstellung in den Reinkarnationsgedanken unter den allgemein geisteswissenschaftlichen Bedingungen des 21. Jahrhunderts nachvollziehbar zu machen. In der Geschichte vom Blindgeborenen treffen sich beide Aufgaben.

Die theosophische Anthropologie Blavatskys kennt das Ich bin nicht, aber sie bereitet mit ihrer Rede «vom Persönlichen Gott» und dem Vorstoß, die Wendung von Vers 3 mit «Werke des Gottes *im* Menschen» zu übersetzen, die weitere Auseinandersetzung indirekt vor – und erschwert sie zugleich durch ihre überhebliche Polemik. Zur Lösung der Aufgabe «Ich bin und Reinkarnation» ist sie nicht fähig. Dass Steiner unausgesprochen an sie angeknüpft hat, ist nachvollziehbar, aber dass er auch ihre Polemik vor einem Publikum wiederholt, das sie gerne hört, zeigt auf seine Schattenseiten. So begegnen wir in unserem Vortrag einer Argumentation, die sich wie Blavatsky von einer unterstellten theologischen Interpretation abstößt.[104]

Wer jetzt jedoch den Zusammenhang des Basler Vortrags

104 «In den meisten Übersetzungen der Bibel wird die Antwort des Christus auf die Frage, wer gesündigt habe, dieser, der Blindgeborene, oder seine Eltern, so wiedergegeben: ‹Es hat weder dieser gesündigt noch seine Eltern, sondern damit die Werke Gottes offenbar würden an ihm.› Ist dies aber eine für einen Christen würdige Auffassung, dass Gott einen Menschen blind geboren werden lässt, damit Gott seine Herrlichkeit an ihm offenbaren kann? Ein Gottesbegriff, der imstande ist, zu solchen Konsequenzen zu kommen, ist unmöglich. Viel einfacher und klarer liest sich diese Stelle, wenn wir die theosophische Auffassung zugrunde legen.» Rudolf Steiner: Vortrag vom 25. November 1907 in Basel in der Vortragsreihe «Das Johannes-Evangelium», in: *Menschheitsentwicklung und Christuserkenntnis*, a.a.O. (Anm. 92), S. 260f.

innerlich realisiert, wer also die unmittelbar vorangegangenen Ausführungen zur Goldenen Legende als zugehörig zu den Ausführungen zum Blindgeborenen betrachtet, wird nun bei dem «Sichtbarwerden des Gottesfunkens» an mehr denken als nur an eine platte Karma-Erklärung der angeborenen Blindheit. Genau genommen stellt sich die Situation jetzt nach dem Vorangegangen so dar, dass Christus primär vom Offenbarwerden des Gottesfunkens im Menschen spricht und dieser Gottesfunke im Menschen mittelbar mit der Verwandlung der Seelenwanderung in Reinkarnation verflochten ist. Denn von dem durch Christus dem Menschen vermittelten «Ich-bin» hieß es ja unmittelbar zuvor, dass es den Menschen befähigt, seine Leibeshüllen in Geistesglieder umzuwandeln. Da es sich dabei um Vorgänge handelt, die nur innerhalb eines großen Reinkarnationszusammenhanges denkbar sein können, kommt auch das auf einer neuen Beziehung von Sünde und Sühne beruhende Karmaverständnis hinzu, von dem Steiner 1904 in Berlin gesprochen hat. Im Mai des nächsten Jahres wird er all das wieder aufgreifen und näher ausführen. Er wird dann die Heilung einer angeborenen Blindheit ausdrücklich in den Zusammenhang der durch Christus eröffneten Umwandlung des physischen Leibes stellen, und zwar als eine symbolische Vordeutung auf die Zukunft.[105]

Vor diesem vielschichtigen Hintergrund wollen wir nun versuchen, drei Einwänden Helmuth Zanders aus dessen Theologie-Dissertation von 1995 nachzugehen.[106]

105 Vgl. unser Kapitel «Die Heilung als Vordeutung auf die zukünftige Umwandlung des Leibes», S. 179ff.

106 Helmut Zander: *Reinkarnation und Christentum. Rudolf Steiners Theorie der Wiederverkörperung im Dialog mit der Theologie*, Paderborn, München, Wien, Zürich 1995.

Steiners deutende Übersetzung von Vers 3, «er erfüllt sein Karma, damit der Gottesfunke in ihm offenbar werde», wirkt sich auch auf das Verständnis von Vers 4 aus, der von den Werken spricht, die Christus wirken muss. Wie passt das eine zum anderen? Helmut Zander behauptet, dass beides unvereinbar sei.

Stellen wir versuchsweise Vers 4 in der üblichen Übersetzung mit der Steinerschen Übersetzung von Vers 3 zusammen und hören, wie das klingt.

> 3 Er ist blind geboren worden, damit die Werke des Gottes in ihm im Leibe sichtbar werden. 4 Ich muss wirken die Werke des, der mich gesandt hat, solange es Tag ist; es kommt die Nacht, da niemand wirken kann.

Die theologisch verbreitete Auffassung von Vers 3, die von den Werken Gottes *an ihm* spricht, identifiziert den Gott, dessen Werke offenbar werden sollen, mit Christus und versteht das Werk, um dessen Verrichtung es geht, symbolisch als das Tragen des Lichtes in die Finsternis, und davon spricht Vers 4. Die Heilung ist nicht dieses Werk, sie symbolisiert es lediglich.[107]

Vor dem Hintergrund der Steinerschen Interpretation von Vers 3 hebt Christus in Vers 4 jetzt *sein* Wirken der Werke des Gottes (des Gottes, der ihn gesandt hat) von den Werken des Ich bin im Blindgeborenen ab. Wir müssten jetzt im Christuswort von Vers 4 das Ich betonen – oder erläuternd übersetzen: «*Ich hingegen* muss ...» Dem entspricht auch die Übersetzung, die Friedrich Rittelmeyer vorgenommen hat. Rittelmeyer entscheidet sich dabei – wie heute Jean Zumstein[108] – für den Plural in

107 Vgl. unser Kapitel «Von Bernhard Weiss zu Fritz Tillmann: Das Sinnbildliche im Wörtlichen», S. 67ff.

108 Jean Zumstein: *Das Johannesevangelium übersetzt und erklärt,*

Vers 4 und erlaubt sich den deutenden Zusatz «Uns kommt es nur zu»:

> Seine Jünger fragten ihn: «Meister, wessen Sünde ist schuld, seine eigene oder die seiner Eltern, dass er blind geboren ist?» Jesus gab zur Antwort: «Weder seine eigene Sünde noch die seiner Eltern. Vielmehr sollen die Taten Gottes in ihm zur Offenbarung kommen. Uns kommt es nur zu, zu wirken die Werke dessen, der mich gesandt hat, solange es noch Tag ist. Es zieht eine Nacht heran, da niemand zu wirken vermag. Solange ich in der Erdenwelt bin, bin ich ein Licht für die Welt.»[109]

Rittelmeyers an Steiner angelehnte Übersetzung von Vers 3 und auch Steiners radikalere Übersetzung sind also beide mit Vers 4 vereinbar. Gleichwohl kann es natürlich nicht angehen, durch bloße Berufung auf die Autorität Steiners eine Entscheidung für seine Übersetzungsmöglichkeit von Vers 3 vorzunehmen. Aber sehr einleuchtend und vorsichtig reflektiert spricht die Argumentation von Elsbeth Weymann, die vom Ich bin-Wort des Blindgeborenen in Vers 9 her die Angemessenheit dieser Entscheidung nahelegt. Für sie führt das nicht zum Karmagedanken, sondern zur Ich-Geburt in diesem Menschen, einer Christus-Ich-Geburt. Weymann versteht die Zukunftsausrichtung des Christuswortes also nicht als Vordeutung auf die physische Heilung, sondern als Vordeutung auf das Christus-Ich bin, das sich danach in ihm offenbart. Daher ist es angemessen, das Christuswort vom Wirken Gottes «en auto» mit «in ihm» – und nicht mit «an ihm» – zu übersetzen. Weymanns

Göttingen 2016, S. 354. Nach Zumstein ist diese Überlieferung besser bezeugt.

109 Friedrich Rittelmeyer: *Briefe über das Johannesevangelium*, Stuttgart (1. Aufl. 1938), 4. Aufl. 1999, S. 478.

zentrale Interpretations-Intuition ist das Verständnis vom Wirken des Lichtes der Welt in der samengleichen Weitergabe und Vermehrung des Christus-Ich bin an alle dafür bereiten Menschen. Damit macht sie die in Steiners Vortragsüberlieferungen enthaltenen Gedanken als Verständnishorizont fruchtbar, ohne sie zu «Ergebnissen der Geistesforschung» gerinnen zu lassen und auf Autorität hin zu übernehmen:

> Der verwandelte Mensch, der bisher kein Wort gesprochen hat, macht nun eine Aussage, die sonst ausschließlich in Worten Christi über sich selbst im Johannes-Evangelium erklingen: «Εγώ εἰμι – Ich, ich bin» (V. 9). Mit der doppelten Betonung des Ich. Spätestens ab diesem Wort liest sich die Erzählung nicht nur wie die Geschichte einer vor 2000 Jahren erfolgten wunderbaren Heilung, sondern es lassen sich, wie über Zeiten und Räume hinweg, Stufen eines Erwachens des Menschen zu sich selbst, Stufen einer Ich-Geburt wahrnehmen. Rückblickend auf Vers 3 wird nun auch anders verständlich, warum Christus zu den Jüngern sagte, dass «in ihm – en auto» und nicht nur «an» ihm das Wirken Gottes zur Erscheinung komme.[110]

Zander meint aber nun, man sei nach Steiners Übersetzung von Vers 3 gezwungen, Jesu Wort von Vers 4 so zu verstehen, dass auch Christus jetzt die Werke des Gottes im Blindgeborenen (die Werke von dessen höherem Selbst) tun müsse. Dass das keinen Sinn macht, liegt auf der Hand, und darin besteht ja der gewollte Einwand gegen Steiners Deutung. Zander unterstellt dabei, dass Steiner den Gott im Menschen gar nicht vom äußeren Gott unterscheidet, sodass der individuelle «Gott» im

110 Elsbeth Weymann: Die Heilung des Blindgeborenen, a.a.O. (Anm. 42), S. 12.

Blindgeborenen auch der Gott sein müsse, von dem Christus sich gesandt weiß. Steiner identifiziere also den Gott außerhalb des Menschen (den Gott, der die Welt geschaffen hat) mit dem Gott innerhalb des Menschen. Der Theologe glaubt offenbar, dass Steiner so denkt wie Feuerbach, der ja von einer Projektion des im Menschen gelegenen Gottes als dem Wesenszug aller Religionen spricht. Als vermeintlichen «Beleg» für diese Unterstellung führt er eine Meditationsübung Steiners an, der zufolge der Meditierende «das höchste Selbst als den Gott außer sich und in sich» vorstellen soll.[111] Gemeint ist mit der Übung freilich nicht die Identifikation des «Gottes im Menschen» mit dem Gott der Religionen, sondern ein meditatives Wechseln der Perspektive zwischen Zentrum und Umkreis, das zum Verständnis des höheren Selbstes und des Ich grundlegend ist.

Zander hat den Sachverhalt hier völlig missverstanden. Er hätte schon in den vorausgegangenen Passagen des Basler Vortrags die von ihm zu Unrecht als Mangel reklamierte fehlende Unterscheidung zwischen dem Gott über dem Menschen und dem Gott im Menschen finden können, wie wir sie oben im Kapitel «Die ‹Goldene Legende› und das ‹Ich bin›» (S. 149ff.) nachverfolgt haben. Und erst recht hätte Zander eine Lektüre des Christentum-Buches von 1902 die Gewissheit von Steiners Unterscheidung zwischen dem Gott im Menschen und dem verborgenen Gott, der die Welt geschaffen hat, vermitteln können.

Ein weiterer, diesmal grundsätzlich nachvollziehbarer Ein-

111 «Wende dann deine Gedanken auf das höchste Selbst als den Gott außer dir und in dir, und präge dir ein, dass du eins mit ihm bist; sage dazu: ‹Strahlender als die Sonne, reiner als der Schnee, feiner als der Äther ist das Selbst, der Geist in meinem Herzen. Dies Selbst bin ich. Ich bin dies Selbst›.» Rudolf Steiner: *Zur Geschichte und aus den Inhalten der ersten Abteilung der Esoterischen Schule 1904 bis 1914*, GA 264, Dornach 1996, S. 137.

wand Zanders betrifft die von Johannes dargestellte Aufhebung der Vergeltungsgesetzlichkeit, die im Sinne der Steinerschen Karmadeutung verstellt würde.[112] Interessant ist aber, dass Rudolf Frieling, der in seinem Beitrag in der Zeitschrift *Die Christengemeinschaft* aus dem Jahre 1968 offensichtlich durch Steiner geprägt ist, die doppelte Übersetzungsmöglichkeit «in ihm» / «an ihm» unterstreicht, aber auch auf dieser Basis die Abwendung von einer erklärenden Schuld in der Vergangenheit als selbstverständlich nimmt:

> Johannes lässt die Heilung damit beginnen, dass der den Tempel verlassende, soeben der Steinigung entgangene Christus im Vorbeigehen den Blindgeborenen «sieht» (9). Damit soll nicht nur etwas Selbstverständliches gesagt sein. Er sieht ihn nicht nur äußerlich. Er durchschaut zugleich das Schicksal des Mannes und den schöpferischen Sinn der gegenwärtigen Stunde. So »ersieht» er ihn sich als den zu Heilenden. Während die Jünger über die Schuldfrage spekulieren, sieht der Christus, dass in diesem Falle nicht eine Schuld in der Vergangenheit zu suchen ist, sondern dass nach der Zukunft hin «die Werke des Gottes in ihm zur Offenbarung kommen sollen». Der Urtext ist doppelsinnig. Einerseits: die Werke Gottes sollen an ihm offenbar werden. Es lässt sich aber auch so lesen, dass es sich um die Werke «des Gottes in ihm» handelt – des in ihm noch verborgen keimenden, zur Göttlichkeit berufenen höheren Ich.[113]

112 «Dass es Johannes um die Aufhebung von Vergeltungsgesetzlichkeit geht, die gerade eine gesetzliche Ursache-Folge-Karmik durchbrechen, kommt bei Steiner nicht in den Blick.» Helmut Zander: *Reinkarnation und Christentum*, a.a.O. (Anm. 105), S. 88.

113 Rudolf Frieling: Die Heilung des Blindgeborenen, a.a.O. (Anm. 12), S. 290.

Frieling verzichtet auf eine Rede vom Karma. Sollte ihm das ein Erfordernis sein, um diese Blickwendung aus der Vergangenheit in die Zukunft zu vollziehen? Im Sinne unserer Überlegungen zur Ablösung der Seelenwanderungsvorstellungen durch den Reinkarnationsgedanken können wir diese Frage verneinend beantworten.

Das Bewusstsein von den Horizonten

Zanders Behauptung, «Steiners Uminterpretation folgen textimmanente Widersprüche im folgenden Vers», ist merkwürdig. Es gibt keine *textimmanenten* Widersprüche, das haben wir gezeigt, und die Interpretation selbst kann, wie Weymann gezeigt hat, auch gute Gründe geltend machen. Warum also das Wort «*Um*interpretation»? Steiner interpretiert *radikal anders* als die theologische Tradition, weshalb hier ein Streit der Interpretationen vorliegt. Das radikal Andere der Steinerschen Interpretation als «Uminterpretation» zu bezeichnen heißt, die eigene Interpretation mit der Wahrheit des Textes zu identifizieren und damit zu verabsolutieren.

Es geht um eine strittige *Neuinterpretation,* und die Frage ist, wie sich beide Interpretationen zueinander verhalten, das breite und über fast zwei Jahrtausende gewachsene Spektrum der theologischen Interpretationen und die neuen Interpretationen, die auf Steiner zurückgehen.

Beide Interpretationsströmungen befinden sich in keinem gemeinsamen Horizont. Es geht bei den zutage getretenen Differenzen nicht um rivalisierende Detail-Interpretationen, sondern ganz grundlegend um den jeweiligen Ansatz. Dass Steiner das Evangelium von den vorchristlichen Mysterien her versteht, und zwar als historisch einzigartige radikale Verwandlung dieser Mysterien, zeigt an, dass er sich in einem völlig anderen Verständnishorizont befindet als die theologischen Interpreten der Evangelien. Das fordert wiederum auch den Interpreten Steiners in besonderer Weise heraus.

Im Sinne der hermeneutischen Philosophie Hans-Georg Gadamers stellen unterschiedliche Verständnishorizonte die Interpreten nicht nur vor die Aufgabe, den mitgebrachten eigenen Horizont einmal zu verlassen und sich methodisch in den Horizont einer anderen Zeit oder eines anderen Autors zu stellen, sondern den eigenen Horizont mit in den fremden Horizont hineinzunehmen und sich eine mögliche Verschmelzung der beiden Horizonte zuzumuten.[114]

Diese Aufgabe kann in unterschiedlichen Formen verfehlt werden. Zander verfehlt sie, insofern er seinen eigenen Horizont verabsolutiert und gar nicht thematisiert. Andere theologische Interpreten wie beispielsweise Klaus Bannach lassen sich auf Steiners Horizont ein, selbst wenn es um die Zweiheit der Geburtsgeschichten geht, nehmen den eigenen Horizont dabei aber nicht mit und erwägen seine Verwandlung nicht, so Klaus Bannach nach einer Erörterung der Beziehung von Menschlichem und Göttlichem in Christus:

> Prüft man unter solchen Voraussetzungen Steiners Aussagen über den Menschen Jesus, so muss man zunächst sagen, dass sie sehr folgerichtig sind, die anthroposophischen Grundannahmen – der Mensch als Glied der Generationenkette, Reinkarnation, Wesensglieder – als gültig

114 Vgl. Hans-Georg Gadamer: *Wahrheit und Methode. Grundzüge einer philosophischen Hermeneutik,* Tübingen 1999, S. 310ff. und 409f.

> vorausgesetzt. Ferner ist Steiners behutsamer und sehr differenzierender Umgang mit der Frage nach dem Verhältnis des christlichen Glaubens zu den anderen Weltreligionen, von heute aus geurteilt, überaus weitsichtig, wie erst recht darin, dass er das Christentum als Religion auf die anderen Weltreligionen bezieht und dabei die Differenzen dennoch nicht synkretistisch einebnet.
>
> Eine eingehendere Analyse der Geschichte der Begegnung der westlichen Vernunft mit östlicher Spiritualität seit der Goethezeit würde vermutlich zeigen, dass die anthroposophische Art, die Dinge in Beziehung zu setzen, um sie voneinander zu unterscheiden, singulär ist. Schon aus diesem Grund war es eine List der Vernunft, dass Rudolf Steiner an die Theosophie geriet, und man sollte ihm diesen Schritt weder als einen großen, sein ganzes Wirken überschattenden Sündenfall zur Last legen noch als bedeutungslos herunterspielen.[115]

Bannach kehrt nach dieser anerkennenden Beurteilung gleichwohl unverändert wieder in den eigenen protestantischen Horizont zurück, wenn er darlegt, dass es Steiner zwar gelinge, Christus als wahren Menschen und wahren Gott zu verstehen, aber nur um den Preis, in Jesus ein menschliches Sonderwesen zu konstruieren, statt verständlich zu machen, dass Gott zu einem Menschen kommt, der wie alle Menschen ist. Horizontverschmelzung im Sinne Gadamers hieße freilich durchaus nicht, den eigenen mitgebrachten Horizont aufzugeben, sondern dazu anzusetzen, auf der Ebene des Horizontes Neues zu schaffen. Viele Anthroposophen scheinen sich so restlos und selbstvergessen in den Horizont Steiners zu begeben und ihn unverwandelt zu übernehmen, dass es auch aus diesem Grund zu keiner pro-

115 Klaus Bannach: *Anthroposophie und Christentum*, a.a.O. (Anm. 64), S. 442.

duktiven Verschmelzung zwischen ihrem eigenen und dem Steinerschen Horizont kommt. Das wird heute, rund hundert Jahre später, richtig problematisch, weil sich inzwischen auch unser gesamter geschichtlicher Horizont verändert hat. Wer heute seinen Horizont restlos mit dem Horizont identifizieren will, der ihm aus den Werken Steiners entgegenkommt, droht sich deshalb mehr als die Zeitgenossen Steiners von seinen eigenen Zeitgenossen abzukapseln. Steiner kann dann nur noch durch Steiner erklärt werden. Steiners Selbstverständnis wird zum Maßstab, und dem Leser, der sich damit von jeglicher eigener Interpretationsaufgabe befreit hat, droht eine Horizontverengung.

Die Aufgabe dessen, was Gadamer terminologisch «Horizontverschmelzung» nennt, zielt auf eine gegenseitige Verwandlung und Erweiterung der Horizonte. Wir dürfen deshalb auch den Horizont der Gegenwart nicht zum Maßstab erklären, sondern müssen ihn zur Disposition stellen und möglicherweise durch den von Steiner eröffneten Horizonten verwandeln lassen. Eine «heutige Sicht» ohne geschichtliches Bewusstsein ist immer für ihren Horizont blind und lebt deshalb in einem engen Horizont, der bald von der Zukunft überholt sein wird. Die Arbeit an den Horizonten verlangt eine gesteigerte Bewusstseinsleistung und die Entwicklung neuer Kategorien.

Ein Horizont lässt sich nicht zum Gegenstand machen, das sagt uns schon die Horizont-Metapher. Er umgibt uns wie unser Umkreis-Ich, und er wandert bei jedem Schritt mit uns mit. Es ist unmöglich, den Fuß auf die Horizontlinie zu setzen. Gegenstände der Einzelforschung können wir «erreichen»; in einen neuen Horizont können wir uns nur *versetzen* oder *stellen* und uns innerhalb seines Umkreises bewegen und an seiner Weitung arbeiten.

Bei all dem ist der Horizont mehr und anderes als ein Hintergrund oder eine Kontrastfolie. Wir sind mit einem Bewusstsein, das nicht fokussierend ist, bis in den Horizont ausgebreitet und schauen von dort ins Innere des Horizontkreises. Wolfgang Schad hat im Zusammenhang des menschlichen Ich, sofern es nicht als Subjekt verstanden wird, den Begriff «peripherer Blick» geprägt und begonnen, ihn zum Verständnishorizont der anthroposophischen Anthropologie zu machen.[116] Er bezieht sich dabei auf einen Vortrag auf dem Philosophenkongress in Bologna 1911, in dem Steiner einen erkenntnistheoretischen Paradigmenwechsel darlegt, nämlich vorschlägt, die Voraussetzung aufzugeben, dass das erkennende Ich im Leib sei. Dieser Voraussetzung nach besteht die erkenntnistheoretische Frage darin, zu erklären, wie das Ich zur Erkenntnis der außer dem Leib gelegenen Dinge kommt. Steiner hält aber dafür, das Ich «in die Gesetzmäßigkeit der Dinge selbst» zu verlegen und jetzt zu klären, wie es der Dinge, in denen es lebt, und seiner selbst bewusst wird. Der Leib müsste dann als Bewusstseinsspiegel für das Umkreis-Ich angesehen werden.[117]

116 Vgl. Wolfgang Schad: *Der periphere Blick. Die Vervollständigung der Aufklärung*, Stuttgart 2014, S. 78ff., sowie derselbe: Was bin ich? Wer bin ich? Zum Selbstverständnis des eigenen Ichs, in: *Der Merkurstab,* 4/2011, besonders S. 322.

117 «Und man wird deshalb zu einer besseren Vorstellung über das ‹Ich› erkenntnistheoretisch gelangen, wenn man es nicht innerhalb der Leibesorganisation befindlich vorstellt, und die Eindrücke ihm ‹von außen› geben lässt; sondern wenn man das ‹Ich› in die Gesetzmäßigkeit der Dinge selbst verlegt, und in der Leibesorganisation nur etwas wie einen Spiegel sieht, welcher das außer dem Leibe liegende Weben des Ich im Transzendenten dem Ich durch die organische Leibestätigkeit zurückspiegelt.» Rudolf Steiner: Die psychologischen Grundlagen und die erkenntnistheoretische

Der von Steiner versuchte erkenntnistheoretische Paradigmenwechsel hat nicht allgemein stattgefunden. Dafür wurde nach Steiners Tod ein philosophischer Paradigmenwechsel von der Erkenntnistheorie zur hermeneutischen Philosophie vollzogen, der unter anderem zu einer solchen Betrachtung des Verstehens geführt hat, bei der es um das Bewusstwerden von Verständnishorizonten und ihrer Unterscheidung von den erkannten Dingen geht.

In der Arbeit am Horizont praktizieren wir jedoch unausgesprochen etwas von der esoterischen Übung, die Zander missverstanden hat: Wir bewegen uns zwischen Peripherie und Zentrum hin und her und schauen wechselnd in den Horizont und aus dem Horizont. Wenn die Bewusstseinsseele die Kraft zur Erkenntnis der wirklichen Natur des Ich ist, wie Steiner 1910 in der *Geheimwissenschaft* formuliert, dann vollzieht sich in der hermeneutischen Philosophie Bewusstseinsseelenerkenntnis. Die Unterscheidung zwischen dem Umkreis-Ich und dem Zentrums-Ich gehört in das Wesen des Ich, und so gehört auch die Unterscheidung zwischen dem Horizont unseres Verstehens und unserem vergegenständlichenden Blick aus dem Zentrum heraus zu den Grundlagen sowohl der hermeneutischen Philosophie wie auch der Anthroposophie. Was in der Anthropologie Steiners die Entdeckung des Ich für die alte theosophische Hüllenanthropologie bedeutet hat, das bedeutet die hermeneutische Philosophie, die sich seit dem 20. Jahrhundert in Entwicklung befindet, für unsere Aufgabe des Verstehens. Dabei kehrt etwas von dem, was in der Anthroposophie die Schwelle zwischen der geistigen und der irdischen Welt ist, hier im hermeneutischen Verstehen wieder, insofern dazu die

Stellung der Anthroposophie (1911), in: *Philosophie und Anthroposophie*, GA 35, Dornach 1984, S. 139.

wiederholte «Umstülpung» des Subjekt-Ich zum peripheren Horizont-Ich vollzogen wird.

Beispielsweise ist die Darstellung des Ich-bin, die wir aus unserem Basler Vortrag zu verstehen gesucht haben, ein solcher neuer Horizont. Erst recht die Betrachtung des Christentums in Zusammenhang mit den antiken Mysterienreligionen oder das Verständnis von Reinkarnation und Karma, das Steiner in Verbindung mit den beiden Schwellen der Geburt und des Todes wie niemand vor ihm erörtert hat. Dagegen ist die Frage, ob es für die Interpretation des Blindgeborenen angemessen ist, die Antwort Jesu primär als einen verborgenen Hinweis auf das Karma zu verstehen, zunächst ein Gegenstand innerhalb eines Horizontes. Je nachdem, innerhalb welchen Horizontes wir uns befinden, wird unsere Antwort darauf anders ausfallen. Wenn die Karma-Interpretation sich ohne Horizontbewusstsein vor alle anderen sinnvollen Interpretationen schiebt, ist das eine Horizontverengung. Genauso aber, wenn sie pauschal ausgeschlossen wird, weil sie nicht in den eigenen Horizont passt.

In diesem Problembereich müssen wir uns über unsere Position zwischen Fundamentalismus und Relativismus klar werden. Steiner beschreibt beispielsweise die Erkenntnisstufe der Inspiration, die durch eine Verwandlung des Fühlens erreicht wird, als irrtumsfrei. Wenden wir diese Aussage Steiner so an, dass wir alle Aussagen aus seinem Werk als irrtumsfrei ansetzen? Damit wären wir nah bei der Begründung des Fundamentalismus in Amerika am Anfang des 20. Jahrhunderts, wo die Bibel als Inspiration durch den Heiligen Geist wortwörtlich betrachtet wurde. Es gilt zunächst zu berücksichtigen, dass niemand von uns Steiners Inspiration und Steiners Erkenntnis direkt nachverfolgen kann. Zwischen jeder Erkenntnis und ihrer Darstellung gibt es einen Unterschied, den niemand überspringen kann. Somit interpretieren wir das Werk Steiners, die Darstellung seiner Erkenntnis und nicht diese selbst. Wir wissen auch nicht, aus welcher Quelle eine solche Aussage wie die Karmadeutung des Christuswortes zum Blindgeborenen geflossen ist, ob sie aus der Inspiration hervorgegangen ist oder aus einer Schlussfolgerung oder aus der vorangegangenen Blavatskyschen Deutung.

Innerhalb eines gemeinsamen Horizontes kann man über richtig und falsch argumentieren, kann man zwischen der einen und der anderen Interpretation abwägen. Zwischen unterschiedlichen Horizonten geht das nicht. Das macht den bescheiden, der diese Differenz anerkennt, und den aggressiv, der den Horizont des anderen bestreitet und den eigenen mit schlichter Tatsachenwahrheit gleichsetzt.

7. Das Mysterium von Golgatha und die Erde

Die nur wenige Monate nach den Basler Vorträgen in Hamburg gehaltenen Vorträge über das Johannesevangelium (18. – 31. Mai 1908, GA 103) wurden von Walter Vegelahn professionell mitstenografiert. Die ersten fünf Vorträge hat sogar Steiner selbst durchgesehen und korrigiert. Die allem Anschein nach recht genaue Überlieferung der Worte Steiners an sein Hamburger Publikum auch in den folgenden Vorträgen ist in der Lektüre erlebbar. Wir wenden uns dem siebten Vortrag zu, dessen Gedankenbewegung geradezu auf den Blindgeborenen zuläuft, um von dort aus die Geschichte von der Ehebrecherin zu erörtern und damit zu enden. Freilich ist weder die Interpretation des Blindgeborenen noch die der Ehebrecherin der eigentliche Fokus des Vortrags. Dieser liegt im Verständnis der Ich bin-Wesenheit des Christus, deren Bedeutung für die Erde und für das Karmaverständnis.

Steiner war im Vorfeld dabei, unabhängig vom Johannesevangelium eine Entwicklungsgeschichte der Erde zu entwerfen, in deren Verlauf die «Erde» von einem unstofflichen Wärmedasein, das ursprünglich das ganze zukünftige Planetensystem beinhaltet, durch Stufen der Verdichtung zu einem der materiellen Planeten innerhalb des heutigen Planetensystems wurde. Diese Erdgeschichte entfaltet er vor seinen Zuhörern als ein Stück moderner Schöpfungsgeschichte, die der näheren Betrachtung des Evangeliums vorausgeht, aber zu ihr hinführt. Im Evangelium geht es ja um das Wort, durch das die Welt geschaffen wurde und das schließlich «Fleisch» wurde, womit es indirekt auf die biblische Schöpfungsgeschichte verweist.

Steiners Schöpfungsgeschichte erzählt vom Wirken der Hierarchien, die in ihrer Stufung wie transparente Fenster zur Trinität sind. So erscheint der Logos im Transparent der «Exousiai» genannten Engelhierarchie als die Fülle der biblischen Elohim. Diese trennen im Gang der Schöpfung die Sonne von der Erde, lösen den Mond aus der Erde und versetzen damit die Kräfte der Beschleunigung (Sonne) und Verlangsamung (Mond), der Vergeistigung und der Verhärtung in einen solchen Ausgleich, dass die Bedingungen für die Entstehung und Entwicklung des Menschen zur Freiheit und zur Liebe geschaffen waren.

Es wirkt wie ein grandioser Evolutionsmythos, den Steiner in einer Art Umwandlung der Evolutionsgedanken Haeckels in die Welt gesetzt hat – zeitgleich zur Entstehung des Fundamentalismus in Amerika, der gegen den Darwinismus eine wörtlich verstandene biblische Schöpfungsgeschichte zu rehabilitieren suchte, sie aber faktisch damit nur dogmatisierte. Stattdessen verwindet Steiner den Darwinismus Haeckels zu einem neuen Entwurf einer Schöpfungsevolution, innerhalb derer der Mensch erneut als Ebenbild und Gleichnis Gottes aufgefasst werden kann. Das ist keineswegs als Mythos gemeint, sondern als Erweiterung der Naturwissenschaft. Vor diesem Hintergrund kann dann der Tod Christi am Kreuz Sinnschichten offenbaren, die mit der Erdgeschichte verflochten sind und die ansonsten verborgen bleiben würden.

Im Vortrag vom 20. Mai 1908 treten diese Gedanken von der Erdentwicklung, wenn auch nicht erstmals, so doch so deutlich wie nie zuvor in die Welt und verbinden sich mit dem Christusverständnis. Das zum Licht der Welt gewordene Wort Gottes, der mit der Sonne verbundene Logos inkarniert sich nicht allein als Jesus von Nazareth, sondern er vollendet im Durchgang durch den Kreuzestod auf Golgatha seine am Dornbusch begonnene Verbindung mit der Erde. Vor diesem Hintergrund erörtert Steiner schließlich Brot und Wein, nämlich als Früchte der Erde, die der Leib Christi ist.

Über das Abendmahlthema schlägt der Hamburger Vortrag von 1908 jetzt insgeheim eine Brücke zu dem Berliner Vortrag von 1904. Wir erinnern uns: Damals sprach Steiner von einem neuen Verhältnis von Sünde und Sühne, von einem neuen Verständnis der Art und Weise, «wie Gott die Welt regiert». Die Geschichte vom Blindgeborenen diente ihm als Vorbereitung zu diesem Verständnis, insofern der darin verborgene Karmagedanke eine Verwandlung des alten Verhältnisses von Sünde und Sühne sichtbar werden lässt. Zwischen Sünde und Sühne schiebt er die doppelte Schwelle von Tod und Geburt. Damit besteht nicht nur ein größerer raum-zeitlicher Abstand zwischen Schuld und Ausgleich, sondern primär eine qualitative Veränderung, die mit jedem Gang über die Schwelle verbunden ist. In der Folge ist die rein irdische Welt nicht mehr in der Gefahr, als ein System totalitärer göttlicher Gerechtigkeit fehlgedeutet zu werden. Sie wird dadurch ebenso der Versuchung entzogen, zum Himmel auf Erden gemacht zu werden, wie der entgegengesetzten Versuchung, die Gerechtigkeit ebenso totalitär dem jenseitigen Himmel vorzubehalten. Unser Verständnis der göttlichen Gerechtigkeit kann vor dem Horizont der doppelten Schwelle Kontingenz und Freiheit des Anfangs im irdischen Leben zulassen, ohne es dadurch der Willkür und Sinnlosigkeit preiszugeben.

Die Schwelle hat die Eigenart, in jeder der beiden Richtungen, in der Richtung der Geburt wie in der Richtung des Todes, die beiden Bereiche gleichermaßen auseinanderzuhalten wie auch zu verbinden. Wir bewegen uns damit nicht länger in der Welt der Seelenwanderung, sondern im Zusammenhang von Inkarnation und Exkarnation. Karma ist jetzt nicht vergangenheitsbezogen, sondern zukunftsbezogen. Damit bekommt «Sühne» eine Freiheits- und Zukunftsqualität, die in der nachtodlichen Erfahrung des eigenen Lebens als Drama wurzelt. So hatten wir es zuletzt auch im Zusammenhang des menschlichen Ich bin interpretiert (vgl. oben, S. 118ff.). Jetzt kommt Steiner jedoch noch nicht über das Abendmahl auf das Karma zu sprechen, sondern erst in der Erörterung der Ehebrecherin, die er an die des Blindgeborenen anschließt. Brot und Wein stehen hier ganz unter dem Vorzeichen der Verbindung zwischen Christus und der Erde. Steiner versteht das Christus-Wort «Wer mein Brot isst, der tritt mich mit Füßen», das Matthäus für das letzte Abendmahl am Gründonnerstag überliefert, als Inbegriff dafür. Dass die Erde über die Fleischwerdung und nach dem Durchgang durch Tod und Auferstehung zum Leib Christi wird, bildet die hier eingenommene besondere Perspektive, aus der heraus dann sowohl die Geschichte vom Blindgeborenen wie auch die von der Ehebrecherin angeschaut werden. In dieser kosmischen Dimension des vom Himmel kommenden Menschensohns begegnen wir am Rande auch dem Gegengewicht, das sich in der Anthroposophie zu der ersten der drei von Freud genannten «Kränkungen» der Menschheit finden lässt: Die Kopernikanische Wende verlagert den kosmischen Mittelpunkt von der Erde zur Sonne. In Steiners Darstellung des Christuslebens finden wir die umgekehrte Bewegung, und zwar nicht nur mythisch-allgemein vorgestellt, sondern in den beiden Geschichten des Johannesevangeliums konkretisiert, auf die wir jetzt zugehen: in der Geschichte vom Blindgeborenen und der der Ehebrecherin.

Der Evangelist als Eingeweihter

Wir müssen jedoch den Blick zunächst auf den Evangelisten richten, damit wir in Steiners eigenwillig erscheinenden Interpretationen der beiden genannten Geschichten den Bezug auf das Evangelium richtig einschätzen können und Steiners Vorgehen nicht etwa mit der Methode des dreifachen Schriftsinns verwechseln. Grundlage der Steinerschen Darlegungen ist nämlich die Auffassung von der Identität des erweckten Lazarus mit dem Evangelisten. Steiner hatte sie wohl 1906 erstmals angeführt, im Christentum-Buch ist sie noch kein Thema.[118] Dann aber wird sie unverzichtbar, um Steiners Hochschätzung des Johannesevangeliums zu begreifen. Dieser Inhalt gehört deshalb zu den grundlegenden Weichenstellungen der Steiner-Interpretation, zu ihrem Verständnishorizont.

Im Evangelium ist in der Lazarus-Erweckung, die sich genau in der Mitte des Evangeliums befindet, verschleiert die Einweihung seines Autors dargestellt.[119] Steiner hatte das seinen

118 Rudolf Steiner: Vortrag in Berlin vom 19. Februar 1906, in: *Kosmogonie*, a.a.O. (Anm. 75), S. 199f.

119 Diese These hatte erstmals Johannes Kreyenbühl vertreten, freilich in Verbindung mit der Auffassung, dass der Evangelist kein Zeitgenosse Jesu war und seine eigene mystische Wiedergeburt symbolisch in dieser Erzählung dargestellt hat. Johannes Kreyenbühl: *Das Evangelium der Wahrheit. Neue Lösung der Johanne-*

Zuhörern im 4. Vortrag ausführlich dargelegt. Jetzt erinnert er daran, damit der Zuhörer die vorausgegangenen und die folgenden Ausführungen in dieses Licht stellen kann. Ansonsten müsste man sich fragen, was denn die Erörterungen über die Erde als Leib Christi in den Vorträgen über das Johannesevangelium zu suchen haben, und müsste dann später, beim Rekurs auf dieses Thema in der Interpretation des Blindgeborenen und der Ehebrecherin, die Ideen als weit hergeholt bewerten.

Johannes, der von Christus eingeweihte Lazarus, könnte in seiner Einweihung die von Steiner jetzt dargelegten Sachverhalte über die Verbindung Christi mit der Erde kennengelernt haben. Das, was wir zuvor von Steiner über die Evolutionsgeschichte und Christi Verbindung mit der Erde gerade erfahren haben, könnte geradezu wie eine Art Blick in die Einweihungserfahrung des Evangelisten gewesen sein. Und auch das, was jetzt als Nächstes erörtert wird, steht nun unter diesem Vorzeichen des Einweihungswissens des erweckten Lazarus. Es geht um die uns aus dem Basler Vortrag vom November 1907 schon anfänglich bekannte Umwandlung der Leibesglieder zu Geistesgliedern durch das menschliche Ich.

Mit diesem Gedanken, der erst in die zweite Auflage der *Theosophie* Eingang gefunden hat, stellt Rudolf Steiner das Ich als ein Novum in und neben die Reihe der schon aus der Theosophie Blavatskys und Sinnets bekannten sieben Prinzipien oder Wesensglieder. Darauf hatten wir schon im Zusammenhang mit dem Basler Vortrag hingewiesen, in dem das Thema erstmals anklang, wo es aber noch nicht so ausdrück-

ischen Frage. 1. Bd., Berlin 1900. Vgl. hierzu auch Jörg Ewertowski: Lesen im Werk Rudolf Steiners. Wissenschaftlicher Abstand und existentielle Nähe, in: *Anthroposophie*, Ostern 2014, S. 11ff.

lich zum Schlüssel für die Interpretation des Blindgeborenen wurde wie jetzt. Nun wird es entfaltet und rückt in eine zentrale Rolle für das Verständnis der Heilung des Blindgeborenen auf. Wenn das Ich am Astralleib arbeitet, arbeitet es an der Überwindung der Selbstsucht und des Egoismus. Wenn es am Ätherleib arbeitet, arbeitet es an der Überwindung von Lüge und Irrtum; wenn es am physischen Leib arbeitet, dann arbeitet es an der Überwindung von Krankheit und Tod. Diese Arbeiten brauchen freilich – besonders was Krankheit und Tod angeht – einen geradezu gewaltigen Zeitraum. Es ist von einer langfristigen Zukunftsperspektive die Rede, die eine ganze Reihe von Inkarnationen voraussetzt. Das Ich, das diese Arbeit verrichtet, zieht sich durch diese Kette von Inkarnationen hindurch. Heute befinden wir uns primär dabei, Selbstsucht und Egoismus zu verwandeln. Steiner stellt das nicht nur als eine moralische Aufgabe dar, sondern als einen realen Prozess im Gefüge unserer Wesensglieder. Das Ich erzeugt das Geistselbst, also das, was Blavatsky «Manas» genannt hat. Es erzeugt ferner in der Überwindung von Lüge und Irrtum den Lebensgeist als das, was Blavatsky «Buddhi» genannt hatte.

Viel deutlicher als im Basler Vortrag vom November 1907 wird jetzt, dass das Ich bin das göttliche Zentrum des Christus-Wesens ist und es zu dem «Werk» Christi gehört, davon dem Menschen einen Funken zu vermitteln, damit dieser dann Selbstsucht, Unwahrheit, Krankheit und Tod überwinden kann. Christus wirkt also in die Menschen hinein, indem er in ihnen ein eigenes Ich bin erweckt, einen Funken des brennenden Dornbuschs einpflanzt. Ist das nun Erlösung oder Ermöglichung der Selbsterlösung? Günther Dellbrügger hat das Problem mit dem Satz «Christus ist die Kraft der

Selbsterlösung des menschlichen Ich» erfrischend paradox aufgelöst.[120]

In der Lektüre des Vortrags von 1907 konnte man sich vielleicht noch fragen, ob Jesus ein Eingeweihter vergleichbar dem Mose ist, der die Worte «Ich bin, der da war, der da ist und der da sein wird» in der Glut gelesen und in sich aufgenommen hat. Jetzt besteht jedoch kein Zweifel mehr: Für Steiner ist Christus selbst nun eindeutig das Ich bin, das aus dem Dornbusch zu Moses sprach.

Die Heilung als Vordeutung auf die zukünftige Umwandlung des Leibes

Wenn wir aber nun Christus als das Ich bin verstehen, das aus dem Dornbusch zu Moses sprach, und ihn zugleich als den ansehen, der dem Menschen den Ich bin Funken vermittelt, dann können wir in dem Wort von den «Werken Gottes», die offenbar werden sollen, gleichermaßen den Verweis auf das hören, was das Werk Christi ist, wenn er den Ich bin-Funken vermittelt, wie auch auf das, was das Werk dieses Funkens im Menschen ist, das Werk «des Gottes im Menschen». Der Mensch nimmt den Ich bin-Funken in sich auf und beginnt, auf eine neue Weise

120 «Die Kräfte der Erlösung können in uns selber gefunden werden, obwohl sie gerade nicht unsere eigenen, persönlichen Kräfte sind. Die Kraft der Selbsterlösung des menschlichen Ich finden wir nur durch Christus; auf ihn sind wir angewiesen: Christus ist die Kraft der Selbsterlösung des menschlichen Ich.» Günther Dellbrügger: *«Ich weiß, dass mein Erlöser lebt». Zur Durchchristung des Karmagedankens,* Stuttgart 2004, S. 67f.

zu handeln, sich selbst zu verstehen und zu verändern, beginnt, «seine Leibesglieder in Geistesglieder zu verwandeln». In der ersten Darstellung der Verwandlung des physischen Leibes hieß es, dass es dabei um die Überwindung von Krankheit und Tod geht. Nun stehen wir in der Erzählung von der Heilung des Blindgeborenen vor der Überwindung einer angeborenen Krankheit. Wer hat sie vollbracht? Das göttliche Ich bin, das zu Mose aus dem brennenden Dornbusch sprach und als Jesus von Nazareth «Fleisch» geworden war, hat sie vollbracht. Was hat diese Heilung mit dem Gott im Menschen zu tun? Er kann diese Aufgabe jetzt noch nicht erfüllen. Aber Christus übernimmt sie in dieser Heilung stellvertretend für ihn.

Steiner versteht die Geschichte von der Heilung des Blindgeborenen somit als vordeutende Darstellung der dem Menschen zukünftig durch Christus ermöglichten Umwandlung des physischen Leibes in den Geistesmenschen. Der Evangelist bildet in der Erzählung eines historisch vergangenen Geschehens eine zukünftige Entwicklungsmöglichkeit des Menschen ab. Der erzählte Vorgang ist aus dieser Perspektive gesehen selbst ein Zeichen, ein Zeichen sowohl für das Werk des Schöpfergottes, Licht und Leben in die Welt zu tragen, wie auch für das zukünftige Werk des Gottes im Menschen, in der Umwandlung seines Leibes Krankheit zu überwinden.[121]

121 Im direkten Anschluss an die Erläuterung der zukünftigen Umwandlung des Leibes in den Geistesmenschen heißt es: «Wenn der Mensch blind wäre, würde er durch den unmittelbaren Einfluss dieses Christus-Impulses sehend werden können, weil das letzte Ziel der Entwickelung die Besiegung der Kräfte von Krankheit und Tod ist. Wenn der Autor des Johannes-Evangeliums spricht von der Heilung des Blindgeborenen, dann redet er aus solchen Mysterientiefen heraus, dann zeigt er an einem Beispiel, dass die Christus-Kraft eine gesundende Kraft ist, wenn sie in ihrer vol-

Ebenso wenig wie bei den zuvor wiedergegebenen theologischen Deutungen stehen wir damit vor einer symbolischen oder gar allegorischen Deutungsebene der vom Heiligen Geist verfassten Schrift (mehrfacher Schriftsinn), sondern vor der Auffassung, dass das in der Erzählung des Evangelisten literarisch gestaltete Geschehen selbst diese Bedeutung in sich getragen und verwirklicht hat. Anders als D. A. Carson fällt Steiner also nicht in die bewusstseinsgeschichtlich überholte Methode des mehrfachen Schriftsinns zurück. Die reale Geschichte beinhaltet diese Sinndimension. Auch sie ist – wie das Geschehen von Golgatha – sowohl «tatsächlich» wie «bedeutsam», ist eine «mystische Tatsache».

Damit sind wir erneut bei der Wunderfrage angekommen, die für die frühen Interpreten des mehrfachen Schriftsinns so noch gar nicht bestanden hatte, heute aber aufbrechen muss, wenn man die geschichtliche Welt ernst nimmt, ohne das Evangelium als literarische Darstellung durch einen Autor zu lesen, es als dessen gestaltetes Werk zu nehmen. Vollbringt Christus ein «Wunder», durchbricht er die Naturgesetze? Die Bestreitung solcher Eingriffe in die natürliche Welt prägt die historisch-kritische Forschung aus dem guten Grund, dass ein solcher Wunderglaube den Menschen innerlich in eine rationale und eine irrationale Seite spalten müsste und zu einer Verwechslung des Glaubens an Christus mit einem Wunderglauben führen müsste. Ist ein solches Wunder erforderlich, um die Geschichte zu verstehen, um nachzuvollziehen, wie es zu der Christuserkenntnis des ehemals Blinden gegen Ende der Geschichte gekommen ist?

len Stärke auftritt.» Rudolf Steiner: Vortrag vom 26. Mai 1908 in Hamburg, in: *Das Johannes-Evangelium*, GA 103, Dornach 1995, S. 129f.

Die Heilung durch Speichel und Erde – (k)ein Wunder?

Wir haben oben bereits die Auffassung vertreten, dass der geheilte Blindgeborene nicht seinen Wundertäter angebetet hat. Die Geschichte ist geradezu auffällig so erzählt, dass am Ende Jesus dem Geheilten nicht als der Wundertäter gegenübertritt (vgl. oben, S. 42). Auf der anderen Seite erzählt die Geschichte aber von der Heilung, und das heißt, der Leser kann gar nicht anders, als die Identifikation Jesu mit dem Heiler zu vollziehen, von der wir gerade nochmals den Blindgeborenen frei gehalten haben. Im Sinne Steiners und auch der ursprünglichen Leser des Evangeliums müssen wir uns also fragen, was der Evangelist mit der Heilung darstellen wollte. Dient das erstaunliche Wegschicken des noch Blinden zum Teich Siloah ausschließlich dazu, dramaturgisch-erzählerisch die Gotteserkenntnis des Geheilten von der Anerkennung seines Wundertäters frei zu halten? Oder dient sie dem Autor dazu, die symbolische Ebene einer klassischen Schriftauslegung vorzubereiten, der zufolge der Leser dann den Brei beispielsweise als jene Mischung von Geschichten und Lehrworten deuten kann, wie wir es bei Origenes gefunden hatten?

Origenes sah den gewöhnlichen Bibelleser durch den Blinden mit diesem Brei auf den Augen allegorisiert. Wer aber schließlich zur mystischen Schau gelangt ist, der hat den Brei abgewaschen und braucht nicht mehr in der Bibel zu lesen. Dabei fragt Origenes, ob nicht der Speichel Jesu das Symbol «für das Äußerste, was es an Worten gibt», ist, ob aber nicht auch ein solches Wort nur in Stoff und körperlichem Ausdruck zu den Menschen kommt, weil es einen Leib braucht. Darum vermischt Jesus seinen Speichel mit der Erde. Für Origenes war die Erde die Allegorie für alles Erzählerische in der Bibel. Die historische Ebene sollte dadurch nicht infrage gestellt werden. Die moderne Problematik der Wunder als Durchbrechung der Naturgesetze war ihm wie allen seinen Zeitgenossen unbekannt.

Heute nimmt man die Wundererzählungen mehr oder weniger wohlwollend als fromme Legenden. Oder man betont, dass das Johannesevangelium von Zeichentaten spricht, und stellt heraus, dass es das «Werk Gottes» nicht mit dem Wunder identifiziert, sondern mit der geistigen Bedeutung, die sich im Wunder ausspricht, dem «Licht-in-die-Welt-Tragen» (vgl. oben, S. 68). Deshalb wird der historische Vorgang nicht explizit bezweifelt, nur der Wunder-Aspekt der Durchbrechung der Naturgesetze rückt einfach in den Hintergrund.

Steiner riskiert es nun, diesen Hintergrund hervorzuholen und in das Scheinwerferlicht einer sehr eigenwilligen Erklärung zu stellen. Um zu verstehen, was Jesus gemacht hat, muss man sich klarmachen, dass jeder Verstorbene im geistigen Licht der Welt aufgeht. Für diesen Vorgang einer Geistgeburt im Sterben wird der Leichnam zum Symbol. Umgekehrt stirbt in der physischen Geburt eines Menschen sein vorgeburtlich-nachtodliches Bewusstsein. Verwesung, physische Auflösung ist geistige Geburt; deshalb umgibt ein Aufleuchten und Aufglänzen von geistigen Geburten einen jeden Friedhof. Wer sich dieser Ambivalenz von physischer Auflösung und geistiger Lichtgeburt methodisch auszusetzen vermag, wer systematisch «Totenluft» atmet, könne in der folgenden Inkarnation im Speichel Kräfte entwickeln, die, mit gewöhnlicher Erde vermischt, Blindheit heilen können.

Zur Heilung des Blindgeborenen vermischt Jesus seinen Speichel mit der Erde, aber er hat diese Übung nicht gemacht, da er sich nicht reinkarniert, sondern nur ein einziges Mal inkarniert. Warum erzählt Steiner dann von dieser obskuren Möglichkeit? Er macht nachvollziehbar, dass der Evangelist die Verbindung Christi mit der Erde als seinem Leib im Evangelium auf verborgene Weise darstellt. Während Matthäus das unternimmt, indem er Christus das Wort «Wer mein Brot isst, der tritt mich mit Füßen» in den Mund legt, macht es Johannes in der Erzählung dieser Heilung. Tatsächlich ist das ja der Unterschied zwischen der zuerst beschriebenen methodischen Möglichkeit, die den Reinkarnationsweg voraussetzt, und der Heilung durch Christus: Christus hat keine Verwesungsluft eingeatmet, aber dafür ist ja die Erde dabei, zu seinem Leib zu werden. Es ist deshalb keine «gewöhnliche Erde», sondern sein Leib. Und das ist keine allegorische Verständnisebene.

Dennoch sollten wir die Erde als Leib Christi nicht naiv realistisch vorzustellen versuchen. Es handelt sich um eine Metapher. Allegorie und Metapher haben gemeinsam, dass sie etwas durch ein anderes bezeichnen. Im Fall der Allegorie ist das vom Autor bewusst angelegt. Eine Allegorie ist auf ihre Deutung hin konstruiert. Der Interpret, der Allegorien deutet, glaubt, dass die eigene Deutung das hervorholt, was der Autor hineinverborgen hat. Anders verhält es sich im Gebrauch von Metaphern. Metaphern sind nicht durch Ähnlichkeit mit dem verbunden, was sie «eigentlich» sagen, sondern auch durch Unähnlichkeit. Die Metapher ist keine verbergende Darstellung des Eigentlichen, sondern der einzig mögliche Weg zum Sagen des eigentlich Unsagbaren. Sie ist nicht verstandesmäßig konstruiert, sondern durch die schöpferische Einbildungskraft geschaffen. Sie verweist gleichermaßen auf die vordergründige Unrichtigkeit der Aussage wie auf ihre höhere Wahrheit. Sie gehört in die Zone der Schwelle, von der wir schon wiederholt gesprochen haben. Und sie trägt eine Kraft in sich, die den Leser oder Hörer wachruft, die ihn daran erinnert, dass er sich mit einem Werk befasst, das nicht nur auf das Dargestellte verweist, sondern auch auf den Akt der Darstellung. So lesen wir die Aussage, dass die Erde der Leib Christi ist, nicht als Allegorie oder Symbol, sondern als Metapher. In ihr durchdringen sich das Sagbare und das Unsagbare, das Sinnliche und das Übersinnliche.

Die Erklärung, die Steiner hier anbietet, belässt dem Heilungsereignis seine Außergewöhnlichkeit, erlaubt aber dennoch, etwas daran zu verstehen, und zugleich auch umgekehrt, durch es zu verstehen, nämlich, dass die Erde der Leib Christi ist. Wir müssen es nicht als Durchbrechung der Naturgesetze auffassen, vorausgesetzt, wir stellen uns in diesen von Steiner hier eröffneten Verständnishorizont hinein.

Der Karmagedanke als «nicht richten»

Anders als in den Interpretationen der vorangegangenen Vorträge erklärt Steiner in Hamburg das Christuswort vom Offenbarwerden der Werke Gottes nicht als verborgenen Hinweis auf das Karma, das in der angeborenen Krankheit sichtbar wird. Er spricht aber weiterhin von dem «Gott im Menschen», von dem Ich-bin, nur dass dieser Sachverhalt jetzt von der Sünden- und Karmafrage losgelöst ist. Das Offenbarwerden des Göttlichen im Blindgeborenen kann sich noch nicht vollziehen, denn es bestünde in der Umwandlung des physischen Leibes durch das Ich des Mannes, in der Fähigkeit, den «Geistesmenschen» hervorzubringen und damit die Krankheit zu heilen. Ob diese Krankheit das Karma des Blindgeborenen ist, oder welche Sünde die Krankheit verursacht haben könnte, ist kein Thema mehr. Stattdessen wendet sich Steiner jetzt am Ende des Vortrages der Frage zu, wie sich das Christsein auf das Verhalten gegenüber einem Menschen auswirkt, der schuldig geworden ist, und er erörtert dazu die Geschichte von der Ehebrecherin. Im Evangelium geht diese Erzählung, die sich am Anfang des 8. Kapitels befindet, der Geschichte vom Blindgeborenen vom Anfang des 9. Kapitels voraus. Steiner erörtert sie danach und kann dadurch seine Erörterung vor den Hintergrund der soeben gewonnenen Einsichten stellen und das heißt wiederum vor den Hintergrund des persönlichen Ich-bin, das jeder Mensch durch Christus vermittelt bekommt. Zudem wird auch der jetzt entwickelte Gedanke von der Erde als dem Leib Christi nochmals bedeutsam.

Indem der Evangelist zeigen will, dass Christus dem Menschen einen Funken des Ich bin vermittelt, bringt er auch das Karma «zum Ausdruck», das freilich im «christlichen Sinn» verstanden werden soll – so eröffnet Steiner die Auseinandersetzung mit der Geschichte. Für einen anthroposophischen wie auch für einen theologischen Leser gilt es nun, gerade hier wirklich in ein hermeneutisches Verhältnis zu Steiner einzutreten und nicht der Versuchung zu erliegen, sich allzu schnell bei dem zu beruhigen, was man – jeweils unterschiedlich – ja schon zu wissen meint und jetzt wiedererkennt, was man als unausgesprochenes Vorverständnis schon mitbringt und allzu gerne bestätigt finden möchte. Es kann aber nicht darum gehen, dieses Vorverständnis als vermeintliches Tatsachenwissen in Anschlag zu bringen, sondern es sollte darum gehen, es bewusst als hermeneutischen Horizont des Verstehens aufzufassen, auf den hin und von dem her wir wechselnd nach innen und nach außen schauen. So wird es möglich, auf das Neue zu achten, was sich hier jetzt eröffnen will. Die Frage ist nämlich nicht, ob es Reinkarnation und Karma gibt, sondern wie sich Reinkarnation und Karma darstellen, wenn wir sie von dieser Geschichte her denken, und dann umgekehrt, wie sich diese Geschichte im Horizont von Reinkarnation und Karma liest.

Die Zwickmühle in der Geschichte von der Ehebrecherin

Ehe wir uns Steiners knapp formuliertem neuem Gedanken über das Karma zuwenden, vergegenwärtigen wir uns die Geschichte: Die Pharisäer versuchen, Christus eine Falle zu stellen, aus der es keinen Ausweg gibt. So sprechen sie ihn schmeichelnd als «Meister» an und bitten ihn um sein Urteil im Fall einer Frau, die gerade beim Ehebruch ertappt wurde. Nach dem Gesetz des Mose müsse sie gesteinigt werden. Was sagt er dazu? – Würde Christus sich gegen die Vollstreckung der Strafe aussprechen, dann würde er sich schuldig machen; würde er hingegen die Steinigung befürworten, dann würde er nicht nur sich selbst zuwiderhandeln, sondern das Volk würde ihn und nicht die Pharisäer für die unbarmherzige Hinrichtung verantwortlich machen.

Solche Situationen, in denen man vor einem Entweder-Oder zu stehen scheint, für das es keinen Ausweg in ein Sowohl-als-Auch gibt, sind die Geburtsstunden von Märtyrern oder die seelischen Todesstunden von Menschen, die sich selbst zuwidergehandelt haben, die weiterleben, aber gebrochen sind. Das Gefährliche solcher Situationen ist, dass sie etwas Hypnotisches an sich haben: In ihnen verengt sich das Blickfeld, und von beiden Abgründen geht ein Sog aus. Unausweichlich muss etwas offenbar werden: entweder die fundamentalistische Schrifttreue oder die das Gesetz relativierende Selbstüberhebung.

Die Gestalt Christi, die uns der Evangelist Johannes im Erzählen dieser Geschichte zeichnet, blickt uns deshalb so intensiv an, weil sie uns in der souveränen Sprache der Handlung entgegenkommt. Dass Christus sich bückt und in die Erde schreibt, ist so unvorhersehbar und für alle Beteiligten unbegreiflich, dass den Versuchern nichts Besseres einfällt, als ihre Frage zu wiederholen. In der Wiederholung eines ursprünglich genialen Vorstoßes offenbart sich aber Schwäche. Es ist die Schwäche, die jedem Fundamentalismus innewohnt, der seine Quelle wörtlich nimmt, sie verabsolutiert und nur zu wiederholen weiß. Aus solcher Schwäche entspringt Unduldsamkeit und Härte.

Christus macht das Gegenteil. Er richtet sich auf und interpretiert das Gesetz neu. Die Torah spricht davon, dass die Zeugen den ersten Stein werfen werden. Darauf bezieht sich Christus, wenn er sagt, dass der, der ohne Sünde ist, den ersten Stein werfen möge. Diese Neuinterpretation der Torah sprengt sogleich die Zwickmühle, in die man Jesus bringen wollte. Er handelt, ohne sich schuldig zu machen.

Nach diesem Wort geschieht nichts. Christus, der sich aufgerichtet und gesprochen hat, steht da. Eine neue Situation bildet sich. Er bückt sich nochmals und schreibt wieder in die Erde. *Diese* Wiederholung ist kein Zeichen von Schwäche, sondern eine Bestärkung. Die Pharisäer verlassen den Ort des Geschehens, bevor sich Christus wieder aufrichtet.

Christus und die Frau stehen sich allein gegenüber. Die an die Frau gerichtete Frage, wo denn die Ankläger seien und ob sie niemand verurteilt hat, ist rhetorisch, das heißt, sie zielt auf keine informative Antwort, sondern auf eine Wirkung: Sie schafft wiederum eine neue Situation, in der es für Christus möglich ist, zu sagen, dass auch er sie nicht verurteilt. Die Geschichte endet mit der Aufforderung, von nun an nicht mehr zu sündigen.

Das achte Kapitel, dessen Anfang diese Geschichte bildet, mündet an seinem Ende in das Wort vom Licht der Welt, das direkt die Brücke zu dem Anfang des 9. Kapitels schlägt, zur Heilung des Blindgeborenen:

> Da redete Jesus abermals zu ihnen und sprach: Ich bin das Licht der Welt; wer mir nachfolgt, der wird nicht wandeln in der Finsternis, sondern wird das Licht des Lebens haben. (Joh 8,12. GLB)

Was bedeutet das alles für das Verständnis der beiden Geschichten? Das Karma ist in die Erde geschrieben – so interpretiert Rudolf Steiner die Handlung, von der wir gesagt haben, dass Christus mit ihr die Situation verwandelt. Die Erde wird zum Leib Christi. In diesen wird das Karma aufgenommen. Steiner geht auf das Performative und Dramatische der Handlung nicht näher ein, bewegt sich aber in ihrem Ausstrahlungsbereich. Und so interpretiert er nicht nur den Akt des In-die-Erde-Schreibens vom Karma her, sondern auch den Karmagedanken von dieser Geschichte her. Der bedeutet jetzt nämlich «nichts Geringeres», als dass «kein Mensch sich zum Richter über andere Menschen aufwerfe».

Erinnern wir uns dabei an die grundlegende Weichenstellung am Anfang dieses Buches, an die Wiedergabe von Steiners Aufforderung, sich vorzustellen, dass Christus in den anderen

Menschen denkt, gerade auch dann, wenn diese anders denken als wir und wir gar meinen, dass sie sich irren. Der Karmagedanke ergänzt und erleichtert von einer anderen Seite aus diese Übung, die darauf abzielt, einen Menschen nicht mit seinen Schattenseiten zu identifizieren, sondern auf das zu blicken, was in ihm selbst über seine Schattenseiten und über sein unmittelbares Ichbewusstsein hinausreicht. Richtig verstanden entlastet uns der Karmagedanke vom innerlichen Urteilen und Verurteilen anderer Menschen, das uns den Blick auf die Christus-Wirklichkeit im anderen Menschen verstellt.

Durch das In-die-Erde-Schreiben wird die Schuld nicht einfach nur vergeben oder gering geachtet, sondern bewahrt. Tatsächlich – Steiner erschließt auf diese Weise ein neues und beeindruckendes Bild für die potenzielle Wirkung des Karmagedankens. Es hat die Kraft, überall dort zu entlasten, wo wir uns über Fehler und die Ungerechtigkeit anderer empören wollen und uns vom Urteilen und Verurteilen nicht freihalten können. Gleichwohl kann der Karmagedanke auch missbraucht werden und in sein Gegenteil umschlagen. Es gibt keinen Karmagedanken ohne Interpretation, ohne Auslegung und Anwendung, und auf diese kommt es an. Dabei geht es nicht allein um deren spezifische Form oder Angemessenheit, sondern auch darauf, dass wir wissen, dass wir interpretieren. Es kommt darauf an, dass wir wissen, was wir tun, wenn wir interpretieren. Dieses Bewusstsein fehlt beispielsweise bei Helmut Zander.

So wendet dieser sich ganz pauschal gegen Steiners Karmagedanken, den er als Ausdruck des bürgerlichen Leistungsprinzips darstellt:

> Aus Sicht christlicher Gnadenlehre ist es an diesem Punkt unvermeidlich, gegen das im Karmaprinzip integrierte Leistungsprinzip aufzustehen. Das karmische Grundprin-

> zip entspricht bei Steiner einer Haltung der bürgerlichen Leistungsgesellschaft, den Menschen im Wesentlichen nach seinem «output» zu beurteilen, nach seinem «Kontobuch», wie Steiner meint. Der spirituelle Mensch, der erlöste allemal, ist in seinem Sein nicht an eine kryptoökonomische Bewertungsgröße gebunden, sondern lebt aus einer Beziehung, in der er vom Zwang, sich immer wieder oder immer weiter selbst «herstellen» zu müssen, gelöst ist. Christliche Theologie kann dabei versuchen offenzulegen, dass die relationale Explikation das Humane adäquater ausdrückt als die naturwissenschaftlichen Metaphern von «Polarität» oder die ökonomische Rede vom karmischen »Kontobuch». Metaphern sind eben weit davon entfernt, explikative Sprachspiele zu sein, sondern indizieren den Erklärungshorizont des Sprechers und bestimmen in ihren Aussagemöglichkeiten und vor allem Aussagegrenzen die lebensweltlichen Konsequenzen eines Ansatzes.[122]

Anders als Zander voraussetzt, spricht Steiner dort, wo er das «Kontobuch» im Zusammenhang mit dem Karma anführt, jedoch gar nicht metaphorisch, sondern er gebraucht einen Vergleich, was etwas völlig anderes ist als eine Metapher. Ziel dieses Vergleichs des Karmas mit einem Kontobuch ist die Korrektur des Missverständnisses, dass Karma etwas Unerbittliches sei und den Menschen seiner Freiheit beraube. Steiner findet in diesem Vergleich die Möglichkeit der freiwilligen Bearbeitung veranlagt: Einzahlungen auf das Konto verringern die Schulden:

> Wenn nun jemand glaubt, er könne unter der Herrschaft des Karmagesetzes keine freiwillige Tat ausführen, da ja seine Handlungsweise stets die Folge seiner früheren Taten

122 Helmut Zander: *Reinkarnation und Christentum*, a.a.O. (Anm. 106), S. 275.

> sei, so gleicht er dem Kaufmann, der sagen würde, ich habe nun meine Geschäftsbilanz abgeschlossen, ich darf jetzt kein Geschäft mehr machen, da sonst meine Bilanz unrichtig würde. Wie eine solche Denkweise für einen Kaufmann unrichtig ist, so ist auch die vorgeschilderte Meinung über die Wirkung des Karma unrichtig. Die richtig verstandene Karmalehre schließt also keinen Fatalismus in sich. Willensfreiheit und Karma lassen sich in schönster Weise miteinander vereinbaren, und niemals ist Karma, richtig aufgefasst, etwas Unabänderliches.[123]

Wir könnten Steiner mit dem Hinweis ergänzen, dass Schulden nur in Ausnahmefällen vom Gerichtsvollzieher eingetrieben werden müssen. Zanders Interpretation verfehlt Steiners Karmagedanken, weil sie ihn in den Schematismus platter ökonomischer Vorstellungen kleidet und als einem Leistungsprinzip verfallen darstellt. Diese oberflächliche Interpretation ist für die Dimension des Nicht-Richtens blind, die die Geschichte von der Ehebrecherin eröffnet, wenn wir mit Steiner von ihr her den Karmagedanken aufzufassen versuchen. Wenn es uns gelingt, diese Dimension des Nicht-Richtens selbst zu praktizieren, dann macht sie uns dafür frei, in Zanders Verfehlung die Teilwahrheit anzuerkennen, die sie durchaus auch enthält. Eine vergleichbare Vorstellung haben wir ja oben bei Judge gefunden. Ihr fatales Versäumnis ist die Schwellenvergessenheit, das Ausblenden des nachtodlichen Erlebens und der anderen Dimension des Ich, die den Ausgleich, der für Steiner so gänzlich anders aussieht, als Judge es sich vorstellt, als Strafe deutet.

Zander identifiziert den Karmagedanken mit seinen Schattenseiten und übergeht dessen Freiheits- und Erlösungsdimen-

123 Vortrag vom 25. November 1907 in Basel, in: Das Johannes-Evangelium, a.a.O. (Anm. 92), S. 261.

sionen. Dadurch reduziert er die komplexe Problematik auf eine platte Schwarz-Weiß-Darstellung. Es verhält sich aber existenziell gesehen erheblich farbiger. Die Vorstellung, dass Gott allen Menschen vergibt, kann im Vergleich mit dem Karmagedanken das fatale eigene Bedürfnis zum Richten der Mitmenschen nicht mindern. So tröstlich die zugesprochene göttliche Vergebung für den Schuldigen sein kann, so wenig befriedigt sie die Zeugen und Opfer einer Untat. Die Blickwendung auf die Vorstellung vom Jüngsten Gericht würde, wenn sie diese Entlastung denn mit sich brächte, dann wieder wenig einer christlichen Gesinnung entsprechen und uns mit den Schattenseiten traditioneller christlicher Vorstellungen konfrontieren.

Der Karmagedanke hingegen spricht dem Menschen, über dessen Verfehlungen wir uns insgeheim gerne empören möchten, ein ihm innewohnendes Ich bin zu, das weiter greift als sein aktuelles Ichbewusstsein. In jedem von uns gibt es etwas, das über uns hinausgeht, das wir nicht unmittelbar selbst sind, das aber – neben Gott – der Grund unserer Existenz ist und das danach strebt, so viel als möglich von seinen Taten wiedergutzumachen. Der Karmagedanke eröffnet dafür eine Perspektive, die es dem Schuldigen erlaubt, seine Würde zu bewahren. Auf der anderen Seite lässt sich jedoch vieles nicht wiedergutmachen. Der Missbrauch-Täter hat das Leben seiner Opfer schwer geschädigt, sodass er seinen Opfern zwar später vielleicht «ausgleichend» Gutes tun kann, aber das zerstörte Leben bleibt zerstört. Steiner scheint sich solchen Fragen erst spät gestellt zu haben. Aber in den Vorträgen vom Juli 1914 in Norrköping wird das Thema dann doch ausführlich erörtert. Dabei streift Steiner nochmals die Geschichte von der Ehebrecherin und interpretiert das In-die-Erde-Schreiben als Ausdruck für die Zukunftsaufgabe des Karma und das Christuswort «Dann verurteile auch ich dich nicht» als Zusage der Vergebung, als Auf-sich-Nehmen der «Folgen desjenigen, was objektiv getan» ist, durch Christus.[124] – Bei all dem dürfen wir nicht außer Acht lassen, dass wir es hier mit Publikumsvorträgen zu tun haben, die mitstenografiert wurden, und keinem ausgefeilten Gesamtkonzept.

Die Interpretationsaufgabe der Steinerschen Darstellung

Was Steiner seinem Publikum im Mai 1908 über die Geschichte vom Blindgeborenen dargelegt hat, ist für uns als den späten Lesern der von damals überlieferten Mitschrift keine eigentliche Interpretation des Evangeliums, wie die anderen Interpretationen, die wir hier zuvor ansatzweise kennengelernt haben. Im Vergleich mit diesen liegt es nahe, Steiners Worte mehr als eine Erweiterung der Erzählung zu lesen, die ein ganz neues Licht auf das Evangelium wirft und uns für unsere eigene erst noch anstehende Interpretationsaufgabe einen neuen Verständnishorizont eröffnet. Die damaligen Hörer der Vortragsreihe und dann die zeitgenössischen Leser der ersten Publikation in der Form der hektografierten großformatigen «Zyklenausgabe» aus dem Jahre 1909 haben es fraglos anders aufgefasst, beispielsweise als «Mitteilung geisteswissenschaftlicher Forschungsergebnisse», in der Form also, in der Steiner sein Vorhaben wiederholt dargeboten hat. Die Möglichkeit dieser

124 Vgl. Rudolf Steiner: Vortrag vom 15. Juli 1914 in Norrköping, in: *Christus und die menschliche Seele,* GA 155, Dornach 1994, S. 188.

Leseperspektive war damals für viele Mitglieder der Theosophischen Gesellschaft eine wichtige Entwicklung gegenüber dem Stil der Schriften Blavatskys und der Berufung auf «Meisterbriefe» oder «Mahatmas». Es fügte sich auch in das populäre Wissenschaftsverständnis der Zeit vor dem ersten Weltkrieg ein, einer Zeit, in der weltanschauliche Publikumsschriften des großen Biologen Haeckel wirksam wurden. Diese gelten heute teils als problematische Beispiele des Wissenschaftsfundamentalismus, worauf wir im letzten Kapitel dieses Buches noch eingehen werden. Die von Steiner ursprünglich seinem Publikum angebotene Leseperspektive passt auch aus diesem Grund nicht ungebrochen in die Bewusstseinslage des 21. Jahrhunderts, und vor allem wird sie auch gar nicht der Besonderheit der Steinerschen Inhalte gerecht, die ihre Einzelheiten mehr vom Ganzen her zu verstehen geben, als dass sie Ganzheiten aus einzelnen «Forschungsresultaten» zusammensetzen würden. Steiner hat den von ihm entdeckten Wahrheiten und den besonderen Wegen seines Erkundens einen der Zeitsituation entsprechenden populären Rahmen gegeben, der heute entweder museal oder befremdlich wirken muss, und zwar besonders dann, wenn er von Anthroposophen hundert Jahre später nicht als Rahmen, sondern als eigentlicher Inhalt geltend gemacht wird, an dem sich die Anerkennung des Steinerschen Werkes scheinbar entscheiden müsse. Als «Mitteilung von Forschungsergebnissen» gelesen, wird das Steinersche Werk jedoch auf die Frage der Überprüfbarkeit reduziert, was seine horizonteröffnende Kraft völlig verschattet. Im engen Raum solcher «Richtigkeit» muss es zu einer Polarisierung kommen. Die einen fühlen sich geschmeichelt, weil sie etwas erfahren zu haben wähnen, was nur wenige wissen, die anderen befremdet, weil sie es als zu abwegig und bezuglos erleben.

Aber wenn wir das Werk Steiners im Sinne der anfangs beschriebenen Hermeneutik des Ich bin lesen, dann handelt es sich darum, uns auf den Wegen der bewussten Interpretation zu dem aufzumachen, was unserem überprüfbaren Wissen genauso entzogen ist wie das Unterbewusste nach Freud, nur dass das, worum es jetzt geht, keine Reduktion des Menschseins auf das Niedere beinhaltet, sondern die Begegnung mit der Möglichkeit eines Höheren. Dieses tritt uns aber nur in dem Wechselwirkungsgeschehen von Umkreis und Zentrum entgegen, in einer aktuellen Variante der von Zander so missverstandenen Übung. Wir versuchen dabei Steiners Einsicht mit einem auf den Horizont gerichteten Blick, gleichsam mit parallel gestellten Augen, im Ganzen wahrzunehmen und von dort her dann verschiedene Einzelheiten nacheinander zu fokussieren. Gerade eine solche obskur wirkende Einzelheit wie Steiners Erklärung der grundsätzlichen Möglichkeit einer Blindenheilung durch die Vorbereitung über das Einatmen von «Totenluft» in einer vergangenen Inkarnation ist ein Beispiel dafür. Erst wenn wir uns klarmachen, dass Steiner das zu einem Verständnis der von Christus vollzogenen Heilung anführt, demzufolge sich diese dann weder als eine Durchbrechung der Naturordnung darstellt noch als eine Methode, die heute nur vergessen ist, erst dann kommen wir in eine Perspektive, die von der Skepsis gegenüber dem obskuren «Forschungsergebnis» zum Staunen führt.

Wir staunen dabei aber nicht darüber, was Steiner alles weiß, sondern darüber, wie es ihm gelingt, einerseits den Vorgang der Heilung in seiner Einzigartigkeit als «Wunder» sichtbar werden zu lassen, ihn andererseits aber auch ohne Selbstpreisgabe der Vernunft denkbar zu machen. Es handelt sich so betrachtet um keine Durchbrechung der Naturordnung mehr, die uns primär vor die Frage stellen müsste, ob das denn wirklich so war, sondern es eröffnet sich die Möglichkeit zum Verständnis eines komplexen Zusammenhangs.

Mit all dem verwandelt Steiner nicht nur den anthropologischen Ansatz Blavatskys grundlegend, sondern darüber hinaus kehrt er auch deren Deutung vom Blindgeborenen zuletzt geradezu um. Der «Gott im Menschen» ist hier jetzt nämlich nicht der wesenhaft, aber unpersönlich gedachte Träger des Karma, das dem jeweils neuen Ego einwohnt, sondern es ist das «Ich bin», ein Funke des brennenden Dornbuschs, den Christus den Menschen überträgt. Vordergründiges Symptom dieser Übertragung ist die Entwicklung der neueren Sprachen, in denen nun jeder Mensch den zuvor unaussprechlichen Gottesnamen zur Selbstbezeichnung im Munde führt, freilich zunächst noch, ohne zu wissen, was er tut. Die Werke, die offenbar werden sollen und die ja nach einer Textvariante nicht nur «seine», sondern «unsere» Werke sind, sind die Folge dieser Übertragung des göttlichen Ich bin – und nicht die vergangenen Sünden, die im Krankheitskarma der «Blindheit» erscheinen. So verstanden erzählt das 9. Kapitel des Evangeliums also einerseits von dieser Übertragung und andererseits von dem, was in ihrer Folge möglich wird. Die Heilung selbst ist eine reale Geschichte, eine Geschichte, die gelebt wurde, bevor sie erzählt wurde. Sie nimmt als ein Realsymbol vorweg, was im Menschen erst angelegt ist, und verweist den Leser des Evangeliums darauf. Christus ist das göttliche Ich bin und will ein Ich bin in jedem einzelnen Menschen wecken.

Steiner interpretiert die Geschichte von der Heilung des Blindgeborenen also historisch-entwicklungsgeschichtlich und als reales Sinnbild. Diese sinnbildliche Seite ist der Zukunftsausblick, ist theologisch gesprochen der Blick auf das

Reich Gottes und das «Neue Jerusalem». Diese Auffassung eines Zukunftsbezuges ist weit von der problematischen Deutungsmöglichkeit entfernt, derzufolge die Blindheit ihren Grund (Zweck) im Offenbarwerden von Christi Wundertat hätte. Die von uns repräsentativ angeführten Theologen verfallen dieser Versuchung zwar nicht, wie Blavatsky und auch einige von Steiner überlieferten Vortragsaussagen es leider polemisch unterstellen. Es ist allein die wortwörtliche Lesart von David Friedrich Strauß, die hier Pate steht, die sich jedoch nicht als Interpretation, sondern als Einwand gegen die Historizität der Erzählung versteht. Diese wortwörtliche Lesart taucht dann bejahend in der evangelikalen Interpretation Carsons auf, die wir als Beispiel für ein fundamentalisierendes Vorgehen angeführt hatten. In den theologischen Interpretationen aus der Zeit Steiners bis heute wird dieser Lesart durch die Unterscheidung zwischen dem bloßen Wunder und der Zeichentat aus dem Weg gegangen. Das Wort von den Werken Gottes, die offenbar werden sollen, wird ausschließlich auf die Zeichenhaftigkeit des Lichtbringens bezogen. Und diesem *Sinn* widerstrebt es, zur *Zweckursache* heruntergebrochen zu werden.

Dennoch bleibt bei den theologischen Interpretationen letztlich etwas Unbefriedigendes in der Deutung von Vers 3: «Es hat weder dieser gesündigt noch seine Eltern, sondern dass die Werke Gottes offenbar würden an (in) ihm.» Steiners Deutungen bieten im Ganzen betrachtet, d. h. in Verbindung mit seiner Darstellung der Lazarus-Erweckung als Einweihung des Evangelisten, eine sehr bedenkenswerte neue Sicht. Das in der Erzählung des Evangelisten Christus in den Mund gelegte Wort lässt sich hier nämlich so lesen, dass der Autor des Evangeliums sich bewusst mehrdeutig ausgedrückt, dass er mit dem Wort eine verhüllte Bedeutung verbunden hat, die nun das Tun der Werke Gottes auf den Menschen bezieht. Dabei teilt Steiner mit den Theologen seiner Zeit die Verschmelzung des Geschichtlichen mit dem Sinnbildlichen. Es gibt weder für ihn noch für diese eine Trennung zwischen den Sinnebenen, wie wir es bei Origenes oder Augustinus in der Nachfolge der antiken Lehre vom mehrfachen Schriftsinn gesehen haben und wie sie auch noch das Mittelalter bestimmt. Das Wörtliche und «Historische» der ersten Sinnebene trägt jetzt die Bedeutung in sich selbst. Deshalb bleibt der Sinn nicht im Zeitlos-Allgemeinen oder Universellen, sondern er zieht in die konkreten Vorgänge der Geschichtswelt ein. Es geht jetzt um den zwar namenlosen, aber offensichtlich individuellen Menschen selbst, der blind geboren wurde und auf besonderem Weg zur Christuserkenntnis gelangt ist. Er ist nicht nur ein Träger für eine höhere und allgemeine Bedeutung. Seine Christuserkenntnis und der besondere Weg, auf dem er zu ihr findet, ist der Sinn der Geschichte – und keine mögliche Antwort auf die allgemeine Frage nach der Ursache einer angeborenen Blindheit. Dieser Sinn ist kein Zweck, denn ein jeder voraus entworfene Zweck überspringt die Geschichte und relativiert den individuellen Menschen.

Bei Origenes und anderen Autoren der Antike und des Mittelalters unterscheiden sich die drei Sinnebenen des Schriftverständnisses durch ihr Verhältnis zur Zeit und zur Kausalität. Die Interpretation sucht auf der untersten Ebene des wörtlich-historischen Verstehens besondere Vorgänge und ihre direkten Ursachen. In den Allegorien und Symbolen der zweiten Ebene des Verstehens erhebt sie sich zu allgemeinen und zeitlosen Bedeutungen. In der dritten, der moralischen Ebene geht es dann um die Anwendung im konkreten Handeln, das so aber nun durch das Allgemeine und Zeitlose bestimmt ist. Während es auf der untersten Ebene also mehr um Ursachen geht, geht es hier auf der dritten Ebene auch um Ziele, um das Telos im aristotelischen Sinn. Diese drei Ebenen verhalten sich wie Leib, Seele und Geist zueinander. Als vierte und letzte Sinnebene unterscheiden dann manche Autoren seit Johannes Cassianus im 5. Jahrhundert dann noch eine vierte Ebene, die Erhebung, den mystischen Aufstieg.

Der wörtliche Schriftsinn lebt in einem Verständnis von Zeit, in dem das Zeitliche als das Vergängliche dem Unvergänglichen gegenübersteht. Im Verstehen der symbolischen Ebene geht es um zeitlose Inhalte, aber die Zeit hat in der Aktivität und Bewegung des Interpreten eine besondere Bedeutung.[125] Und auf der moralischen Ebene des Interpretierens kommt das Telos hinzu, mit dem wir die Zeit als Zukunftsstrom auffassen. Die oberste, die mystische Ebene tritt dann in die Zeitlosigkeit ein.

Die ersten Interpreten des Christentums haben sich so noch einer vorchristlichen Methode zum Verständnis der Evangelien bedient. Diese Methode des mehrfachen Schriftsinns hat ihren hohen Ursprung in den vorchristlichen Mysterien. Aber nun hat das Christentum die alte Mysterienwelt in sich aufgehoben und verwandelt. Das ist der Sinn des Wortes «mystische Tatsache» im Buchtitel Rudolf Steiners von 1902. Das rituell Wiederholbare und Bildhafte der Mysterien, das sich im Verborgenen abgespielt hat, der mystische Tod und die Erweckung sind zum unwiederholbaren und gleichsam öffentlichen geschichtlichen Ereignis geworden. Tod und

125 Letzteres ist der Gesichtspunkt von Frank Teichmann in seinem Aufsatz: Der dreifache Schriftsinn. Zur Wissenschaftsmethodik mit Hinblick auf die drei Welten, in: *die Drei,* 5/1984, S. 345ff.

Auferstehung Christi sind in diesem Sinn «mystische Tatsachen» – Tatsachen, die in sich eine Bedeutung tragen, die in der Geschichtswelt wirksam wird:

> Das Kreuz auf Golgatha ist der in eine Tatsache zusammengezogene Mysterienkult des Altertums. Dieses Kreuz begegnet uns zuerst in den alten Weltanschauungen; es begegnet uns innerhalb eines einmaligen Ereignisses, das für die ganze Menschheit gelten soll, am Ausgangspunkte des Christentums. Von diesem Gesichtspunkte aus kann das Mystische im Christentum begriffen werden. Das Christentum als mystische Tatsache ist eine Entwicklungsstufe im Werdegang der Menschheit; und die Ereignisse in den Mysterien und die durch dieselben bedingten Wirkungen sind die Vorbereitung zu dieser mystischen Tatsache.[126]

Für die Bewusstseinsgeschichte des Interpretierens hat die Fleischwerdung des Wortes, die Inkarnation des Ich bin, zur Folge, dass die nun begonnene Geschichte es nicht mehr zulässt, sie zu einer untersten Schicht des Verstehens zu machen, sie auf buchstäbliche Wahrheit zu reduzieren und den Sinn in höhere, zeitlose Schichten zu verlegen. Es handelt sich beim Verständnis dieser Geschichte aber auch um mehr als um die Erhebung zur kausalen Prozessualität, über der sich dann die Telos-Ebene doch wieder halb zeitlos erheben würde. Es gilt, den Entwicklungsgedanken zur Geschichtlichkeit zu erheben und zu verwandeln.

Die Fleischwerdung des Wortes, die Inkarnation Christi, bedeutet, dass das, was vorchristlich in verschiedene Schichten gestaffelt werden konnte, heute eng miteinander verwoben ist

126 Rudolf Steiner: *Das Christentum als mystische Tatsache* (1. Aufl. Berlin 1902; 2. und 3. erweiterte Aufl. Leipzig 1910; 4. Aufl. Dornach 1925), 9. Aufl. Dornach 1989, S. 164.

und eine eigene Form der Interpretation von Geschichte im Horizont einer erweiterten Auffassung von Zeit erfordert. Der Sinn, der vorchristlich auf höheren Ebenen gesucht wurde, hat sich inkarniert. Die Zeit ist nicht mehr bloße Vergänglichkeit, ist weder bloß durch den Blick in die Vergangenheit, noch durch den auf die Zukunft bestimmt. Das ist nicht nur die Konsequenz aus Steiners Gedanken von der Einzigkeit der Fleischwerdung, des Todes und der Auferstehung Christi, sondern ebenso die Konsequenz von Paul Ricœurs Hermeneutik des Ich bin. Ricœurs dreibändiges Werk *Zeit und Erzählung* kann als der Höhepunkt seines Schaffens angesehen werden. Wir werden also sowohl durch den christologischen Grundgedanken Steiners wie auch durch die Hermeneutik des Ich bin an den Punkt geführt, wo wir uns von der antiken Methode des mehrfachen Schriftsinns verabschieden. Diese antike Methode gehört in die Welt der Seelenwanderung und des Generationen-Ich; die Hermeneutik des Ich bin gehört jedoch in die Welt der Inkarnation Gottes, der Reinkarnation des Menschen und der Auferstehung des Leibes.

Wir erinnern uns an die eingangs skizzierte Darstellung Ricœurs: Er nimmt das jeweils Berechtigte aus den polar entgegengesetzten Grundgedanken der Cartesischen Reflexionsphilosophie und Sigmund Freuds kulturtheoretischen Deutungen der Psychoanalyse, die von keinem sich wissenden, sondern von einem sich verdrängenden Ich ausgehen. Das Cartesische Ich-denke überhebt sich selbst, wenn es meint, mit seinem Bewusstsein sein Wesen zu umfassen. Freud hingegen beraubt den Menschen des Höheren, wenn er das Ich als Instanz der Verdrängung darstellt. Aber er beschreitet in seiner Anthropologie einen hermeneutischen Weg, der durch die Interpretation der «Symbole» das Bewusstsein über seine eigenen Grenzen hinauszuführen versucht, dabei aber nur das verdrängte Niedere enthüllt und das Ich fast auflöst. Seine Hermeneutik bleibt einseitig der Demaskierung verpflichtet. Stattdessen entwirft Ricœur eine horchende Hermeneutik, die interpretierend Zugang zu dem Höheren sucht, das dem bloßen Denken verschlossen bleibt. Auf den Wegen des bloßen Denkens sind die Fehlbarkeit, die Sünde und das Böse nicht mit diesem Höheren vereinbar, deshalb muss sich das Denken mit dem Interpretieren der Symbole verbinden. Hier zeichnet sich ab, dass auch die Anthropologie Steiners gerade im Blick auf Reinkarnation und Karma das direkte Gegenbild sowohl Freuds wie auch Descartes' ist und Ricœurs Hermeneutik des Ich bin erstaunliche Konvergenzen zu Steiners Anthropologie des Ich bin aufweist.

8. Die Frage nach Zeit und Geschichte

Die Blickwendung zur Zukunft

Mit der vermeintlichen Erkenntnisfrage der Jünger verbindet sich ein unausgesprochenes Richten. Ähnlich haben die Freunde Hiobs gerichtet, wenn sie diesen davon überzeugen wollen, dass er gesündigt haben muss, weil er so viel Schicksalsschläge erlitten hat. In Wahrheit waren sie in diesen Gesprächen selbstsüchtig, denn sein möglicherweise unschuldiges Leid weckt in ihnen eine tiefe Verunsicherung über ihr Verständnis von der «göttlichen Art, die Welt zu regieren». Gegen dieses Richten wendet sich Steiners Interpretation der Ehebrecherin im Anschluss an die Darlegungen über die Heilung des Blindgeborenen. Es wird hier sichtbar, dass wir auch im von Steiner eröffneten neuen Verständnishorizont die Antwort Christi performativ als Zurückweisung der überkommenen Vorstellungen der Jünger lesen können. In diesem Sinn schreibt Rudolf Frieling, dass die Werke des Gottes in dem Blindgeborenen «nach der Zukunft hin» zur Offenbarung kommen sollen:

> So «ersieht» er ihn sich als den zu Heilenden. Während die Jünger über die Schuldfrage spekulieren, sieht der Christus, dass in diesem Falle nicht eine Schuld in der Vergangenheit zu suchen ist, sondern dass nach der Zukunft hin «die Werke des Gottes in ihm zur Offenbarung kommen sollen». Der Urtext ist doppelsinnig. Einerseits: die Werke Gottes sollen an ihm offenbar werden. Es lässt sich

> aber auch so lesen, dass es sich um die Werke «des Gottes in ihm» handelt – des in ihm noch verborgen keimenden, zur Göttlichkeit berufenen höheren Ich.[127]

Noch deutlicher beschreibt Elsbeth Weymann das rätselhafte Christuswort von Vers 3 geradezu als Aufhebung der Kausalbeziehung von Sünde und Krankheit und deshalb als Blickwendung in die Zukunft:

> Für die Jünger ist der Zusammenhang von Krankheit als Folge der Sünde selbstverständlich. Christi Antwort lässt nun aufhorchen. Er trennt diese für frommes jüdisches Verständnis selbstverständliche Kausalbeziehung mit einer Blick-Wendung. Nicht nach einer möglichen Ursache für diese Blindheit in der Vergangenheit, sondern auf eine Folge für die Zukunft lässt Christus die Jünger schauen. Die Blindheit dieses Mannes habe seinen Grund darin, «dass das Wirken des Gottes in ihm zur Erscheinung komme» (V. 3).[128]

Frieling und Weymann sprechen somit nicht von Karma, was zur Vermutung Anlass gibt, dass sie die Quintessenz der Steinerschen Darstellungen nicht in einer vordergründigen Karmaerklärung der Jünger-Frage veranschlagen. Tatsächlich liegt ja auch der Fokus Steiners zumindest nach dem Vortrag vom Mai 1908 in der Vermittlung des individuellen menschlichen Ich durch das Christus-Ich bin. Steiner hat hier das Karmathema auf die Geschichte von der Ehebrecherin verlagert.

Ganz anders fasst jedoch Josef F. Justen das Christuswort von Vers 3 als direkten Hinweis auf Reinkarnation und Karma. In

127 Rudolf Frieling: Die Heilung des Blindgeborenen, a.a.O. (Anm. 12), S. 290.

128 Elsbeth Weymann: Die Heilung des Blindgeborenen, a.a.O. (Anm. 42), S. 12.

einem Buch, das eine «Einführung in die grundlegenden Erkenntnisse der Anthroposophie Rudolf Steiners» zu sein verspricht, kommt er auf die Geschichte vom Blindgeborenen zu sprechen, um Reinkarnation und Karma in der Bibel nachzuweisen. Er kann sich nicht vorstellen, dass es andere Verständnismöglichkeit für diese Geschichte gibt als Reinkarnation und Karma. Er unterstellt deshalb, dass es nur «Gegner» der Reinkarnation sein können, die das bestreiten.

> Hätte Jesus klarstellen wollen, dass es keine Reinkarnation gäbe, so hätte er sinngemäß doch in etwa sagen müssen: «Wie, wo und wann könnte dieser gesündigt haben! Er wurde doch schon blind geboren!»[129]

Weymann und Frieling bilden ein Gegengewicht gegen diese erschreckend fundamentalisierende Position, gerade deshalb, weil sie die Frage nach Reinkarnation und Karma offenlassen. Wie sieht es nun bei dem Arzt Gerhard Kienle aus, der ebenfalls auf Reinkarnation und Karma abhebt? Er bezieht sich in seinem Verständnis des Blindgeborenen nicht auf vergangene Sünden, sondern auf einen Sinn des Leidens, der in der Reinkarnationszukunft liegt. Ein solches Schicksal ist nicht aus der Vergangenheit und einer Sünde zu verstehen – es hat seine «Ursache» in einem Ziel, in der Zukunft:

> «Jesus antwortete: Weder er noch seine Eltern haben gesündigt; sondern an ihm sollen die Werke Gottes offenbar werden.» – Gottes Werk ist der neue Mensch mit starkem Herzen. Aber der Blinde steht erst am Anfang. Wie steht das kurze Menschenleben, zumal, wenn es nur einen Anfang birgt, in der viel länger währenden Geschichte? Dazu

129 Josef F. Justen: *Das Götterprojekt «Mensch». Entstehung, Wesen und Ziel des Menschen. Einführung in die grundlegenden Erkenntnisse der Anthroposophie Rudolf Steiners,* Norderstedt 2021, S. 200.

> muss die Idee von der Wiederverkörperung durch die Jünger erwogen worden sein. Nur so gewinnt die Frage nach der moralischen Ursache eines Geburtsschadens einen Sinn.
>
> Wann in diesem Leben sollte ein Blindgeborener gesündigt haben? Diesem besonderen Blindenschicksal liegt laut Jesus aber eine Zielursache zugrunde. Der jetzige Notzustand dient als Keimboden für die künftige geistig-moralische Überhöhung der Person des Blinden. Am allerersten Ich-Wachstum des dann Geheilten lässt das Evangelium hernach teilnehmen.[130]

Kienles aus dem Nachlass zusammengestelltes und erstmals 1983 von Diether Lauenstein herausgegebenes Buch zur «ungeschriebenen Philosophie Jesu» übergeht im Ansatz, dass die Worte Jesu, die wir im Johannesevangelium lesen, Bestandteil einer Geschichte sind, die der Verfasser des Evangeliums erzählt. Peter Selg hat die Manuskripte Kienles 2003 neu zusammengestellt, und aus dieser Zusammenstellung haben wir soeben zitiert. Und dabei entstehen nun wiederum Bedenken. Wer Krankheit als Mittel zur Beförderung eines Entwicklungsprozesses begreift, der unterwirft den aktuell lebenden Menschen zwar keiner Beurteilung durch seine Sünden, aber einer Beurteilung am Maßstab seiner Entwicklung. Auch darin kann durchaus eine Art des Richtens liegen. Kienle scheint diese heute verbreiteten Einwände gegen den Entwicklungsgedanken nicht zu erwägen. Dazu kommt, dass sowohl die individuelle Lebensgeschichte in die Gefahr gebracht wird, auf einen Entwicklungsprozess reduziert zu werden, wie auch, dass

130 Gerhard Kienle: Die ungeschriebene Philosophie Jesu, Stuttgart, in: Peter Selg (Hrsg.): *Gerhard Kienle. Leben und Werk*. Band 2. Dornach 2003, S. 449.

aus der Erzählung des Evangeliums ganz ungeschichtlich eine zeitlose Philosophie destilliert wird.

Selbst wenn der Evangelist als der erweckte Lazarus tatsächlich ein Zeitzeuge gewesen ist, so hat er das Evangelium doch erst viele Jahrzehnte nach den Geschehnissen verfasst, von denen es erzählt, und die vermeintlich «ungeschriebene Philosophie Jesu» ist in Wahrheit die geschriebene Botschaft des Evangelisten, sein Versuch, das Erlebte rückblickend durch eine Erzählung zu verstehen und das heißt zu interpretieren.

Peter Selg greift die Gedanken Kienles zum Blindgeborenen 2005 teilweise nochmals auf und stellt ihn in den Zusammenhang eines «ethischen Personalismus», den er im Krankheits- und Therapieverständnis des Alten Testaments und des Alten Orients wirksam sieht und vom naturalistischen Krankheitsverständnis der Griechen unterscheidet. Während Kienle von dem Aristotelischen Prinzip des telos her denkt, setzt Selg im Personverständnis Israels an, das sich vom griechischen Menschenbild grundlegend unterscheidet. Selg erwähnt zwar nicht, dass dieses Personverständnis in Israel mit dem «Antliz Gottes» zusammenhängt, während der griechische Personbegriff von der Maske des Schauspielers spricht, aber seine Ausführungen entsprechen diesem Sachverhalt ganz und gar und sind um die Würde der Person bemüht. Die christliche Auffassung von der Würde der menschlichen Person ist ohne die Vorgeschichte Israels undenkbar, und sie geht mit der theosophischen Unterscheidung von Person und Individualität nicht zusammen (vgl. oben, S. 84f.). Dementsprechend gilt es jedoch auch, mit dem Aristotelischen «telos» vorsichtig zu sein. Das telos ist bei Aristoteles eines von vier Prinzipien (aitiai), zu denen auch der «Ausgang» (arché) der Bewegung gehört, der zur causa efficiens, zu unserer Kausalität, wurde.

Dass nun das telos in der Übersetzung ins Lateinische zur «*causa*» finalis wurde, erzeugt die problematische Begriffsbildung der Zweckursache. Problematisch ist Kienles Rede von der «Zielursache» der Blindheit, die in der Zukunft liegt, weil sich hier eine instrumentalisierende Denkweise eröffnet. Wenn dazu Leid und Krankheit und widerfahrenes, ungewolltes Schicksal gehören sollen, ist eine solche Auffassung mit der Würde des leidenden Menschen nur bedingt zu vereinbaren. Sie gehört eher in den Kontext der Seelenwanderung, nicht aber in den der Reinkarnation. Peter Selg bezieht sich also mit gutem Grund auf das Alte Testament und spricht zudem vorsichtiger als Kienle von einer aus der Zukunft in die Gegenwart hineinragenden Aufgabe:

> Am eindrücklichsten beschreibt das Johannesevangelium in seiner Heilung des Blindgeborenen, dem es ein ganz eigenes Kapitel widmet, diesen Entwicklungsweg einer Individualität, der mit vielen, wenn nicht mit allen Christus-Heilungen verbunden war. Diese gesteigerte Ichwerdung im überwundenen Leiden vollzog sich – als aus der Zukunft in die Gegenwart hineinragende Aufgabe (46) – in verschiedenen, schmerzhaften Stufen einer loslösenden Individualisierung von alten Strukturen und Bindungen und mündete schließlich in eine höhere Selbsterkenntnis des «Kranken».[131]

Kienle und Selg wenden sich somit beide von Sünde und Bestrafung ab, bleiben aber letztlich in einem Tun-Ergehen-Zusammenhang und im Verstehensmodus des Erklärens, was die genannte Gefahr des instrumentellen Denkens birgt. Selg ist sich

131 Peter Selg: *Christliche Medizin. Die ideellen Beziehungen des Christentums zur Heilkunde und die Anthroposophische Medizin*, Dornach 2005, S. 53ff.

des Problems wohl bewusst und formuliert deshalb vorsichtig, indem er sich der Metonymie «Zukunft» bedient, statt von Ziel oder Zweck zu sprechen. Aber es besteht die Gefahr, dass sich in der Aufnahme und popularisierenden Weitergabe dieser Gedanken doch wieder unversehens eine «Zweckursache» geltend macht. Damit würde sich in der Außenbeurteilung eines Kranken die Haltung der Freunde Hiobs «zukunftsbezogen» wiederholen.

Das Wesen einer Geschichte

Das, was es hier in der Beziehung zwischen Sinn und Zukunft zu verstehen gilt, ist jeweils eine individuelle Lebensgeschichte, die mit der Erzählung vom Blindgeborenen die Seinsweise der Geschichte gemeinsam hat. Eine Geschichte können wir nicht einfach wahrnehmen, sondern wir müssen sie geistig erfassen. Traditionell ist alles geistige Erfassen ein rationales Geschehen, das sich im Aufzeigen der Gründe vollzieht, die einen Vorgang erklärbar machen. Jeder erklärbare Vorgang ist aber wiederholbar und notwendig. Eine Geschichte ist jedoch unwiederholbar und dennoch sinnhaft. Sie ist etwas anderes als eine Abfolge von Begebenheiten. Der Philosoph Alasdair MacIntyre begreift deshalb Geschichten als grundlegende Seinsformen, die nicht erst nachträglich durch Erzählung in die Welt kommen, sondern als solche gelebt werden: «Weil wir alle in unserem Leben Erzählungen ausleben und unser Leben mithilfe der Erzählungen, die wir ausleben, verstehen, eignet sich die Form der Erzählung dazu, die Handlungen anderer zu verstehen. Geschichten werden gelebt, bevor sie erzählt werden, außer in

Romanen.»[132] So wenig wie wir den Menschen im Rahmen der Tierwelt angemessen verstehen können, ebenso wenig können wir Geschichten mit den Kategorien einer Reflexionsphilosophie als Prozesse verstehen und durch Ursache und Wirkung zureichend erklären.

Ricœur erinnert bei der besonderen Aufgabe, die uns das Verstehen einer Geschichte stellt, an die von Aristoteles beschriebene phronetische Intelligenz, der Fähigkeit, Stimmigkeit mit Unstimmigkeit zu verknüpfen, ohne dabei in die Modalität des Erklärens zu verfallen.[133] Das Möglichkeitsoffene und deshalb Kontingente in unserem Leben darf nicht zum wiederholbar Notwendigen gemacht werden. Die Kontingenz entgeht durch die spezifische Intelligenz der Geschichte der schlechten Alternative, entweder als Zwecksetzung oder als blinder Zufall aufgefasst zu werden, sie wird stattdessen zur «intelligiblen Kontingenz». Auf diese Weise ist es möglich, im Verstehen von Lebensgeschichten dem unwiederholbar Individuellen gerecht zu werden und Schwellenbewusstsein zu praktizieren. Es gilt nämlich, die geistigen Entwürfe, die der Mensch im Anschluss an sein nachtodliches Rückerleben seiner letzten Erdengeschichte konzipiert hat und die zu einer Art Weichenstellung für die nächste Erdengeschichte werden, von solchen Zwecksetzungen zu unterscheiden, wie sie innerhalb des Lebens vorgenommen werden. Dazu ist es erforderlich, im menschlichen Ich Identität und Differenz zu vereinbaren, das Ich nicht nur als Inhalt des Bewusstseins, sondern als in sich geschiedene Einheit des Menschen zu betrachten. Ich nenne

132 Alasdair MacIntyre: *Der Verlust der Tugend*, Frankfurt am Main, New York 1987, S. 283.

133 Paul Ricœur: *Zufall und Vernunft in der Geschichte*, Tübingen 1986, S. 23.

diese in sich geschiedene Einheit des Menschen im Blick auf unsere individuellen Lebensgeschichten die Dreieinigkeit von Autor, Erzähler und Held des Lebens.[134]

Die Asymmetrie zwischen Vergangenheit und Zukunft

Der Ereignisweg einer Handlung, der von dem Anfangspunkt zum Endpunkt einer Geschichte verläuft, ist seinem Wesen nach voller Möglichkeiten. Gehen wir dann aber reflektierend vom Ende der Geschichte zum Anfang zurück, dann ist dieser Erinnerungsweg in die Vergangenheit zurück nicht mehr voller Möglichkeiten, sondern er wird als notwendig erlebt. Das Vergangene ist unveränderlich. Wenn wir auf dem Rückweg durch eine Erzählung am Anfang angekommen sind, dann beginnt jedoch erst die eigentliche, die dritte Stufe des Verstehens: Wir gehen mit dem Vorherwissen um den Ausgang der Geschichte nochmals durch den Weg der Ereignisse in die Zukunftsrichtung. Dabei entdecken wir dann das Phänomen der Kollateralvorgänge, der Geschehnisse, die nicht angestrebt wurden, sich aber ergeben haben – entweder im Guten oder im Schlechten. Es gibt nicht nur Kollateralschäden, sondern auch Kollateralgewinne, Glücksfälle oder Fügungen. Ohne solche gäbe es keine erzählten Geschichten, sondern nur beschriebene Prozesse.

134 Vgl. hierzu Jörg Ewertowski: Trinitarisches Menschenverständnis und Freiheit. Vom Umgang mit dem Schicksal jenseits von Fatalismus und Selbstüberhebung, in: *Die Christengemeinschaft*, Oktober 2016, S. 10-13, sowie: «Wo ist der Himmel meines Bruders?» War Old Shatterhand ein Eingeweihter oder Karl May ein Kitsch-Autor?, in: *Die Christengemeinschaft*, Dezember 2014, S. 12-15.

Auf diesem zweiten Weg durch die Ereignisfolge der Geschichte, der erneut vom Anfang in das Ende geht, in eine Zukunft, die nun schon bekannt ist, droht die Gefahr, unser Wissen um das Ende mit dem Eindruck der Notwendigkeit, dem wir auf dem Rückweg vom Ende zum Anfang ausgesetzt waren, zur Vorstellung eines Zieles zu machen, das ähnlich notwendig als «Ursache» den Gang der Ereignisse herbeigeführt hat wie die mechanischen Wirkursachen. Im Theologischen schlägt dann die Idee der göttlichen Vorsehung zu der göttlichen Vorherbestimmung um. Oder im Politischen und Sozialen macht sich die Idee geltend, dass diejenigen, die von einem Geschehen profitieren, es auch herbeigeführt haben müssen.

Das sinnhafte Ende einer Geschichte unterscheidet sich aber von einer Zweckursache dadurch, dass eine Geschichte durch die Asymmetrie der Zeit bestimmt ist, durch den qualitativen Unterschied zwischen Vergangenheit und Zukunft. In einer Geschichte ist das Gewesene «vergangene Zukunft». Im Erzählen und im verstehenden Durchlaufen der erzählten Geschichte und in der Erinnerung gilt es, uns erneut in die damalige Zukunftsoffenheit zu versetzen, die jetzt nicht mehr besteht, dabei aber auch gleichzeitig den Ausgang als Horizont vor Augen zu haben, ohne ihn mit der Notwendigkeit zu identifizieren, die wir auf dem Weg in die Vergangenheit erlebt haben.[135] Das erzeugt eine Spannung, die oft nur schwer auszuhalten ist, weil uns die Versuchung angeht, den Sinn zum Zweck zu machen und die Asymmetrie der menschlich-geschichtlichen Zeit zu überblenden. Eine solche Auffassung von Geschichte entspricht jedoch der Inkarnation des Logos und der von Steiner dargestellten «mystischen Tatsache». Und es scheint, dass eine

135 Vgl. Paul Ricœur: *Zeit und Erzählung*, München, 2. Aufl. 2007 (*Temps et récit*, Paris 1983), S. 237.

solche Auffassung die gemeinsame Voraussetzungen des Relativismus wie auch des Fundamentalismus aufhebt. Für den, der geschichtliches Leben im Sinne der Asymmetrie der Zeit zu verstehen ansetzt, bleiben unterschiedliche Möglichkeiten offen, ohne dass sie sich zum Relativismus verselbständigen. Und der Sinn, der sich nicht als Zweck verwirklichen muss, sondern sich jeweils unvorhersehbar und kollateral ereignet, erlaubt einen existenziellen Wahrheitsbezug, ohne in die Unduldsamkeit der verschiedenen Formen der Fundamentalisierung einzumünden. In dem beschriebenen mehrfachen Durchlaufen einer Geschichte in die beiden Richtungen der Zeit mit dem Bewusstsein sowohl von Notwendigkeit wie auch von Möglichkeitsoffenheit entsteht in uns das Bewusstsein des Ich bin, das Vergangenheit, Gegenwart und Zukunft umgreift und das sich am brennenden Dornbusch im Namen Gottes erstmals ausgesprochen hat.

9. Fundamentalismus und Relativismus in der Anthroposophie

Auf dem Weg durch die Interpretationen der Geschichte vom Blindgeborenen haben wir gesehen, wo theologische und anthroposophische Interpretationen je unterschiedlich zum Pol der Fundamentalisierung oder Relativierung neigen, aber auch, wo sie sich darum bemühen, keinem der beiden Extreme zu verfallen. Vielleicht ist für den einen oder anderen Leser die Ausrichtung auf einen hermeneutischen Weg im Umgang mit der Anthroposophie ungewohnt oder befremdend gewesen. Mir scheint aber, dass gerade die aktuelle Diskussion um die «Wissenschaftlichkeit» der Anthroposophie vor diesen Hintergrund gestellt gehört. Dabei gilt es auch zu berücksichtigen, dass es bei Fundamentalismus und Relativismus um keine spezifische Frage der Religion geht, sondern dass gerade auch im Bereich der Wissenschaft Fundamentalismus und Relativismus als Gefahren anerkannt werden müssen.

Die folgenden Überlegungen entstammen einem Beitrag in der Vierteljahresschrift *Anthroposophie*, der im Johanni 2023 veröffentlicht wurde und der Bezug auf eine vorangegangene Diskussion in dieser Zeitschrift nimmt.

Zur Gründungsgeschichte der neuzeitlichen Wissenschaft gehört die Verketzerung Galileis durch die Kirche des Mittelalters. Galilei wurde nicht nur seine Behauptung vorgeworfen, dass die Erde um die Sonne kreist. Auch die von ihm aufgestellten Bewegungsgesetze, die Inbegriff der neuzeitlichen Wissenschaft sind, widersprachen der Lehre der Kirche, weil sie die göttliche Ordnung des Kosmos infrage stellten. Dieser zufolge strebt das Feurige nach oben, das Feste aber nach unten, denn jeder Körper sucht den ihm zugehörenden Ort auf. Galilei setzt demgegenüber voraus, dass es keinen Unterschied zwischen himmlischen und irdischen Körpern gibt und alle Körper denselben Bewegungsgesetzen unterliegen. Das Neue der durch ihn begründeten Wissenschaft liegt keineswegs in der Entdeckung dieser «Tatsache», sondern im methodischen Aufstellen dieses Axioms. Axiome sind selbst keine Erkenntnisse, sondern unbeweisbare Voraus-Setzungen, die aber das Gewinnen spezifischer neuer Erkenntnisse auf ihrer Basis ermöglichen.

Etwas Ähnliches hat sich in der Ausbildung der Evolutionstheorie durch Haeckel am Ende des 19. Jahrhunderts wiederholt. So wie Galilei die Differenzierung in himmlische und irdische Körper durch Setzung von Axiomen fallen gelassen hat, so hat Haeckel beispielsweise die ontologische (wesenhafte) Differenzierung von Pflanze, Tier und Mensch aufgehoben und die grundsätzliche Einheit aller Lebewesen behauptet. Auch ist die Voraussetzung, dass Entwicklung sich in der Vererbung vollzieht, den Axiomen Galileis vergleichbar. Dadurch kommt es zur neuen Abstammungslehre, die nicht nur der biblischen Schöpfungslehre, sondern auch der Sonderstellung des Menschen widerspricht. Und wiederum hat sich eine christliche Opposition gebildet, der Kreationismus. Eine vergleichbare Gegenbewegung gibt es bis heute zu den Axiomen Galileis nicht. Es bleibt zwischen Galilei und Haeckel ein wichtiger Unterschied: Während Galilei niemals der Weltanschaulichkeit oder des Wissenschaftsfundamentalismus bezichtigt wurde, wird dieser Vorwurf heute von wissenschaftlicher Seite aus gegen Haeckel erhoben. Die Kategorie «Fundamentalismus» ist somit gerade deshalb so produktiv, weil sie sowohl in Bezug auf die Wissenschaften als auch in Bezug auf die Religion eingesetzt werden kann. Auch die Anthroposophie ist nicht vor der Gefahr einer Fundamentalisierung gefeit.

Wissenschaftsfundamentalismus liegt beispielsweise dort vor, wo das, was nicht «wissenschaftlich» bewiesen werden kann, als nichtexistent oder unwahr erklärt wird. So behauptet der Evolutionsbiologe Richard Dawkins, dass Religion eine Illusion sei und es keinen Gott gebe. Die Wissenschaft könne alles durch natürliche Prozesse erklären.[136] Man muss weder Christ noch Anthroposoph sein, um dagegen einzuwenden, dass dies keine wissenschaftliche Aussage ist und dass der Verfasser hier performativ seine eigene Unwissenschaftlichkeit offenbart. Würde Dawkins darlegen, dass Gott in seiner Weltanschauung keinen Platz hat, wäre das keine unwissenschaftliche Aussage. Aber wer behauptet, dass seine Weltanschauung nach wissenschaftlicher Methode gewonnen und gesichert ist, setzt sich heute massiver philosophischer und wissenschaftlicher Kritik aus. Weltanschauungen werden nicht durch Forschung gewonnen, sondern sie werden konzipiert. Sie entstehen vom Ganzen her, bilden sich in der Voraussetzung von Axiomen und Sinndeutungen und treten meist unterschwellig auf. Schelling

136 Richard Dawkins: *Der Gotteswahn*, Berlin 2006.

spricht von einer Handlung der Intelligenz, wenngleich einer bewusstlos produktiven Handlung der Intelligenz. Von ganz unterschiedlichen Seiten aus wurde im Verlauf des 20. Jahrhunderts der Unterschied zwischen Einzelforschung und einer Konzeption des Ganzen ins philosophische und wissenschaftliche Bewusstsein gerückt: Heidegger spricht in den späten 20er-Jahren von einem vorgängigen Seinsverständnis, der Mediziner, Forscher und Philosoph Ludwik Fleck beschreibt 1934 die *Entstehung und Entwicklung einer wissenschaftlichen Tatsache*. Karl R. Poppers *Logik der Forschung* von 1934 ist zu nennen und Thomas S. Kuhns *Die Struktur wissenschaftlicher Revolutionen* von 1962. Alle genannten Autoren zusammen arbeiten von sehr unterschiedlichen Seiten her an der grundlegenden Veränderung des Wissenschaftsverständnisses, die zur Folge hat, dass Fundamentalismus zu einer Kategorie wird, die ebenso innerhalb der Theologie wie der Wissenschaften eine unverzichtbare selbstkritische Bedeutung bekommt. Steiners erkenntnistheoretische Schriften ebenso wie seine theosophische Anknüpfung gehören in eine ganz andere Wissenschaftsepoche – in die Epoche, in der Haeckel zur Avantgarde gehörte.

Naturwissenschaft, so hatten Olaf Breidbach und Uwe Hoßfeld aber 2008 gerade am Beispiel Haeckels dargelegt, droht immer wieder ihren methodisch-hypothetischen Rahmen zu verlassen, wenn sie beansprucht, neue weltanschauliche Maßstäbe mit einer angemaßten Autorität zu setzen.[137] Harald Seubert

137 «Hier wird die Naturwissenschaft zum Träger von Werturteilen. Diese Naturwissenschaft wurde aber nicht als ein Hypothesengefüge oder gar als ein experimentelles Programm wahrgenommen. Die hier relevante Naturwissenschaft war das von den Zeitgenossen wahrgenommene Gefüge von Aussagen dieser Wissenschaft. Die Naturwissenschaft reklamierte für diese Zeitgenossen in diesen Aussagen Maßstäbe.» Olaf Breidbach, Uwe Hoßfeld: Glaube

bezog das 2015 nicht nur auf den Darwinismus, sondern auch auf die Hirnforschung. Er spricht von einem «wissenschaftlichen Fundamentalismus», der leugnet, was nicht in seinen Erklärungsmöglichkeiten liegt, und damit die Grenzen der Falsifizierbarkeit überschreitet. Darwinismus und biblizistischer Kreationismus gelten ihm beide als Erscheinungen einer Fundamentalisierung.[138] Der Soziologe Werner Huth hatte 1995 den Fundamentalismus dadurch beschrieben, dass Begründungen unbefragbar werden und deshalb erstarren. Das Bedürfnis und das Erlebnis von Gewissheit wuchert, bordet über und führt zur Unduldsamkeit gegenüber Andersdenkenden, zum Vergessen der eigenen Fehlbarkeit.[139]

Damit wird zuletzt noch eine weitere Besonderheit des Fun-

und Biologie im Werk von Ernst Haeckel, in: Haeckel, *Gott-Natur* (Theophysis). Kommentierter Nachdruck, hrsg. von Olaf Breidbach und Uwe Hoßfeld, Stuttgart 2008, S. 15.

138 «Eine immanente Grenze wird immer dort überschritten, wo Wissenschaften den Bereich ihrer eigenen Falsifizierbarkeit verlassen und ‹überschwänglich› werden, also selbst den Charakter eines Weltbildes annehmen. ... Der wissenschaftliche Fundamentalismus wird leugnen, was nicht in seinen Erklärungsmöglichkeiten liegt.» Harald Seubert: Fundamentalismus im wissenschaftlichen Kontext, in: *Spektrum Iran. Zeitschrift für islamisch-iranische Kultur. Kultur – Wissenschaft – Forschung*, Nr. 2/2015, 28. Jahrgang, S. 74.

139 «Beispielsweise geht selbst ein totaler Skeptiker von einem festen Fundament aus, nämlich von der für ihn fraglosen Gewissheit, dass seine Skepsis und seine Nichtfestgelegtheit die einzig angemessenen Wege sind, sich der Wirklichkeit zu nähern. Dass dies letztlich ein Widerspruch zu seiner Skepsis ist, ahnt zwar sein Gegenüber, nur ihm selber ist es nicht klar. Der totale Skeptiker und der Fundamentalist gleichen sich sogar noch in weiteren Punkten: ihre Haltung gründet in einer bestimmten Ichfunktion: der Negation, die zur Starrheit prädestiniert.» Werner Huth: *Flucht in die Gewissheit. Fundamentalismus und Moderne*, München 1995, S. 13f.

damentalismus sichtbar: Er steht grundsätzlich in einer Beziehung zu seinem Gegenpol, dem des Relativismus. Relativismus und Fundamentalismus erzeugen sich gegenseitig, schaukeln sich auf, sind beide unfrei. Die Minderung des Wahrheitsanspruchs durch die Rede von einem aller Forschung vorgängigen Seinsverständnis (Heidegger), die Rede von vielfältigen Weltanschauungen (Jaspers), von Denkstilen und der «Entstehung und Entwicklung wissenschaftlicher Tatsachen» (Fleck), vom Wechsel wissenschaftlicher Paradigmen (Kuhn) wirken auf den wissenschaftlich wahrheitssuchenden Laien ähnlich wie die liberale Theologie und die historisch-kritische Methode auf den Bibelgläubigen. In beiden Bereichen bilden sich fundamentalisierender Gewissheitsanspruch und Relativierung antagonistisch heraus. In der Wahrnehmung dieses Sachverhaltes liegt aber nun auch eine Chance. Die Anthroposophie ist dazu disponiert, sie zu ergreifen, denn die Idee einer dritten Kraft zwischen den Polen der luziferischen Selbstüberhebung und der ahrimanischen Relativierung der Wahrheit ist ihr vertraut.

Die beiden Anziehungspole im Spiegel anthroposophischer Autoren

Jost Schierens Versuch, die Wissenschaftlichkeit der Anthroposophie und seinen eigenen Umgang mit dem Werk Steiners zu konkretisieren, ist heftig diskutiert worden. Ausgangspunkt war die Behauptung, dass es im Werk Steiners weniger um die Mitteilung von inhaltlichen Entdeckungen als um heuristische, zur Überprüfung angebotene Thesen gehe. Der in der Kritik schnell vergessene Kontext dieser Aussage bildete die Abwehr der Rassismusvorwürfe und die Behauptung der Wissenschaftlichkeit der Anthroposophie gegen deren Bestreitung.[140] Später hat Schieren dann davon gesprochen, dass die Esoterik der Anthroposophie nicht in fixierbaren Inhalten bestehe, sondern in einer Bewusstseinshaltung, dass sie nicht als Vorstellungen zu fassen und mitzuteilen sei, dass diese Esoterik stattdessen eine «Schulungsleistung» des einzelnen Menschen sei und nur als Vollzugsform des Denkens erfahren werden könne.[141] Er hatte versucht, das durch die Abgrenzung vom sogenannten «naiven Realismus» verständlich zu machen. Steiner charakterisiert diesen in der *Philosophie der Freiheit* dadurch, dass er sich alles Wirkliche am Muster der Sinnlichkeit vorstellt, beispielsweise die unsterbliche Seele als ein feinstoffliches Gebilde. Schie-

140 «Seine (Steiners) esoterischen Aussagen erheben keinen Wahrheitsanspruch, sondern sind heuristisch als Annahmen zu verstehen. Alle seine Darstellungen harren, auch in seinem Selbstverständnis, darauf, einer rational-wissenschaftlichen Überprüfung unterzogen zu werden.» Jost Schieren: Anthroposophie in der Kritik, in: *Anthroposophie*, Ostern 2022, S. 3f.

141 «Die Esoterik der Anthroposophie ist nicht in Inhalten erfassbar. Sie eignet sich nicht der Vorstellungsform zu. Esoterik ist eine Schulungsleistung des Individuums und kann nur als Vollzugsform des Denkens erfahren werden. Sie ist prozessual und keine gewordene geronnene Erkenntnis. Daher ist sie unverfügbar. Sie kann nicht für Argumentationen, Schlussfolgerungen, Urteilsmuster oder als Wissensbestand einfachhin verwendet werden. Dies wäre ein naiv realistischer Irrtum. Sie ist die geistige Lebensform der Anthroposophie, die nur im meditativen Vollzugsbewusstsein erfahrbar ist. Alle sogenannten esoterischen Mitteilungen können und sollen daher nicht allein als Inhalte aufgefasst (und verbreitet) werden, sondern sie dienen vor allem der Schulung.» Jost Schieren: Anthroposophie als Bewusstseinsform, in: *Anthroposophie*, Weihnachten 2022, S. 299.

rens Alternative zur Gefahr einer naiv-realistischen Entnahme von vorstellungshaften Inhalten aus dem Werk Steiners ist das «Vollzugsbewusstsein».[142]

Neben Schierens Auffassung halten wir uns nun eine Veröffentlichung von Josef F. Justen, die grundlegende «Erkenntnisse» Rudolf Steiners als kommunizierbare Inhalte anbietet. Unter dem Titel *Das Götterprojekt «Mensch». Entstehung, Wesen und Ziel des Menschen. Einführung in die grundlegenden Erkenntnisse der Anthroposophie Rudolf Steiners* verspricht er seinem Leser Antworten auf alle existenziellen Fragen. Nicht nur das: Er behauptet, dass diese Fragen «wirklich seriös und umfassend» nur im Licht der Anthroposophie beantwortet werden können. Hier werde der «Schleier, der die Erdenwelt von den übersinnlichen Welten trennt», gelüftet.[143] Durchaus ähn-

142 Schieren erklärt das Vollzugsbewusstsein folgendermaßen: «Es ist die (mystische und zugleich nachaufklärerisch besonnene) Erfahrung, dass das vom Subjekt hervorgebrachte Objekt zugleich das Subjekt in neuer Gestalt hervorbringt. Es ist also weniger die Inhaltsseite, sondern eher die Form- und Kraftseite, die die Ichform des Vollzugs auch im Übersinnlichen kennzeichnet.» Jost Schieren: Anthroposophie als Bewusstseinsform, ebd., S. 295.

143 «In diesem Buch geht es also um nichts Geringeres, als ein Licht auf die größten und wichtigsten Mysterien des Weltgeschehens zu werfen. Wir wollen in die tiefsten Untergründe des menschlichen und kosmischen Daseins eintauchen und Antworten auf existenzielle Fragen finden, die sich immer mehr Menschen stellen. Wirklich seriös und umfassend können solche Fragen heute nur beantwortet werden, wenn man sie mit dem Licht der ANTHROPOSOPHIE, der Geisteswissenschaft, die der große Eingeweihte, Geisteslehrer und Menschheitsführer Dr. Rudolf Steiner, den wir in Kapitel 3 (S. 113ff.) näher vorstellen werden, vor rund 100 Jahren im Auftrage der göttlich-geistigen Welt den Menschen geschenkt hat, beleuchtet. Die unfassbar tiefen Erkenntnisse, die er aufgrund seiner jahrzehntelangen geistigen Forschungen gewinnen konnte,

lich drückt sich auch Axel Burkart aus, der in *Das große Rudolf Steiner Buch* thematisch geordnet und kommentiert ebenfalls auf grundlegende Fragen nach der Seele, der Liebe und nach Gott Antwort gibt. Ähnlich wie Justen spricht er pauschal und undifferenziert allen Theologen und Naturwissenschaftlern die Kompetenz zur Beantwortung dieser Fragen ab.[144]

Die Anziehungskraft der beiden Pole des Fundamentalisierens und des Relativierens lässt sich in dieser Gegenüberstellung jeweils deutlich erkennen. Justen und Burkart stellen Steiner als einzig Wissenden gegen die ganze Welt. So wie fundamentalisierende Christen die Bibel als «Zeugnis der Wahrheit» geltend machen, so präsentieren auch diese beiden Autoren das Werk Steiners. Freilich präsentieren sie es nicht als göttliche Offenbarung oder Glaubensinhalt, sondern als Sammlung von fragmentarisierten Erkenntnissen, die aus ihrem ursprünglichen Zusammenhang, aus der Situation ihrer Darstellung in

lüfteten den Schleier, der die Erdenwelt von den übersinnlichen Welten trennt.» Josef F. Justen: *Das Götterprojekt «Mensch»*, a.a.O. (Anm. 129).

144 «Es geht bei dem Werk Rudolf Steiners um all die Fragen nach den Geheimnissen des Lebens und den Rätseln der Natur: Was ist Leben und wie entsteht es? Was ist Geist, was Seele? Was ist Liebe? Gibt es Gott? Welche ist die wahre Bedeutung des Christus? Gibt es ein Leben nach dem Tod? – und viele andere. Dann müssen wir uns fragen, wer die Kompetenz besitzt, diese Fragen zu beantworten? Sind es die Physiker oder die Biologen, die Psychologen oder Theologen, die Philosophen oder Soziologen? Nun sollten wir meinen, die Theologen müssten die Frage nach Gott und Christus beantworten können. Wenn dem so wäre, würden die Menschen nicht in Scharen den Kirchen davonlaufen. Zudem gibt es massive Widersprüche innerhalb der Theologie und zu den Wissenschaften, die wir nicht verleugnen können.» Axel Burkart: *Das große Rudolf Steiner Buch. Texte aus seinen wichtigsten Werken.* Zusammengestellt und erläutert, München 2003, S. 31f.

einem Buch oder Vortrag abgelöst und als zeitloser Wissensinhalt dargeboten werden. Dass andere Autoren vielleicht eine ganz andere Idee vom Ganzen des Steinerschen Werkes haben könnten, wird nicht erwogen. Zwischen Steiners Forschen und dem Niederschlag seiner Forschungen in seinen Büchern gibt es hier keinen nennenswerten Unterschied, ebenso wenig wie es unterschiedliche Interpretationen dieser uns von Steiner überlieferten Texte gibt. Die beiden Autoren befriedigen das Bedürfnis nach konkreten esoterischen Inhalten bei denen, die für solche Literatur empfänglich sind, und kümmern sich nicht um die fatalen Konsequenzen ihrer Vereinfachungen. Aber schon 1913 hatte sich Steiner dafür gerechtfertigt, dass sein Buch *Theosophie* angeblich zu schwer geschrieben sei. Man möge es jedoch vermeiden, um der Popularität willen die Sache so darzustellen, dass ihr diese Verbreitung zum Schaden wird.[145]

So kümmern sich Justen und Burkart nicht darum, dass ihre Popularisierung zwar tatsächlich viele Menschen erreicht, andere aber abhält, auch nur einen Blick in ein Werk Steiners zu werfen. Sie haben kein Bewusstsein dafür, dass andere Anthroposophen, die in einer wissenschaftlichlichen Bildungslandschaft sozialisiert sind, durch solche Veröffentlichungen massiv diskreditiert werden. Schieren hingegen enttäuscht das inhaltliche Bedürfnis und stimuliert einfach nur wenig dazu, es mit einem Buch Steiners zu probieren. Aber er scheint mir deutlich weiter vom Relativismuspol entfernt als Justen und Burkart vom Fundamentalismuspol.

145 Rudolf Steiner: Vortrag vom 20. März 1913 in Den Haag, in: *Welche Bedeutung hat die okkulte Entwicklung des Menschen für seine Hüllen und sein Selbst?,* GA 145, Dornach 1986, S. 23f.

Ulrich Kaiser und das Verstehen der Erzählung

Im April 2022, also fast zeitgleich mit Schierens erstem hier genanntem Aufsatz, erschien im «Korrespondenzblatt» ein Artikel von Ulrich Kaiser. Günter Röschert, einer der beiden Herausgeber der Zeitschrift, hatte Kaisers Buch *Der Erzähler Rudolf Steiner*[146] gelesen und den Autor gebeten, einen Aufsatz über die Interpretation des Steinerschen Werks zu verfassen. Als Erzählung aufgefasst, benötige das Werk ja ganz besonders eine «Deutung» durch den Leser, und die könne nicht «primitiv wort-wörtlich» sein. Kaiser entwickelt dann in seinem Beitrag den Unterschied zwischen einem eher subjektiv verfassten «Deuten» und einem «Verstehen», das erheblich mehr beinhaltet als den logischen Nachvollzug der Gedankenbewegung oder die Einfühlung in die Intention des Autors. Er sieht im Verstehen eine Aktivität des Lesers, die durchaus Berührungspunkte mit der «Vollzugsform des Denkens» bei Schieren besitzt, die aber über die Grenzen des «Denkens» hinausgeht, ohne in das Vorstellungshafte zurückzufallen. Das «Verstehen» im Sinne Kaisers richtet sich primär auf die gestaltende Arbeit Rudolf Steiners, die mit fixen «Strukturelementen» (Wesensglieder, Hierarchien, Zeitstrukturen etc.) umgeht. Es geht also nicht um das Lehrbare von Wissensinhalten, sondern um das Ereignishafte des jeweiligen Vortrags oder Textes.[147] Die Darstellungsform der Erzählung ist auf

146 Ulrich Kaiser: *Der Erzähler Rudolf Steiner*, a.a.O. (Anm. 53).

147 «Also wie Steiner mit den Strukturelementen arbeitet, ist entscheidend, aber es ist vorderhand nicht sichtbar. Es bedarf der Kunst des Verstehens, in diesem Sinn über den Text hinaus zu deuten, sich von der Oberfläche abzulösen und in die Tiefe zu bewegen oder vom Äußerlichen ins Innerliche. Es ist die eigentliche esoterische Lesart.» Ulrich Kaiser: Empfinden können, was die Seele selbst

das Verstehen eines Erzählzusammenhangs angelegt, der über den logischen Zusammenhang immer wieder durch dramatische Elemente, durch unerwartete Wendungen, ja Brüche hinausgehen kann. Der hermeneutische Ansatz des Verstehens unterscheidet sich damit vom «Erkennen» der naturwissenschaftlichen Forschung. Die Literaturgattung der Erzählung ist als solche weniger auf Überprüfung angelegt als auf das Miterleben. Das Inhaltliche nimmt Kaiser deshalb – so hatte er es zuvor in seinem Buch dargestellt – nicht als wissenschaftliche Hypothese, sondern als «Lebenshypothese» und beruft sich dabei auf eine Empfehlung Steiners, deren Kontext interessanterweise die Problematisierung der in der Esoterik drohenden Autoritätshörigkeit ist.[148]

Kaiser spricht im Korrespondenzblatt kritisch von der anthroposophischen Gewohnheit einer naturwissenschaftlichen «Rahmung» des Umgangs mit dem Werk Steiners, die nicht zwischen Erkennen und Verstehen unterscheidet und deshalb

zersprengen will, in: Günter Röschert / Elisabeth Wutte (Hrsg.): *Korrespondenzblatt*, Nr. 4, April 2022, S. 7.

148 «Das Wahre wirkt einleuchtend und aufklärend, das Falsche stößt zurück und klärt nichts auf. Vom Wahren sagt sich der Zuhörer oder Leser: Ja, durch das, was mir da mitgeteilt wird, kann ich die Tatsachen der Natur und des Lebens begreifen; wenn das aber nicht wahr wäre, was da gesagt wird, bleiben mir diese Tatsachen unverständlich. Dieses Verhalten zu einer Lehre kennt auch die anerkannteste Wissenschaft; man nennt da solche Lehren brauchbare Arbeitshypothesen. Nur dass der Okkultist nicht Hypothesen mitteilt, sondern Tatsachen, die er selbst gesehen hat. Aber das hindert ja niemand, solange er nicht selbst prüfen kann, die Dinge als brauchbare Lebenshypothesen anzunehmen.» Rudolf Steiner: *Lucifer-Gnosis. Grundlegende Aufsätze zur Anthroposophie und Berichte aus den Zeitschriften «Luzifer» und «Lucifer-Gnosis» 1903–1908*, GA 34 Dornach 1987, S. 386f.

an der Frage der «Überprüfbarkeit» hängen bleibt. Das ist oft zu beobachten, so auch noch im jüngsten Beitrag zur Debatte. Markus von Schwanenflügel sucht die Relativierung, die mit Schierens These von dem hypothetischen Stellenwert der Steinerschen Aussagen verbunden ist, dadurch abzuschwächen, dass er die «Hypothese» zwar nicht dem Selbstverständnis Steiners zurechnet, aber dennoch als angemessene Auffassung des Lesers rechtfertigt: Weil wir Steiners Schauungen nicht direkt durch eigene Schauungen überprüfen können, nehmen wir sie inhaltlich als Arbeitshypothesen und prüfen sie auf Widerspruchsfreiheit.[149] Am Schluss von Schwanenflügels Beitrag steht die sehr plausible Vermutung, das Eingeständnis, dass wir die Methoden Steiners auch nach hundert Jahren nicht selbst zu realisieren vermögen, könnte dem Dialog mit der Öffentlichkeit einen anderen Charakter geben.

149 «Im Wesentlichen prüfen wir also die Darstellungen Steiners auf Widerspruchsfreiheit, benutzen sie als Arbeitshypothesen und machen sie uns, je plausibler sie uns auf die Dauer erscheinen, umso mehr zu eigen. Widerspruchsfreiheit ist aber – wie wir wissen – zwar eine notwendige, aber keine hinreichende Bedingung dafür, dass eine Aussage richtig ist. Sie ist kein Ersatz für die Wahrheitsprüfung, sondern nur ein Indiz dafür, dass es sich lohnt, weiter in der entsprechenden Richtung zu forschen.» Markus von Schwanenflügel: Dialog über Anthroposophie, in: *Anthroposophie*, Ostern 2023, S. 68.

Die Rede von der «Lebenshypothese» ist eine Entdeckung im Werk Rudolf Steiners und passt ganz hervorragend zu dem großen und wichtigen Komplex der Darstellungen über das Leben nach dem Tod. Wenn heutige Wissenschaftsfundamentalisten zu wissen meinen, dass es kein nachtodliches Dasein geben könne, weil es wissenschaftlich nicht nachgewiesen werden kann, so hat die Reaktion «Lebenshypothese» in Verbindung mit der Kritik der Unwissenschaftlichkeit solcher Aussagen einen ganz anderen Charakter, als ihn die Behauptung hätte, dass es mit den wissenschaftlichen Methoden Rudolf Steiners sehr wohl beweisbar sei. Mit dieser Reaktion würden wir dem einen Fundamentalismus nur einen anderen gegenüberstellen. Wenn wir darauf verzichten, enthalten wir uns des Urteils über die «Wissenschaftlichkeit» Rudolf Steiners, können aber vielleicht andere gute Gründe dafür anführen, dass wir die Bewahrheitung solcher Aussagen erwarten.

Aber nun nehmen wir ein anderes Beispiel: Aus einem Vortrag vom 31. Oktober 1911 in Berlin ist uns überliefert, dass Rudolf Steiner seine Zuhörer mit der Aussage konfrontiert, äußere Wärme sei nur «Maya», bei allen Wärmeerscheinungen handle es sich in Wahrheit um das Opfer der Hierarchie der Throne gegenüber den Cherubim: «Wo wir Feuer sehen, wo wir Wärme empfinden, sollten wir nicht so materialistisch denken, wie es dem heutigen Menschen natürlich und gewöhnlich ist, sondern wo wir Wärme auftreten sehen und fühlen, da ist auch heute noch in unserer Umgebung unsichtbar vorhanden, geistig zugrunde liegend, das Opfer von den Geistern des Willens gegenüber den Cherubim. Dadurch gewinnt die Welt erst ihre

Wahrheit, dass wir wissen, dass hinter jeder Wärmeentwickelung ein Opfer ist.»[150]

Was sagt dieser Satz eigentlich? Wie verstehen wir ihn? Könnte er, wörtlich genommen, als Korrektur der materialistischen Theorie der Wärme wiedergegeben werden: Wärme ist nicht, wie Helmholtz entdeckt hat, gesteigerte Molekülbewegung, sondern das Opfer der Throne? Handelt es sich also um die Aufforderung, die klassische Physik zu korrigieren oder als Irrtum anzusehen? Oder entwickelt Steiner hier neue post-galileische Axiome zu einer Erneuerung der Naturwissenschaft? Oder heißt das: Was in der Welt der Erscheinung als Wärme auftritt, ist in der Welt des wahren Seins das Opfer der Throne? Innerhalb der platonischen Höhle erleben die Menschen Wärme, wer sich aus der Höhle zur Oberwelt emporarbeiten kann, der «schaut» das Opfer der Throne. Oder: Spricht Steiner hier von einem aller ontischen Forschung vorausgehenden neuen Seinsverständnis? Ist, was Heidegger die Differenz zwischen dem Sein und dem Seienden nennt, bei Steiner die Schwelle zwischen der physischen und der geistigen Welt?

Wer wortwörtlich liest, der interpretiert bewusstlos und droht zum Trabanten des Fundamentalismuspols zu werden. Ich habe den Eindruck, dass diese Gefahr besonders dann naheliegt, wenn man zwischen dem Steinerschen Forschen («Erkennen») und dem von Steiner gestalteten Werk (Vortrag oder Buch) nicht genügend unterscheidet. Vor allem droht diese Gefahr dann, wenn man den Unterschied zwischen dem Erkennen und dem Verstehen verwischt. Wer freilich umgekehrt die angedeutete Vielfalt der Interpretationen gegeneinander

150 Rudolf Steiner: *Die Evolution vom Gesichtspunkte des Wahrhaftigen*, GA 132, Dornach 1999, Vortrag vom 31. Oktober 1911 in Berlin, S. 19f.

ausspielt und daraus ableitet, dass es keine Wahrheit gibt, kreist um den Relativismuspol. Aus der Fehlbarkeit, aus der Möglichkeit des Irrtums, leitet er dann vielleicht die Wahrheitsunfähigkeit ab. Aber das Eingeständnis der Irrtumsmöglichkeit ist umgekehrt gerade ein Zeichen dafür, dass es Wahrheit gibt. Es gilt, die möglichen Interpretationen miteinander abwägend zu vergleichen, den anderen Autoren ebenfalls mögliche Irrtümer zuzugestehen und nach ihrer jeweiligen (Teil-)Wahrheit zu suchen. Wer so das Wagnis des Irrtums eingeht, anstatt sich in der Illusion absoluter Wahrheit zu wähnen, der wird von der dritten Kraft gehalten und inspiriert, die ihm Bewegungsfreiheit zwischen den beiden alten Antipoden ermöglicht.

Rückblick

In den verschiedenen Interpretationen der Erzählung vom Blindgeborenen ging es immer wieder um die rätselhaften Worte, mit denen Christus auf die Frage der Jünger nach dem Schuldigen reagiert: «Es hat weder dieser gesündigt noch seine Eltern, sondern dass die Werke Gottes offenbar würden an (in) ihm» (Joh 9,3). Fundamentalistische Deutungen sehen die Wunderheilung als das Werk Gottes an, das Christus hier sogleich vollziehen wird, und stehen somit in der Gefahr, den «Zweck» der Blindheit in diesem die Macht Gottes offenbarenden Wunder zu sehen. Relativistische Deutungen hingegen sehen das Wunder überhaupt als bloße Legende an. Beide Seiten haben verblüffend viel gemeinsam: Sie halten Vieldeutigkeit nicht aus, sie wollen die wörtlich gelesene Erzählung mit der geschehenen Geschichte identifizieren, denn sie sind blind für die gestaltende Arbeit des Autors sowie für den Unterschied zwischen dessen Werk und dessen Erkenntnis. Auch Blavatskys theosophische Ersterwähnung der Karmadeutung und spätere, an Steiner orientierte Deutungen tendieren zum Fundamentalismus. Andersdenkende werden zu Gegnern erklärt, und Steiner wird selektiv-wörtlich gelesen.

Um das fragliche Christuswort angemessen zu verstehen, ist es aber erforderlich, die Geschichte im Ganzen zu bedenken, ihr Ende in den Blick zu nehmen, von diesem aus zum Anfang zurückzukehren und dann dem Gang der Erzählung erneut zu folgen. Der Geheilte ist der einzige Mensch im ganzen Johannesevangelium, dem vom Evangelisten das ansonsten Christus vorbehaltene Wort «Ich-bin» in den Mund gelegt wird. Er ist zudem der Erste, der in Jesus den verheißenen Menschensohn ausdrücklich anerkennt. Am Ende steht schließlich die Unterscheidung zweier Formen der Blindheit: der Blindheit derer, die sich sehend glauben, und der um sich selbst und ihre Einschränkung wissenden Blindheit. Diejenigen, die sich sehend wähnen, werden im letzten Christuswort dieser Erzählung als Sünder bezeichnet. «Wärt ihr blind, so hättet ihr keine Sünde; nun ihr aber sprecht: ‹Wir sind sehend›, bleibt eure Sünde» (Joh 9,41). Auch dieses Wort am Ende der Geschichte antwortet auf die Ausgangsfrage der Jünger, und zwar genauso indirekt, rätselhaft und vieldeutig wie das erste Wort von den Werken Gottes, die getan werden müssen.

Fundamentalismus und Relativismus haben aber gemeinsam, dass sie es auf Eindeutigkeit und auf unumstößliche Gewissheit abgesehen haben. Beide wähnen sich jeweils sehend. Die einen konstruieren und behaupten ihre eigene Gewissheit, zum Teil sogar gewaltsam, die anderen dekonstruieren fremde Gewissheiten und machen die Wahrheitslosigkeit zu ihrem Dogma.

Die Karmadeutung des Christuswortes ist keineswegs zwingend, und sie kann leicht naiv werden. Zu den Wahrheiten aber, die auf sie hinweisen, gehört für mich die vom Gottesfunken des Ich bin, den Christus den Menschen vermittelt. Von hier aus lassen sich dann Reinkarnation und Karma denken, und zwar im Bewusstsein der damit verbundenen Verfehlungsmöglichkeiten – der möglichen eigenen Blindheit. So kann ich mir Karma nicht als sture Kausalität vorstellen und ebenso wenig als eine die Freiheit überblendende Finalität. Karma gehört in eine unsere Inkarnationen übergreifende Geschichte, zu deren Lebenszusammenhang unwiederholbare Kontingenzen und Kollateralvorgänge dazugehören. Diese können erstaunlicherweise zum Sinn beitragen, aber das geschieht nicht gesetzmäßig. Eine solche über einzelne Inkarnationen hinausgreifende Geschichte auch nur im Grundsätzlichen zu verstehen und sich in ihrem noch unabgeschlossenen Geschehen zu ahnen erfordert ein Bewusstsein von den Schwellen zwischen dem vorgeburtlichen, dem irdischen und dem nachtodlichen Leben. Auch im Interpretieren von Geschichten und diversen Werken verschiedenster Autoren gilt es, so haben wir gesehen, ähnliche Schwellen zu respektieren und die jeweilige Darstellung nicht mit der ursprünglichen Erkenntnis und diese nicht mit der Wirklichkeit gleichzusetzen. Die Entwicklung des Schwellenbewusstseins bewahrt uns auf allen Ebenen vor der Verwechslung des Plan- und Denkbaren mit dem Wirklichen, bewahrt uns vor der Selbstüberhebung des denkenden Ich. Es stärkt unser Ich bin, das auch das umfasst, was wir sind, ohne es zu wissen.

Literaturverzeichnis

Anrich, Gustav: *Das antike Mysterienwesen in seinem Einfluss auf das Christentum*, Göttingen 1894.

Augustinus: *Vorträge über das Johannes-Evangelium*, übers. von Thomas Specht, Bibliothek der Kirchenväter, München 1913–1914.

Bannach, Klaus: *Anthroposophie und Christentum – eine systematische Darstellung ihrer Beziehung im Blick auf neuzeitliche Naturerfahrung*, Göttingen 1998.

Besant, Annie: *Esoterisches Christentum*. Die Wahrheiten des Christentums aus esoterischer Sicht, Leipzig, 2. Aufl. 1911 (1. Aufl. 1901 engl. – 1903 dts.), unveränderter Nachdruck München 1997.

Blavatsky, H. P.: *Der Schlüssel zur Theosophie*, Leipzig 1907.

–: *The Secret Doctrine*, London 1897, reprinted 1910, 1913, 1918.

Breidbach, Olaf und Uwe Hoßfeld: Glaube und Biologie im Werk von Ernst Haeckel, in: Haeckel, *Gott-Natur* (Theophysis). Kommentierter Nachdruck, Olaf Breidbach / Uwe Hoßfeld (Hrsg.), Stuttgart 2008.

Burkart, Axel: *Das große Rudolf Steiner Buch. Texte aus seinen wichtigsten Werken*. Zusammengestellt und erläutert, München 2003.

Carson, D. A.: *The Gospel According to John*, Leicester 1991.

Clement, Christian: *Literatur und Apokalypse. Perspektiven einer anthroposophisch orientierten Hermeneutik*, Würzburg 2020.

Daniel, Joachim: *Die Sprache des Mythos*, Basel 2012 (DVD).

Dawkins, Richard: *Der Gotteswahn*, Berlin 2006.

Dellbrügger, Günther: *«Ich weiß, dass mein Erlöser lebt». Zur Durchchristung des Karmagedankens,* Stuttgart 2004.

Denger, Johannes: Wiederverkörperung und Schicksal in der Heilpädagogik und Sozialtherapie, in: *info3*, Nr. 1, 2023, S. 16-19.

Ewertowski, Jörg: *Die Entdeckung der Bewusstseinsseele. Wegmarken des Geistes: Rudolf Steiner – Augustinus – Petrarca – Heinrich von Kleist*, Stuttgart 2006.

–: Erklären Reinkarnation und Karma das Leid? Von der Beziehung zwischen Ichbewusstsein und ewigem Wesenskern, in: *Anthroposophie*, Vierteljahresschrift Nr. 219, Ostern 2002, S. 13-17.

–: Rudolf Steiner immer wieder neu sehen lernen. Geschichtlicher Abstand als Chance, in: Ulrich Meier (Hrsg.): *Christentum in Entwicklung. Anstöße zum Dialog über eine permanente Reformation*, Stuttgart 2013, S. 166-199.

–: Jungfrauengeburt und zwei Jesusknaben. Das Wirken des Heiligen Geistes in der Menschwerdung, in: *Die Christengemeinschaft,* Dezember 2023, S. 12-15.

–: Lesen im Werk Rudolf Steiners. Wissenschaftlicher Abstand und existentielle Nähe, in: *Anthroposophie,* Ostern 2014, S. 10.

–: «Wo ist der Himmel meines Bruders?» War Old Shatterhand ein Eingeweihter oder Karl May ein Kitsch-Autor?, in: *Die Christengemeinschaft*, Dezember 2014, S. 26-29.

–: Trinitarisches Menschenverständnis und Freiheit. Vom Umgang mit dem Schicksal jenseits von Fatalismus und Selbstüberhebung, in: *Die Christengemeinschaft*, Oktober 2016, S. 12-15.

–: Sarahs Entschluss. Die Frage nach dem Handeln Gottes in der Geschichte, in: *Die Christengemeinschaft*, Mai 2019, S. 10-13.

–: Das Osterrätsel. Vom leeren Grab als Teil der Erlösung, in: *Die Christengemeinschaft*, April 2020, S. 27-29.

Ewertowski, Ruth: Was war denn zu erwarten? Christus, Gottesknecht und Menschensohn, in: *Die Christengemeinschaft*, 12/2021, S. 18f.

Feuerbach, Ludwig: *Das Wesen des Christentums,* Leipzig 1841.

Fleck, Ludwik: *Die Entstehung und Entwicklung einer wissenschaftlichen Tatsache,* (1934), Frankfurt am Main 1980.

Frey, Jörg: *Die Herrlichkeit des Gekreuzigten*, Tübingen 2013.

–: Sehen oder Nicht-Sehen? (Die Heilung des blind Geborenen) Joh 9,1-41, in: *Kompendium der frühchristlichen Wundererzählungen. Band I: Die Wunder Jesu*, Gütersloh 2013.

Frieling, Rudolf: Die Heilung des Blindgeborenen. Ein Licht-Finsternis-Drama im Johannes-Evangelium, in: *Die Christengemeinschaft*, Oktober 1968, S. 289-294.

Gadamer, Hans-Georg: *Wahrheit und Methode. Grundzüge einer philosophischen Hermeneutik,* Tübingen 1999.

Harrison, C. G.: *Das Transcendentale Weltenall. Sechs Vorträge über Geheimwissen, Theosophie und den katholischen Glauben*, gehalten vor der ‹Berean Society› 1898.

Hegel, Schelling, Hölderlin (?): *Das älteste Systemprogramm des Deutschen Idealismus* (1796 oder 1797), in: Georg Wilhelm Friedrich Hegel: *Werke. Band 1*, Frankfurt am Main 1979, S. 234-237.

Hemminger, Hansjörg: Christlicher Fundamentalismus. Der Traum von der ‹societas perfecta›, in: *Loccumer Pelikan,* 4/2013, S. 155-159.

Hoffmann, David Marc: Rudolf Steiners Hadesfahrt und Damaskuserlebnis, in: Rahel Uhlenhoff (Hrsg.): *Anthroposophie in Geschichte und Gegenwart*, Berlin 2011, S. 89-123.

Huth, Werner: *Flucht in die Gewissheit. Fundamentalismus und Moderne,* München 1995.

Judge, William Q.: *Das Meer der Theosophie,* München o. A. (1. Aufl. New York 1893).

Justen, Josef F.: *Das Götterprojekt «Mensch». Entstehung, Wesen und Ziel des Menschen. Einführung in die grundlegenden Erkenntnisse der Anthroposophie Rudolf Steiners,* Norderstedt 2021.

Kaiser, Ulrich: *Der Erzähler Rudolf Steiner. Studien zur Hermeneutik der Anthroposophie,* Frankfurt am Main 2020.

–: Empfinden können, was die Seele selbst zersprengen will, in: Günter Röschert / Elisabeth Wutte (Hrsg.): *Korrespondenzblatt*, Nr. 4, April 2022, S. 4-10.

Keel, Othmar: *Die Welt der altorientalischen Bildsymbolik und das Alte Testament,* Neukirchen 1996.

Kessler, Hans: Jenseits von Fundamentalismus und Rationalismus. Versuch über Auferstehung Jesu und Auferstehung der Toten, in: Hans Kessler (Hrsg.): *Auferstehung der Toten. Ein Hoffnungsentwurf im Blick heutiger Wissenschaften*, Darmstadt 2004, S. 296-32.

Kienle, Gerhard: *Die ungeschriebene Philosophie Jesu,* Stuttgart 1983.

–: Die ungeschriebene Philosophie Jesu, in: Peter Selg: *Gerhard Kienle. Leben und Werk*, Band 2, Dornach 2003, S. 387-458.

Kittel, Gisela: Das leere Grab als Zeichen für das überwundene Totenreich, in: *Zeitschrift für Theologie und Kirche*, 96. Jahrgang, Heft 4, Dezember 1999, S. 458-479.

König, Karl: *Auferweckung und Auferstehung. Vier Vorträge,* gehalten zu Ostern 1965 in Föhrenbühl, Stuttgart 1997.

Johannes Kreyenbühl: *Das Evangelium der Wahrheit. Neue Lösung der Johanneischen Frage*. 1. Bd., Berlin 1900.

Kuhn, Thomas S.: *Die Struktur wissenschaftlicher Revolutionen* (*The Structure of Scientific Revolutions*, Chicago 1962, 1970), 2. revidierte Auflage 1976.

Lindenberg, Christoph: *Individualismus und offenbare Religion. Rudolf Steiners Zugang zum Christentum*, erw. Neuausg., Stuttgart 1995.

MacIntyre, Alasdair: *Der Verlust der Tugend*, Frankfurt am Main, New York 1987.

Munhall, L. W.: Inspiration, in: *The Fundamentals. A Testimony to the Truth*, Volume VII, Chicago o.A.

Olcott, Henry S.: *A Buddhist Catachism*, Adyar 1903, hrsg. von Annie Besant, 1908.

Origenes: *Das Evangelium nach Johannes*. Übersetzt und eingeführt von Rolf Gögler, Zürich, Köln 1959.

–: *Über die Grundlehren der Glaubenswissenschaft (De principiis)*, Stuttgart 1835, S. 9f. (1, prooem. 8).

–: *Johanneskommentar* 10,13.

Picht, Georg: *Kunst und Mythos*, Stuttgart 1986.

Popper, Karl R.: *Logik der Forschung* (1934), 3. bearb. Aufl. Berlin 2007.

Ravagli, Lorenzo und Günter Röschert: «Das Christentum als mystische Tatsache», in: Lorenzo Ravagli, Günter Röschert: *Kontinuität und Wandel. Zur Geschichte der Anthroposophie im Werk Rudolf Steiners*, Stuttgart 2003, S. 362ff.

Rhys Davids, Th. W.: *Der Buddhismus. Eine Darstellung von dem Leben und den Lehren Gautamas, des Buddhas*, 1. Aufl. englisch 1847, auf Deutsch Leipzig o. A. (1910).

Ricœur, Paul: *Zeit und Erzählung*, München, 2. Aufl. 2007 (*Temps et récit*, Paris 1983).

–: *Zufall und Vernunft in der Geschichte*, Tübingen 1986.

–: *Symbolik des Bösen. Phänomenologie der Schuld II*, Freiburg, München 2002.

Rittelmeyer, Friedrich: *Briefe über das Johannesevangelium*, Stuttgart (1. Aufl. 1938), 4. Aufl. 1999.

Röschert, Günter: Der Monismus im Lebensgang Rudolf Steiners zwischen 1883 und 1904, in: Lorenzo Ravagli, Günter Röschert: *Kontinuität und Wandel. Zur Geschichte der Anthroposophie im Werk Rudolf Steiners*, Stuttgart 2003, S. 36ff.

Schad, Wolfgang: *Der periphere Blick. Die Vervollständigung der Aufklärung*, Stuttgart 2014.

–: Was bin ich? Wer bin ich? Zum Selbstverständnis des eigenen Ichs, in: *Der Merkurstab*, 4/2011, S. 321-331.

Schieren, Jost: Anthroposophie in der Kritik, in: *Anthroposophie*, Ostern 2022, S. 1-9.

–: Anthroposophie als Bewusstseinsform, in: *Anthroposophie*, Weihnachten 2022, S. 292-302.

Schwanenflügel, Markus von: Dialog über Anthroposophie, in: *Anthroposophie,* Ostern 2023, S. 67-70.

Selg, Peter: *Christliche Medizin. Die ideellen Beziehungen des Christentums zur Heilkunde und die Anthroposophische Medizin*, Dornach 2005.

Seubert, Harald: Fundamentalismus im wissenschaftlichen Kontext, in: *Spektrum Iran. Zeitschrift für islamisch-iranische Kultur. Kultur – Wissenschaft – Forschung,* Nr. 2/2015, 28. Jahrgang, S. 69-81.

Steiner, Rudolf: *Goethes naturwissenschaftliche Schriften*, Kapitel VI (1887), GA 1, Dornach 1987.

–: *Die Philosophie der Freiheit*, Berlin 1894 (GA 4, Dornach 2021).

–: *Das Christentum als mystische Tatsache und die Mysterien des Altertums,* GA 8, 9. Aufl., Dornach 1989 (1902/1910/1925).

–: *Theosophie. Einführung in übersinnliche Welterkenntnis und Menschenbestimmung,* GA 9, Dornach 2021.

–: *Wie erlangt man Erkenntnisse der höheren Welten?*, GA 10, Dornach 2022.

–: *Die Geheimwissenschaft im Umriss,* GA 13, Dornach 2021.

–: *Die Rätsel der Philosophie,* GA 18, Dornach 1985.

–: Der Individualismus in der Philosophie (1899), in: *Methodische Grundlagen der Anthroposophie 1884–1901*, GA 30, Dornach 1989, S. 99ff. (Zuerst erschienen in dem Sammelband *Der Egoismus,* hrsg. von Arthur Dix, Leipzig 1899, unter dem Titel «Der Egoismus in der Philosophie».)

–: Die Natur und unsere Ideale (1886), in: *Methodische Grundlagen der Anthroposophie 1884–1901*, GA 30, Dornach 1989, S. 238f.

–: *Lucifer-Gnosis. Grundlegende Aufsätze zur Anthroposophie und Berichte aus den Zeitschriften «Luzifer» und «Lucifer-Gnosis» 1903–1908*, GA 34, Dornach 1987.

–: Die psychologischen Grundlagen und die erkenntnistheoretische Stellung der Anthroposophie (1911), in: *Philosophie und Anthroposophie,* GA 35, Dornach 1984, S. 111ff.

–: Theosophie und Christentum, in: *Spirituelle Seelenlehre und Weltbetrachtung,* GA 52, Dornach 1986, Vortrag vom 4. Januar 1904 in Berlin.

–: *Wo und wie findet man den Geist?,* GA 57, Dornach 1984, Vortrag vom 14. November 1908 in Berlin.

–: Das Johannes-Evangelium, in: *Kosmogonie*, GA 94, Dornach 2001, Vorträge vom 19. Februar und 5. März 1906 in Berlin.

–: *Menschheitsentwicklung und Christus-Erkenntnis*, GA 100, Dornach 2006.
–: *Das Johannes-Evangelium*, GA 103, Dornach 1995, Vortrag vom 26. Mai 1908 in Hamburg.
–: *Das Lukas-Evangelium*, GA 114, Dornach 2015, Vortrag vom 19. September 1909 in Basel.
–: *Anthroposophie – Psychosophie – Pneumatosophie*, GA 115, Dornach 2001, Vortrag vom 4. November 1910 in Berlin.
–: *Die tieferen Geheimnisse des Menschheitswerdens im Lichte der Evangelien*, GA 117, Dornach 2017, Vortrag vom 23.11.1909 in Berlin.
–: *Die Offenbarungen des Karma*, GA 120, Dornach 1992, Vortrag vom 19. Mai 1910 in Hamburg.
–: *Die Geheimnisse der biblischen Schöpfungsgeschichte*, GA 122, Dornach 1984, Vortrag vom 22. August 1910 in München.
–: *Die Evolution vom Gesichtspunkte des Wahrhaftigen*, GA 132, Dornach 1999, Vortrag vom 31. Oktober 1911 in Berlin.
–: *Welche Bedeutung hat die okkulte Entwicklung des Menschen für seine Hüllen und sein Selbst?*, GA 145, Dornach 1986, Vortrag vom 20. März 1913 in Den Haag.
–: *Aus der Akasha-Forschung. Das Fünfte Evangelium,* GA 148, Dornach 2014.
–: *Christus und die menschliche Seele,* GA 155, Dornach 1994, Vortrag vom 15. Juli 1914 in Norrköping.
–: *Der innere Aspekt des sozialen Rätsels. Luziferische Vergangenheit und ahrimanische Zukunft*, GA 193, Dornach 2007, Vortrag vom 11. Februar 1919 in Zürich.
–: *Zur Geschichte und aus den Inhalten der ersten Abteilung der Esoterischen Schule 1904 bis 1914*, GA 264, Dornach 1996.
–: *Vorträge und Kurse über christlich-religiöses Wirken V. Apokalypse und Priesterwirken,* GA 346, Dornach 2001.
Strauß, David Friedrich: *Das Leben Jesu, kritisch bearbeitet*, Bd. 2, 4. Aufl., Tübingen 1840.
Teichmann, Frank: Der dreifache Schriftsinn. Zur Wissenschaftsmethodik mit Hinblick auf die drei Welten, in: *die Drei,* 5/1984.
Tillmann, Fritz: *Das Johannesevangelium*, übersetzt und kommentiert, Bonn 1922.
Türcke, Christoph: *Umsonst leiden. Der Schlüssel zu Hiob*, Springe 2017.
Weiss, Bernhard: *Das Johannes-Evangelium. Kritisch-exegetischer Kommentar*, Göttingen 1902.

Wohlgschaft, Hermann: *Und wo ist Gott? Die Theodizeefrage in Dichtung und Theologie*, Würzburg 2021.

Weymann, Elsbeth: *Die Heilung des Blindgeborenen. Geschichte einer Ich-Geburt*, in: *Die Christengemeinschaft*, September 2016, S. 12-14.

Xenophanes: Fragment B 14 und 15 (n. Diehls). Zitiert nach SKA 5, *Stellenkommentare*.

Zahn, Theodor: *Das Evangelium des Johannes*, Leipzig, 1. Auflage 1908.

Zander, Helmut: *Reinkarnation und Christentum. Rudolf Steiners Theorie der Wiederverkörperung im Dialog mit der Theologie*, Paderborn, München, Wien, Zürich 1995.

Zimmermann, Heinz: *Anthroposophie studieren. Zum selbstständigen Umgang mit dem Werk Rudolf Steiners in Einzelstudium und Gruppen*, Dornach 1998.

Zimmermann, Robert: *Anthroposophie im Umriss. Entwurf eines Systems idealer Weltansicht auf realistischer Grundlage*, Wien 1882.

Zumstein, Jean: *Das Johannesevangelium übersetzt und erklärt*, Göttingen 2016.